Mäder | Journalistisches Schreiben

Alexander Mäder

Journalistisches Schreiben

Grundlagen und Möglichkeiten

RECLAM

2023 Philipp Reclam jun. Verlag GmbH,
Siemensstraße 32, 71254 Ditzingen
Umschlaggestaltung: Philipp Reclam jun. Verlag GmbH
Druck und Bindung: CPI books GmbH,
Birkstraße 10, 25917 Leck
Printed in Germany 2023
RECLAM ist eine eingetragene Marke der
Philipp Reclam jun. GmbH & Co. KG, Stuttgart
ISBN 978-3-15-011415-5

Auch als E-Book erhältlich

www.reclam.de

FSC www.fsc.org MIX Papier | Fördert gute Waldnutzung FSC® C083411

Inhalt

Einleitung: Wozu Journalismus?

Sie möchten also journalistisch schreiben. Das freut mich. Aber wissen Sie auch, worauf Sie sich einlassen? Reden wir darüber, was Sie erwarten dürfen. Im Journalismus geht es darum, das Publikum knapp und verständlich zu informieren, die Texte sind für die schnelle Orientierung gedacht. Der Journalismus bietet Ihnen zwar neben den nüchternen Nachrichten über aktuelle Ereignisse auch spannende Geschichten, persönliche Begegnungen und tiefgründige Analysen. Als Journalistin und Journalist schreiben Sie Texte, die Ihr Publikum mit Lust liest. Doch am Ende soll Ihr Publikum die Welt besser begreifen, und hinter diesem Ziel steht das schöne Schreiben zurück. Eine kunstvoll formulierte Passage, die Ihr Publikum zweimal lesen muss, um sie zu verstehen, gehört zum Beispiel nicht in Ihre journalistischen Artikel.

In diesem Buch werde ich eine Reihe von Regeln und Rezepten vorstellen, die Ihnen helfen sollen, zuverlässig und zügig journalistische Texte zu schreiben. Sie erlernen also ein Handwerk – eins, das sich auch dann noch lohnen wird, wenn uns Künstliche Intelligenzen einmal das Schreiben vieler Texte abnehmen sollten. Denn mit dem Schreiben ist eine Vorstellung davon verbunden, was es heißt, Menschen zu informieren – und davon versteht ein Computer nicht viel. Ich kann mir vorstellen, dass Ihnen manche journalistische Gepflogenheit schnöde vorkommen wird, aber ich werde mich bemühen, den Sinn dahinter zu erläutern. Die Regeln und Rezepte dienen alle in der einen oder anderen Weise dazu, die Texte einem breiten Publikum nahezubringen. Sie machen sie zugänglicher oder verständlicher.

Vielleicht erwarten Sie ein wenig mehr vom Schreiben: möchten vielleicht einen unverwechselbaren Stil entwickeln. Ich würde Sie um Geduld bitten. Ihr persönlicher Stil wird sich mit der Zeit fast wie von selbst entwickeln. Sie müssen vor allen Dingen viel schreiben – und zur Inspiration viel lesen. In diesem Buch erläutere ich Ihnen, wie im Journalismus üblicherweise getextet wird. Ich habe dazu einige Jahre lang in verschiedenen Redaktionen Erfahrungen gesammelt. Aber im Journalismus laden die Regeln auch dazu ein, gelegentlich gebrochen zu werden. Wenn Sie also anders schreiben wollen und eine Redaktion finden, die das unterstützt, und natürlich ein Publikum, das diese Texte gerne liest – nur zu!

Ein Praktikant hat mir einmal gestanden, dass er in der Redaktion ein geschäftiges Treiben erwartet habe, Aufregung bei jeder neuen Nachricht. Doch die Redakteurinnen und Redakteure bekommen jeden Tag Hunderte Nachrichten auf ihre Bildschirme gespielt, und bei den allermeisten wissen sie, was zu tun ist. Routine und Erfahrung ermöglichen es ihnen, schnell und mit kühlem Kopf auf neue Ereignisse zu reagieren. Obwohl der Journalismus ein kommunikativer Beruf ist, in dem Sie häufig mit Ihren Kolleginnen und Kollegen um den richtigen Schwerpunkt und die richtige Formulierung ringen, müssen Sie nicht jedes Detail besprechen. In vielen Dingen sind Sie sich von vornherein einig, weil Sie die Arbeitsabläufe und Qualitätsstandards verinnerlicht haben.

Aber lassen Sie sich nicht täuschen: Auch wenn das journalistische Schreiben oft ausgetretenen Pfaden folgt, ist die Arbeit abwechslungsreich und anspruchsvoll. Sie haben es jeden Tag mit neuen Menschen und ihren Geschichten zu tun. Sie müssen komplexe Themen in kurzer Zeit durchdringen und für ein Laienpublikum verständlich aufbereiten. Und nicht zuletzt: Was Sie schreiben, wird gelesen und kritisch diskutiert. Sie greifen gesellschaftlich relevante Themen auf und informieren Ihr Publikum so, dass es mitreden kann. Diese Herausforderungen machen es immer wieder spannend.

Der Reclam Verlag hat mich gebeten, kein Lehrbuch zu schreiben – zumindest soll das Buch nicht auf den ersten Blick wie ein Lehrbuch wirken. Also werde ich nicht nur Regeln und Rezepte aufzählen, sondern Ihnen auch ein paar Geschichten aus dem journalistischen Alltag erzählen. Das passt gut, denn das journalistische Schreiben lässt sich von der redaktionellen Arbeit und der Recherche nicht trennen: Wenn Sie über ein wichtiges Ereignis berichten möchten, dann müssen Sie zunächst gemeinsam mit Ihren Kolleg:innen klären, was daran so wichtig und berichtenswert ist. Dann führen Sie Interviews und lesen Dokumente. Erst danach fangen Sie an zu schreiben. In Teilen ist dieses Buch eine Einführung in den Journalismus und daher auch für Leser:innen gedacht, die einfach nur wissen möchten, wie die Artikel zustande kommen, die sie jeden Tag lesen.

Partei ergreifen für das Publikum

In manchen Redaktionen sieht die Arbeit anders aus, als ich es eben beschrieben habe: Dort werden mit minimalem Aufwand wie am Fließband Texte produziert, was die meist jungen Redakteurinnen und Redakteure frustriert. Sie müssen die zehn schönsten Biergärten der Stadt vorstellen, obwohl sie lieber der Frage nachgehen würden, warum die Schlangen bei der Essensausgabe der Tafel so lang geworden sind. Aber aus der Verlagsleitung bekommen sie zu hören, dass man Geld verdienen müsse. Und da die Tafel-Kund:innen vermutlich kein Zeitungsabo abschließen werden, nimmt man zahlungskräftigere Zielgruppen in den Blick. Vielleicht erschreckt Sie diese nüchterne ökonomische Sichtweise? Ich stoße mich auch daran, denn Journalismus ist aus meiner Sicht mehr als nur ein Geschäft. Dann lassen Sie uns dagegenhalten und klar formulieren, was Journalismus stattdessen ausmacht.

Die Berufsbezeichnung »Journalist:in« hilft uns nicht weiter, denn in Deutschland ist der Beruf nicht reguliert. Im Grundgesetz steht: »Die Pressefreiheit und die Freiheit der

Berichterstattung durch Rundfunk und Film werden gewährleistet.« (Artikel 5) Der Staat mischt sich also nicht ein, und alle, die sich Journalistin oder Journalist nennen möchten, dürfen das tun. Die journalistischen Fachverbände schauen genauer hin, wenn sie einen Presseausweis ausstellen, und verlangen den Nachweis, dass man mit journalistischer Arbeit Geld verdient. Aber was zählt als journalistische Arbeit und wo zieht man die Grenze zu Tätigkeiten wie der Öffentlichkeitsarbeit oder dem Marketing? Um diese Frage zu beantworten, müssen wir besprechen, für wen Journalistinnen und Journalisten arbeiten – wem ihre oberste Loyalität gilt. Sie sollen unabhängig berichten und nicht auf Bestellung. Aber in wessen Auftrag sind sie dann unterwegs?

Für wen arbeiten Journalistinnen und Journalisten?

(1) Journalist:innen recherchieren und schreiben für die **Öffentlichkeit.** Die Medien werden schließlich die vierte Gewalt im Staat genannt – neben dem Gesetzgeber (der Legislative), den Regierungen und Behörden (der Exekutive) und den Gerichten (der Judikative). Ich glaube, dass sich die meisten Journalist:innen in dieser Pflicht sehen. Sie wollen im Auftrag der Öffentlichkeit herausfinden, wo die wichtigsten Probleme liegen und wie sie sich lösen lassen. Was die Menschen zur Tafel bringt und wie man sie unterstützen sollte, sind solche Fragen, die aus Sicht der Öffentlichkeit eine journalistische Recherche rechtfertigen. Doch die Journalist:innen werden – vom öffentlich-rechtlichen Rundfunk abgesehen – nicht von den Bürger:innen bezahlt.

(2) Arbeiten Journalist:innen dann also im Auftrag der **Abonnent:innen**, von denen sie bezahlt werden? Wenn das so wäre, dürften die Abonnent:innen entscheiden, ob über die Tafeln berichtet wird. Man könnte sie fragen, ob sie sich

für diese sozialen Themen interessieren. Doch wie würden Sie als Journalistin oder Journalist reagieren, wenn sich das zahlende Publikum nur belanglose Unterhaltung wünscht? Suchen Sie sich dann ein anderes Publikum?

(3) Es gibt noch eine dritte Option: Journalist:innen können sich als Ziel setzen, dass sich die Investitionen ihrer **Arbeitgeber** am Ende rentieren. Von ihnen erhalten sie tatsächlich ihr Gehalt. Wer in dieser Weise ökonomisch denkt, gestaltet die journalistischen Produkte so, dass sie sich möglichst gut verkaufen. Aber für diese Herangehensweise gibt es Grenzen: Auch wenn sich die journalistischen Beiträge gut verkaufen sollen, müssen sie mit der gebotenen journalistischen Unabhängigkeit verfasst und kritisch geprüft worden sein.

In der Medienwelt sind alle drei Positionen zu finden, oft in einer Mischform, und die Journalistinnen und Journalisten können sich nicht völlig frei für eine davon entscheiden. Die erste Option können sie nur wählen, wenn sich die Gesellschaft diesen Journalismus auch leisten möchte, und bei der zweiten Option spielt eine Rolle, was die Abonnent:innen denken. Aber eins können Journalistinnen und Journalisten tun, und dazu soll dieses Buch beitragen: Sie können zeigen, wozu guter Journalismus imstande ist. Zeigen, dass sie mit ihren Artikeln dem Publikum helfen, die Welt zu verstehen. Zeigen, dass der demokratische Austausch ärmer wäre ohne ihre Berichterstattung. Und vielleicht können sie sogar zeigen, dass sich dieser Journalismus gut verkauft. Ich werde in diesem Buch immer wieder von einem breit aufgestellten Publikum ausgehen, wenn ich journalistische Strategien begründe – eine Mischform, die zahlende Abonnent:innen und nicht zahlende potenzielle Abonnent:innen umfasst. Für sie sollten Journalist:innen meines Erachtens Partei ergreifen.

Mit rund 170 Arbeitsplätzen ist der 2023 fertiggestellte Newsroom der Deutschen Presseagentur in Berlin etwas kleiner als sein Vorgänger, denn die Redakteur:innen sind mobiler als vor der Pandemie. Geblieben ist die Idee, die Wege kurz zu halten, um das multimediale Angebot auch bei sogenannten »Großlagen« wie dem Ukraine-Krieg gut abzustimmen. Trotz der vielen Menschen ist es in Newsrooms übrigens erstaunlich ruhig.

Die Voraussetzungen für diesen Journalismus sind leider nicht gut: Viele Redaktionen können nicht aus dem Vollen schöpfen, sondern verwalten einen Mangel. Die Auflagen sinken und sinken. Und die Öffentlichkeit hat große Vorbehalte. In den Pandemiejahren hat Cornelia Betsch von der Universität Erfurt mit ihrem Team die Einstellungen der Deutschen Woche für Woche analysiert. Ein Ergebnis: Sie vertrauen den Medien meistens noch weniger als der Bundesregierung, die Wissenschaft genießt hingegen viel Vertrauen. Was läuft da schief, wenn Journalist:innen ihre Corona-Berichterstattung doch wesentlich auf den Aussagen von Wissenschaft und Bundesregierung aufbauen?

In einer anderen großen Umfrage, dem »Digital News Report« des Reuters Institute der Universität Oxford, sagte 2023 zwar eine Mehrheit der Befragten, dass sie den Nachrichten von ARD und ZDF vertraue, auch die *Süddeutsche Zeitung*, die *FAZ* und die *Welt* erzielten ähnliche Werte. Aber knapp 20 Prozent vertrauen diesen klassischen Medien nicht, und weitere 20 bis 30 Prozent sind sich nicht sicher, ob sie es sollten. Wie will man ein skeptisches Publikum überzeugen, wenn man nicht die Ressourcen hat für die nötige Qualität? Ist man nicht in einer Abwärtsspirale gefangen: Weniger Ressourcen heißt geringere Qualität, und das wiederum heißt weniger Abonnements – und damit noch weniger Ressourcen? Eine Antwort darauf: Journalist:innen sollten die verbleibenden Ressourcen möglichst effektiv einsetzen. Lassen Sie mich an einem Beispiel erläutern, wie ich das meine.

Auswege aus der Abwärtsspirale

Nehmen wir die Klickzahlen für journalistische Inhalte, die in den vergangenen Jahren in fast allen Redaktionen nach oben gegangen sind. Viele sehen darin eine Bestätigung der journalistischen Arbeit. Zwar sinkt die Zahl der Abonnements, aber das Interesse an journalistischen Beiträgen bleibt erhalten – lässt sich sogar ausbauen. Deshalb könnte man sich nun das Ziel setzen, die Klickzahlen weiter zu erhöhen: Man möchte, dass die Website der Redaktion häufiger oder von mehr Menschen besucht wird – weil man dort mehr Artikel veröffentlicht oder häufiger beliebte Themen bearbeitet oder beides. Auch wenn ich die Ressourcen anders einsetzen würde, möchte ich erst einmal das Argument erläutern, das für diesen Ansatz spricht.

Das Argument beginnt mit der Beobachtung, dass Produkte, die in der gedruckten Welt eine Einheit bilden (beispielsweise alle Artikel einer Zeitungsausgabe), im Netz in ihre Bestandteile zerlegt werden: Jeder Artikel ist einzeln abrufbar. In den Sozialen Medien werden die Beiträge noch weiter zerkleinert in Häppchen, die sich teilen lassen, beispielsweise Fun Facts und Statements. Mit diesen kleineren und größeren Brocken der Berichterstattung treten Redaktionen heute an ihr Publikum heran, und der Weg zu einem Abonnement ist weit. Sie müssen daher die Leser:innen Schritt für Schritt in loyale Kund:innen verwandeln: Erst versuchen sie vielleicht, ihnen einen zweiten Artikel schmackhaft zu machen, dann bieten sie ihnen einen kostenlosen Newsletter an, um sie irgendwann einmal als zahlende Abonnent:innen zu begrüßen.

Bei jedem Schritt verliert die Redaktion viele Menschen; die sogenannte **Konversionsrate** ist meist sehr klein. Nehmen wir ein fiktives Beispiel: Wenn 10 000 Menschen einen Artikel lesen, lesen 1000 davon einen zweiten und 100 folgen anschließend der Redaktion auf einem ihrer Kanäle. Von ihnen schließen am Ende vielleicht zehn ein Probe-Abo ab, das neun bald wieder kündigen. Viele Chefredaktionen und Verlagsleitungen argumentieren daher so: »Wenn wir aus 10 000 Leser:innen eine loyale Abonnent:in gewinnen, dann würden wir aus 20 000 Leser:innen zwei loyale Abonnent:innen gewinnen. Also lasst uns mit unseren Artikeln möglichst viele Menschen erreichen, weil wir auf diese Weise die meisten loyalen Abonnent:innen gewinnen!«

In dieser Argumentation wird die Konversionsrate als fix angesehen, doch das ist sie nicht. Wenn die Redaktion zum Beispiel mit reißerischen und übertriebenen Überschriften Leser:innen anlocken würde, könnte sie vielleicht die Klickzahlen nach oben treiben. Gleichzeitig würde sie die Konversionsrate senken, denn wer interessiert sich für einen zweiten Artikel auf der Website, nachdem der erste so enttäuschend war? Ein Abo schließt nur ab, wer sich von der konstant guten Leistung der Redaktion überzeugt hat. Umgekehrt müsste es möglich sein, die Konversionsrate zu erhöhen: also die Leser:innen durch guten Journalismus für sich zu gewinnen.

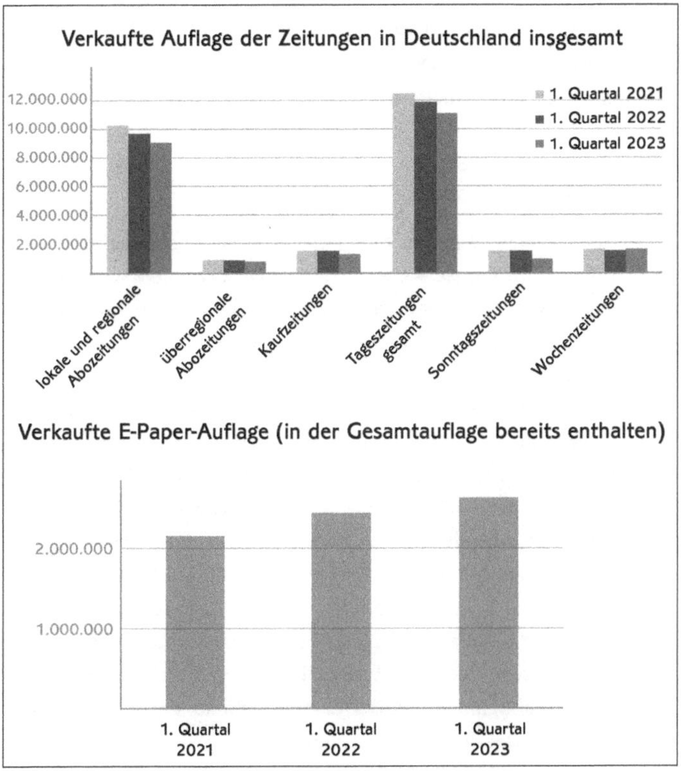

Die Zeitung elektronisch zu lesen, wird für Kund:innen immer attraktiver. Doch die steigenden Abozahlen der E-Paper machen die Verluste im Printgeschäft nicht wett. Die meisten Zeitungen verlieren Jahr für Jahr ein paar Prozent ihrer gedruckten Auflage.
(Quelle: Bundesverband Digitalpublisher und Zeitungsverleger, https://www.bdzv.de)

Über diese Option wird deutlich seltener gesprochen als über die Erhöhung der Klickzahlen.

Und es gibt ein Verkaufsargument, das bisher nur wenig genutzt wird: die Leistung der Redaktion. In der Argumentation, die ich skizziert habe, spielen vor allem einzelne Artikel eine Rolle. Doch eine Redaktion tut idealerweise viel mehr, als gründlich recherchierte und sorgfältig redigierte Artikel zu publizieren. Denken Sie zum Beispiel an eine Naturkatastrophe als Thema der Berichterstattung:

Was leistet eine Redaktion?

- Redaktionen stellen nicht nur die Informationen zusammen, sondern prüfen sie – unterscheiden zwischen dem, was man weiß, und dem, was man nicht weiß. Sie achten darauf, die Lage angemessen darzustellen und nicht mit Gefühlen zu spielen.
- Redaktionen behalten das Thema im Blick, wenn sich die öffentliche Aufmerksamkeit schon auf das nächste Drama richtet. Sie kehren zum Ort des Geschehens zurück, wenn es Neues zu berichten gibt – und auch, wenn sich dort nichts tut, obwohl alle versprochen hatten zu helfen.
- Redaktionen betrachten das Thema aus unterschiedlichen Perspektiven: Sie berichten über die Verluste der Anwohner und den Wiederaufbau, über die wirtschaftlichen Folgen, die politische Verantwortung und die neuen technischen Schutzmaßnahmen. Mit der Zeit entsteht so ein vielfältiges und umfassendes Bild der Lage.
- Redaktionen setzen dabei Qualitätsstandards durch, die für die ganze Berichterstattung gelten: Sie sollten keine wichtige Perspektive übergehen, sie sollten keinen Verantwortlichen davonkommen lassen, sie sollten nichts beschönigen, aber auch die Lage nicht ungerechtfertigt dramatisieren – und wenn sie etwas falsch berichtet haben, sollten sie ihre Fehler transparent korrigieren.

All das bezahlt man mit einem Abo mit. Redaktionen sollten ihrem Publikum daher genauer erklären, was sie tun und welche Rolle der einzelne Artikel in ihrer Arbeit spielt. Sie würden so der digitalen Zersplitterung ihrer Produkte entgegenwirken und stärker dafür werben, dass man mit einem Abonnement nicht nur eine bestimmte Zahl an Artikeln kauft, sondern die redaktionelle Arbeit insgesamt unterstützt. Leider bleibt die Leistung von Redaktionen auch im Journalismus oft im Hintergrund: Erscheint ein guter Artikel, werden die Autorin oder der Autor gelobt; erscheint hingegen ein schlechter Artikel, werden die Redakteurin oder der Redakteur gefragt, warum sie nicht besser redigiert hätten. Dabei sind journalistische Artikel im Idealfall immer Gemeinschaftsproduktionen.

In diesem Buch wird es nicht um die Arbeit der Redaktionen gehen, es ist vielmehr ein Buch für angehende Autorinnen und Autoren. Doch mir ist es ein Anliegen, das journalistische Schreiben gleich in einen größeren Kontext zu setzen: Es ist vor allem dann erfolgreich, wenn die Autor:innen in eine gute Redaktion eingebunden sind. Viele der journalistischen Entscheidungen, die ich in den folgenden Kapiteln diskutieren werde, treffen Sie als Autorin oder Autor nicht allein, sondern gemeinsam mit Ihren Kolleg:innen.

Die Konversionsrate zu erhöhen ist nur ein Beispiel dafür, wie man im Journalismus andere Prioritäten setzen könnte. Ein anderes Beispiel betrifft den Anspruch, möglichst viele Stimmen zu Wort kommen zu lassen. Das wirkt offen und demokratisch, doch wenn sie nicht aufpassen, fördern Journalist:innen auf diese Weise eine Debattenkultur, in der man mit Falschaussagen durchkommt, weil alles unterschiedslos zitiert wird. Journalist:innen sollten nicht gleichgültig werden, sondern die Aussagen prüfen und nur die interessanten und relevanten zitieren. Auch hier sehe ich einen Ansatz, der Abwärtsspirale zu entkommen: Ich würde die knappen Ressourcen nicht dafür verwenden, zu allen Themen alle Seiten zu Wort kommen zu lassen, sondern in ausgewählten Themen die Fakten zu checken, um den Leser:innen einen echten Mehrwert zu bieten. Da ich dieses Argument am Ende des Buchs noch ausführen werde, halte ich mich an dieser Stelle kurz.

Bedienungsanleitung für das Buch

Die wichtigste Voraussetzung für das journalistische Schreiben bringen Sie hoffentlich mit: Es ist nicht das Schreibtalent, sondern das Interesse an der Welt. An Dingen, die Ihnen bisher fremd sind. Wenn Sie ein oder zwei Lieblingsthemen haben und die Öffentlichkeit darüber aufklären möchten, dann können Sie mit den Regeln und Rezepten in diesem Buch zwar gute journalistische Texte darüber verfassen. Doch als Journalist:in sollten Sie sich nicht zu sehr einengen, im Beruf müssen Sie neugierig sein auf Neues.

Warum denn?, könnten Sie erstaunt fragen. Ist es heute nicht wichtig, als Journalist:in authentisch zu sein? Gehört nicht Leidenschaft für die Themen dazu, über die man schreibt? Das ist schon richtig, würde ich meine Antwort beginnen. Ich habe als Journalist am liebsten über Themen aus der Wissenschaft geschrieben, beispielsweise über Raumfahrt und Psychologie. Doch ich habe mich nicht als Journalist gesehen, der nur über diese Themen schreibt, sondern als Journalist, der über gesellschaftlich relevante Themen schreibt und sich auf wissenschaftliche Themen spezialisiert hat, sich aber auch auf andere spezialisieren könnte. Ich glaube, dass diese Offenheit im Journalismus nötig ist, weil man sonst die Verbindungen zwischen den Themenbereichen übersieht.

Es reicht zum Beispiel nicht aus, nur über Fußball schreiben zu wollen, denn Fußball kann auch politisch sein. Es reicht auch nicht aus, nur über Computertechnik schreiben zu wollen, denn die Digitalisierung ist mit sozialen Fragen verwoben. Und es ist sinnlos, über den Gemeinderat schreiben zu wollen, wenn man sich nicht für dessen Themen interessiert: Parkplätze, Grünanlagen, Wasserversorgung und so weiter. In diesem Buch werde ich daher Beispiele aus vielen Ressorts besprechen und hoffe, dass Sie alle so spannend finden wie ich.

Da das Schreiben nur einen Teil des Journalismus ausmacht, setze ich kein herausragendes Schreibtalent voraus. Sie können gut journalistisch arbeiten, ohne wirklich gut zu schreiben. Die Sprache sollten Sie als Werkzeug aber nutzen können, denn ich bin kein Deutschlehrer. Wenn Sie sich zum Beispiel bei der Zeichensetzung oder der Verwendung von Fremdwörtern unsicher fühlen, dann sollten Sie hierzu ein anderes Buch zu Rate ziehen. In Redaktionen werden Ihre Texte zwar vor der Veröffentlichung durchgesehen, doch es wird die Kolleg:innen nerven, wenn sie dauernd Schreibfehler korrigieren müssen.

Weil ich mich in diesem Buch auf das Schreiben beschränke, werde ich nicht alle Aspekte journalistischer Texte besprechen. Journalistische Beiträge werden heute fast immer multimedial gedacht und gewinnen vor allem durch ihre interaktiven Elemente. Darüber werde ich kaum etwas sagen. Nur im Schlusskapitel gehe ich darauf ein, in welcher Form die Texte auf der Website oder in der Zeitung präsentiert werden.

Ebenso wenig gehe ich darauf ein, wie man die Werkzeuge der Künstlichen Intelligenz (KI) nutzen kann, um bessere Texte zu schreiben. Ich teile zwar die Ansicht vieler Expert:innen, die Anfang 2023 wie elektrisiert waren, als sie ChatGPT und seine Verwandten ausprobierten: Digitale Werkzeuge werden die journalistische Arbeit grundlegend verändern. Einige davon werden Sie vielleicht schon kennen, etwa Online-Übersetzungen, aber es sind viele weitere denkbar. Hier eine Auswahl von Möglichkeiten, die das journalistische Schreiben betreffen:

Wie könnte die KI den Journalismus verändern?

- Die KI kann Formulierungsvorschläge bieten – etwa für Überschriften – und Textbausteine liefern. Das spart Zeit und fördert vielleicht sogar Ihre Kreativität. Der Computer kann auch Ihre Artikel überprüfen und Sie darauf hinweisen, wenn Sie zum Beispiel eine der Regeln aus diesem Buch missachtet haben.

- Die KI kann Artikel auf unterschiedliche Zielgruppen anpassen und sie beispielsweise in eine einfachere Sprache übertragen. Im Grunde benötigt der Computer zum Schreiben bloß eine Übersicht der Fakten und Zitate, die Sie recherchiert haben. Schon heute entstehen auf diese Weise automatisiert Wetter-, Börsen- und Sportberichte, weil die dafür nötigen Daten online zur Verfügung stehen.
- Die KI kann bei der Recherche helfen, indem sie Fachbegriffe erläutert oder komplexe Ausführungen zusammenfasst. Weil sie gut darin ist, in großen Datensätzen Muster zu erkennen, kann sie früh auf Trends im Netz oder in den Sozialen Medien hinweisen. Und wir dürfen wohl damit rechnen, dass die Suchmaschinen in den kommenden Jahren noch zielgenauer die Inhalte finden werden, nach denen wir suchen.

Aber für Empfehlungen ist es noch zu früh. Während ich dieses Buch schreibe, liegen erst wenige Erfahrungen im journalistischen Umgang mit KI vor. Vielmehr müssen wir einige grundsätzliche Fragen klären. Wer trägt die Verantwortung für die Artikel der KI? Ich denke, dass sie bei den Journalist:innen bleibt. Wenn die KI bei den Fakten fabuliert, was sie immer wieder tut, dann müssen Journalist:innen diese sachlichen Fehler vor der Veröffentlichung herausfischen. Reden müssen wir außerdem über die Daten, mit denen KI trainiert worden ist: Die Computer haben das Schreiben am Beispiel von Abermillionen Texten gelernt. Was erhalten die vielen Autor:innen für diese unfreiwilligen Beiträge zur Entwicklung der KI? Und ich frage mich, wie sich journalistische Artikel von den maschinell erstellten Texten abheben werden?

Manche fordern eine Kennzeichnungspflicht für automatisch generierte Artikel, aber ich könnte mir vorstellen, dass es umgekehrt laufen wird: dass Journalist:innen darauf achten werden, dass niemand ihre Texte für maschinengeschrieben hält. Das heißt, dass sie mit neuen Informationen, relevanten Einschätzungen und durchdachten Analysen aufwarten müssen, mit denen die Künstliche Intelligenz nicht dienen kann. Ein hoher Anspruch, den Redaktionen nur erfüllen werden, wenn sie mehr Zeit und Geld in das journalistische Schreiben investieren als heute.

Ich habe das Buch in drei Kapitel unterteilt, in denen ich erst die **nachrichtlichen**, dann die **erzählerischen** und schließlich die **kommentierenden** Artikel besprechen werde. Im ersten Kapitel geht es also darum, das Publikum sehr knapp oder ganz ausführlich über ein wichtiges Ereignis zu informieren. In diesen Texten werden Fakten übersichtlich zusammengestellt und komplizierte Zusammenhänge anschaulich erklärt – die Grundlage journalistischen Schreibens. Wenn Sie neu sind in diesem Berufsfeld, empfehle ich Ihnen, mit diesem Kapitel zu beginnen. Im zweiten Kapitel ergänzen wir diese nüchterne Darstellungsform um lebendigere Elemente: Wir erzählen aufschlussreiche Geschichten und porträtieren außergewöhnliche Menschen. Im dritten Kapitel wenden wir uns einer klar abgegrenzten Kategorie von Artikeln zu: den Meinungsbeiträgen. Sie sind abgegrenzt, weil Sie Ihre Meinung im Journalismus dosieren sollten – nur in bestimmten Fällen ist sie überhaupt gefragt, und dann sollte sie als Meinung erkennbar sein, damit niemand denkt, Sie wollten Ihre Ansichten als vermeintliche Fakten verbreiten.

In jedem der drei Kapitel erläutere ich die Grundlagen und die Möglichkeiten, wie es der Titel des Buchs verspricht. Die Grundlagen habe ich allerdings in zwei Schritte aufgeteilt: Erst stelle ich die **Grundlagen** vor, die man als Anfänger kennen sollte. Im jeweils zweiten Abschnitt geht es dann um

Herausforderungen, die sich schon an Fortgeschrittene richten. Am Ende jedes Kapitels werfe ich dann einige aktuelle Fragen auf, die in Branchenkreisen diskutiert werden, und werbe für die **Möglichkeiten** eines besseren Journalismus. Weil ich mich nicht zu sehr wiederholen möchte, diskutiere ich manche Punkte nur an einer Stelle im Buch, obwohl sie an mehreren passen würden. Sollten Sie daher eine konkrete Frage haben, nutzen Sie bitte das Glossar sowie das Register, um die richtige Stelle zu finden.

Immer wieder werde ich die Regeln und Rezepte an Textbeispielen erläutern, die mir Kolleginnen und Kollegen freundlicherweise zur Verfügung gestellt haben. Ich danke ihnen herzlich! Ich habe sie bewusst um alltägliche, solide Textbeispiele gebeten, weil man aus ihnen mehr lernen kann als aus preisgekrönten Ausnahmestücken. Schließlich möchte ich nicht, dass Sie stundenlang an einem Absatz feilen, nur damit er so geschliffen wirkt wie ein kaum erreichbares ausgezeichnetes Vorbild. Ich wünsche mir vielmehr, dass Sie Lust am Schreiben entwickeln und viel schreiben. Denn mit Übung werden Sie besser, und schon nach den ersten Texten werden Sie merken, dass Ihnen manche der Regeln ganz geläufig geworden sind.

Suchen Sie sich also am besten eine Partnerin oder einen Partner, um sich auszutauschen und gegenseitig zu redigieren. Denn Journalismus ist, wie gesagt, Teamarbeit. Zwar verbringen Journalist:innen viel Zeit allein vor dem Bildschirm, schreiben, löschen und schreiben erneut, aber sie sind eingebunden in eine Redaktion oder arbeiten als Freiberufler:in mit Redaktionen zusammen. Und davon lebt der Journalismus: Sie wählen die Themen gemeinsam aus, besprechen zusammen den Aufbau und die Ziele des Artikels, und anschließend geht der Text so lange hin und her, bis alle zufrieden sind. Mit Kolleg:innen über Texte zu diskutieren, kann anstrengend sein und unter Zeitdruck auch einmal laut werden, doch die Texte werden dadurch besser. Das versichere ich Ihnen nach jahrelanger Erfahrung mit meinen eigenen Texten.

Dass Redigieren hilft, gilt auch für dieses Buch. Ich danke dem Reclam Verlag für den Auftrag zu diesem Buch und die kritische Durchsicht des Manuskripts. Außerdem danke ich den Studierenden aus meinen Einführungsseminaren an der Hochschule der Medien in Stuttgart. Ihre Fragen und Einwände haben dieses Buch geprägt. Und nicht zuletzt danke ich den Kolleginnen und Kollegen, mit denen ich über die Jahre zusammenarbeiten durfte. Es hat mir Spaß gemacht, und ich habe viel von euch gelernt.

Berichten

Grundlagen: Die Neuigkeit bekanntgeben

Eine gut formulierte Nachricht könnten Sie mit dem Megaphon auf dem Marktplatz verkünden – und alle würden Sie verstehen.

Stellen Sie sich vor, Sie stehen auf dem Marktplatz Ihrer Stadt oder Ihres Dorfs und haben etwas zu sagen: Ein Sturm zieht auf, die Ladenmieten sind sprunghaft gestiegen oder ein Autofahrer hat ein Kind angefahren. Sie finden, dass alle davon wissen sollten – schließlich leben sie hier und interessieren sich vermutlich für die Dinge, die hier geschehen. Also stellen Sie sich auf ein Podest, nehmen ein Megaphon in die Hand und verkünden:

> Ein Autofahrer hat vorhin auf der Bahnhofstraße ein neunjähriges Mädchen angefahren. Das Kind hat eine gebrochene Rippe und wird deshalb im Krankenhaus behandelt.

So dürfen Sie sich den Nachrichten-Journalismus vorstellen. Damit die Analogie zu einem Marktschreier stimmig wird, müssen wir noch hinzufügen, dass Sie sich in der Vergangenheit bereits einen Namen gemacht haben: Die Menschen, die an Ihnen vorbeieilen, wissen also, dass Sie zu einer Redaktion gehören, die Nachrichten professionell recherchiert und verbreitet. Einige werden an Ihrer Kompetenz und Aufrichtigkeit zweifeln, doch gemeinhin gelten Sie als jemand, der verlässlich informieren möchte. Wenn Sie sich auf die Analogie einlassen, verdeutlicht sie gleich mehrere Aspekte des Nachrichten-Journalismus.

Beginnen wir mit der Perspektive Ihres Publikums. Überlegen Sie einmal, wie Sie im echten Leben von wichtigen Ereignissen erfahren: Sie sehen eine Schlagzeile auf einem Infoscreen, während Sie auf die U-Bahn warten, oder Ihr Smartphone brummt, weil es eine Push-Nachricht empfangen hat. Während man früher das Radio oder den Fernseher zur richtigen Zeit einschalten musste, um sich zu informieren, kann man sich heute darauf verlassen, dass einen die wichtigen Nachrichten schon irgendwie erreichen. In der Analogie kommen die Menschen also nicht auf den Marktplatz, um Ihre Nachricht zu hören, sondern sind in Gedanken mit ihren eigenen Plänen beschäftigt.

Journalistinnen und Journalisten wie Sie sind daher in den vergangenen Jahren noch aufdringlicher geworden, als sie es ohnehin schon waren. Sie kämpfen um die Aufmerksamkeit des Publikums, das leicht abgelenkt ist, weil es nur mit einem Ohr zuhört und weil schon an der nächsten Ecke der nächste Marktschreier wartet. Gegen diese Konkurrenz müssen Sie sich durchsetzen, um die Aufmerksamkeit Ihres Publikums zu ergattern. Die Menschen haben sich indes an den Trubel gewöhnt und sind schon einigermaßen abgestumpft. Auf dem Marktplatz merken Sie das sehr bald: Während Sie vom Unfall erzählen, laufen viele an Ihnen vorbei, ohne Sie auch nur anzuschauen.

Immer wieder greifen Journalistinnen und Journalisten daher zu Tricks und locken das Publikum mit übertriebenen Versprechen, die von der eigentlichen Nachricht nicht gedeckt sind:

> Dramatischer Unfall auf dem Bahnhofsplatz – wird das Mädchen überleben?

Im Online-Journalismus nennt man das »**Clickbaiting**«, weil die Redaktion in erster Linie auf den Klick aus ist und das Publikum nur zu diesem Zweck ködert. Doch Ihnen geht es auf dem Marktplatz um mehr: Sie möchten die Öffentlichkeit korrekt über ein wichtiges Ereignis informieren. Also überlegen Sie, was für Ihr Publikum das Wichtigste sein dürfte, und verdichten es auf einen Satz, den Sie den Menschen zurufen können, während sie an Ihnen vorbeilaufen: »Ein Autofahrer hat vorhin auf der Bahnhofstraße ein neunjähriges Mädchen angefahren.« Manche werden den Satz zur Kenntnis nehmen und weitereilen. Zu Hause werden sie sich vielleicht nicht mehr daran erinnern können, wo sie die Information zum Unfall aufgeschnappt haben – aber sie sind wenigstens grob im Bild. Andere werden auf dem Marktplatz stehen bleiben, um mehr zu erfahren. Das ist Ihre Chance. Doch was berichten Sie als Nächstes? Viel Zeit bleibt Ihnen nicht, Sie müssen schnell auf den Punkt kommen.

Also achten Sie darauf, dass Ihr Bericht keine nebensächlichen Details enthält: beispielsweise die Information, dass die Reparatur des Autos voraussichtlich 2000 Euro kosten wird. Wen interessiert das schon, wenn doch ein Mädchen verletzt worden ist? Sie lassen auch den Namen des Mädchens weg, weil Sie nicht möchten, dass es im Krankenhaus ungebetenen Besuch bekommt. Und Sie erwähnen das Kennzeichen des Autos nicht, denn die Polizei hat den Autofahrer schon ermittelt und er wird sich für den Unfall verantworten müssen. Sie wollen ihn nicht zusätzlich an den Pranger stellen.

Stattdessen erläutern Sie als Erstes, wie es dem Mädchen geht: »Das Kind hat eine gebrochene Rippe und wird deshalb im Krankenhaus behandelt.« Sie formulieren in einer leicht verständlichen Sprache, denn Sie möchten viele Menschen erreichen und es allen leicht machen, Ihren Ausführungen zu folgen. Sie rufen also nicht:

> Im Kreuzungsbereich des Bahnhofsplatzes hat sich ein Kind in Folge eines Zusammenpralls mit einem Personenkraftwagen schwere Verletzungen zugezogen.

Denn so reden Sie auch sonst nicht: »Kreuzungsbereich« und »Personenkraftwagen« gehören nicht zum alltäglichen Wortschatz, Sie sagen üblicherweise »Kreuzung« und »Auto«. Die Formulierungen »in Folge eines Zusammenpralls« und »sich eine Verletzung zuziehen« stehen vielleicht im Polizeibericht, doch für einen journalistischen Text sind sie zu steif. Sie lassen sich durch eingängigere Alternativen ersetzen. Und eine schwere Verletzung ist weniger konkret als eine gebrochene Rippe; Journalistinnen und Journalisten wählen in solchen Fällen normalerweise die Angabe, die präziser ist.

Zum Schluss dürfte Ihr Publikum noch wissen wollen, wie es nach ersten Erkenntnissen der Polizei zu dem Unfall kam. Und Sie berichten:

> Der Autofahrer hat nach Auskunft der Polizei nicht mehr bremsen können, als das Mädchen auf die Straße trat.

Sie haben damit in drei Sätzen die wichtigsten Informationen übermittelt. Im Journalismus sagt man: Sie haben die **W-Fragen** beantwortet, also berichtet, wer was wann wo getan hat – und wie es dazu kam. Die Menschen auf dem Marktplatz bestätigen mit einem Nicken, dass sie alles verstanden haben, und ziehen weiter. Sie haben Ihr Ziel, die Menschen zu informieren, erreicht.

Doch eine Person wird Sie vielleicht ansprechen und fragen: »Hätte der Autofahrer nicht langsamer fahren müssen, damit er noch bremsen kann, wenn ein Kind auf die Straße springt?« Ein zweiter Zuhörer könnte dem ersten beipflichten und schimpfen: »Sie haben zu viel Verständnis für den Autofahrer!« Für Sie könnte das ein Anlass sein, bei der Polizei nachzuhaken und anschließend die Wortwahl zu überdenken, falls die Polizei die Schuld allein beim Autofahrer sehen sollte: Ist »konnte nicht mehr bremsen« eine beschönigende

Umschreibung für »riskant schnell gefahren«? Vielleicht ändern Sie Ihren dritten Satz dann zu:

> Der Autofahrer ist nach Auskunft der Polizei mit einer Geschwindigkeit von 50 Stundenkilometern gefahren, obwohl die Verkehrslage unübersichtlich war.

In jedem Fall haben Sie erläutert, dass Sie sich auf Informationen der Polizei stützen, weil Sie den Unfall nicht selbst beobachtet haben. Denn in einer journalistischen Nachricht informieren Sie Ihr Publikum nicht nur zügig über das Wesentliche, sondern machen auch nachvollziehbar, auf welche **Quellen** Sie sich stützen.

Damit haben wir die zentralen Merkmale des journalistischen Formats der Nachricht oder Meldung kennengelernt und werden sie nun vertiefen. Nachrichten und Meldungen – die Begriffe bedeuten in diesem Buch dasselbe – kennen Sie aus den Randspalten von Zeitungsseiten; sie werden auch zu jeder vollen Stunde im Radio verlesen. Sie informieren über aktuelle Ereignisse und sind typischerweise bis zu 1000 Zeichen lang, manchmal etwas länger. Auf den nächsten Seiten geht es erst einmal nur um den ersten Absatz dieser Texte – also das, was Sie auf dem Marktplatz dem Publikum zurufen können. Um die Grundlagen des journalistischen Berichtens zu verstehen, müssen wir uns fragen: Was ist die Botschaft einer Meldung und wie wird sie formuliert? Anschließend soll es in diesem ersten Abschnitt »Die Neuigkeit bekanntgeben« darum gehen, wer in einer Redaktion über die Botschaft und ihre Formulierung entscheidet und woher üblicherweise die Informationen stammen, mit denen eine Redaktion arbeitet.

Die Botschaft einer Meldung

Das Wichtigste einer Nachricht steht im ersten Satz. So haben wir es in der Einleitung zu diesem Kapitel besprochen: Sie haben nur wenig Zeit, Ihr Publikum für das Thema zu interessieren und die wichtigsten Daten zu nennen, also fallen Sie gleich mit der Tür ins Haus. Nehmen wir an, die Landesregierung plant, die Bildungsausgaben zu ändern, und hat zu einer **Pressekonferenz** (im Fachjargon: zu einer PK) eingeladen, auf der sie ihre Pläne erläutern will. Wenn Sie Ihre Nachricht beginnen, müssen Sie nicht erst in das Thema einführen und etwa schreiben:

> Bildung ist eine wichtige Aufgabe für das Bundesland XY: Fast ein Viertel der Ausgaben entfällt auf diesen Bereich.

Denn das ist nicht die Neuigkeit. Sie beginnen auch nicht mit dem Anlass Ihrer Nachricht, denn eine Pressekonferenz gehört zum Alltagsgeschäft in der Politik und ist für sich genommen nicht spannend:

> Auf einer Pressekonferenz in der Landeshauptstadt hat die Ministerpräsidentin …

Vielmehr schreiben Sie gleich, was die Ministerpräsidentin auf der Pressekonferenz ankündigt: dass das Land seine Ausgaben für die Schulen noch im laufenden Jahr deutlich erhöhen möchte. Das ist die Neuigkeit und damit das Thema Ihres Artikels. Anschließend erläutern Sie, dass die Informationen aus einer Pressekonferenz in der Landeshauptstadt stammen und wie die Ministerpräsidentin sie begründet: dass die Erhöhung aus ihrer Sicht nötig sei, um Defizite auszugleichen, die in der letzten PISA-Studie deutlich geworden seien. Damit haben Sie alle Fakten, um die W-Fragen zu beantworten:

- Wer? Die Ministerpräsidentin des Landes XY.
- Was? Sie will die Bildungsausgaben deutlich erhöhen.
- Wann will sie das tun? Noch in diesem Jahr.
- Wann und wo hat sie das gesagt? Auf einer Pressekonferenz in der Landeshauptstadt – vermutlich vor wenigen Stunden, denn solche Nachrichten werden üblicherweise sofort veröffentlicht, auch wenn das nicht jedes Mal ausdrücklich erwähnt wird.
- Warum? Um Defizite auszugleichen, die mit der PISA-Studie sichtbar geworden sind.

Doch das ist noch nicht alles. Sie möchten Ihr Publikum präzise informieren, daher interessiert Sie auch die Frage, wie sehr die Bildungsausgaben angehoben werden. Und Sie möchten Ihr Publikum neutral informieren, also achten Sie darauf, dass die Sache mit den PISA-Defiziten nicht als Ihre eigene Behauptung missverstanden werden kann. Verbessern wir also diese beiden Punkte:

- Was? Sie will die Bildungsausgaben von 21 auf 24 Milliarden Euro im Jahr erhöhen.
- Warum? Um Defizite auszugleichen, die aus Sicht der Ministerpräsidentin mit der PISA-Studie sichtbar geworden sind.

Wenn Sie die Fakten so gedrängt präsentieren, fordern Sie Ihr Publikum heraus: Es muss hellwach sein und von Anfang an gut zuhören. Kommen Sie Ihrem Publikum daher entgegen und achten Sie darauf, es nicht zu überfordern: Formulieren Sie den ersten Satz so, dass Ihr Publikum sofort weiß, worum es geht. Wenn Sie in Ihrer Meldung gleich am Anfang schreiben, dass das Land künftig 24 Milliarden Euro für Bildung ausgeben möchte, verfehlen Sie womöglich dieses Ziel. Nur wenige aus Ihrem Publikum werden wissen, ob das mehr oder weniger ist als bisher – es sei denn, Sie schreiben für ein Magazin für Lehrkräfte. Auch die Information, dass der Bildungsetat um drei Milliarden Euro erhöht werden soll, ist nicht viel besser. Drei Milliarden Euro sind zwar viel Geld, aber machen sie einen großen Unterschied im Bildungshaushalt des Landes?

Suchen wir also nach Alternativen. Wenn Sie im ersten Satz schreiben, dass die Bildungsausgaben von 21 auf 24 Milliarden Euro steigen, ist das schon besser zu verstehen. Manche Leserinnen und Leser werden im Kopf überschlagen, dass es sich um einen Anstieg von ungefähr 15 Prozent handelt – und diese Prozentzahl könnten auch Sie verwenden: »Das Land XY will seine Bildungsausgaben noch in diesem Jahr um 15 Prozent erhöhen« wäre ein guter Einstiegssatz.

Eine letzte Möglichkeit wäre, die Veränderung erst einmal als »deutliche Erhöhung« einzuordnen. Damit würden wir mit einer Regel brechen, die wir gerade erst besprochen haben, denn eigentlich ziehen Journalistinnen und Journalisten präzise Angaben (»von 21 auf 24 Milliarden Euro« oder »Anstieg um 15 Prozent«) den vagen Angaben (»deutliche Erhöhung«) vor. Doch wenn Sie Ihr Publikum so einschätzen, dass es mit Haushaltszahlen gar nicht vertraut ist, dann könnte dieser Einstieg gerade der richtige sein. Packen wir alles zusammen in den ersten Absatz der Meldung:

> Das Land XY wird seine Ausgaben für Schulen noch im laufenden Jahr deutlich steigern: von 21 auf 24 Milliarden Euro. Das sei nötig, um Defizite auszugleichen, die in der PISA-Studie hervorgetreten seien, sagt die Ministerpräsidentin auf einer Pressekonferenz in der Landeshauptstadt.

An diesem Beispiel sehen Sie, dass die journalistische Praxis kein stures Befolgen von Regeln ist, sondern ein ständiges Abwägen, welche sprachlichen Werkzeuge am besten geeig-

Lüge oder Wahrheit: Fotos, die Geschichte machen / *Seite 33*

STUTTGARTER ZEITUNG

FREITAG, 19. JUNI 2009 €1,60

Patientenwille bindet Ärzte

Bundestag beschließt Gesetz zur Patientenverfügung – Mehrheit für hohe Verbindlichkeit

Noch 1 Tag

StZ von morgen an in neuer Optik

Europa braucht klare Grenzen

Gemeinschaft am Scheideweg

Von Thomas Gack

HEUTE

Die Ölreserven sinken

Der StZ-Lauf startet durch

Friedenspreis für Italiener

Englisch im Kindergarten

Deutsche Entwicklungshilfe

Handballern droht Abstieg

Bundestag beschließt Sperren im Internet

Noll wurde Opfer von Absprachen

Der Soziologe Ralf Dahrendorf ist tot

Demokratie im Schnelldurchlauf

Wie der Bundestag eine der längsten Sitzungen dieser Wahlperiode bewältigt hat

LUFF

www.stuttgarter-zeitung.de

Im Juni 2009 hat die *Stuttgarter Zeitung* zuletzt ihr Layout umgestellt. Ein mediales Produkt in dieser Weise überarbeitet herauszubringen nennt man einen Relaunch. Die Titelseite gilt als Schaufenster der Zeitung: Sie soll einerseits einen Überblick über die wichtigsten Nachrichten geben, andererseits die Vielfalt der Themen im Blatt widerspiegeln. Der ausführliche Kommentar in der rechten Spalte ist nach dem Relaunch der *Stuttgarter Zeitung*

Die unabhängige Zeitung für Baden-Württemberg

STUTTGARTER ZEITUNG

Samstag, 20. Juni 2009

Interview mit Frank-Walter Steinmeier

„Auch Banken müssen helfen"

SPD-Kanzlerkandidat fordert leichtere Kreditvergabe für den Mittelstand und kritisiert den Wankelmut Angela Merkels. SEITE 4

Kontinuität und Wandel

Formel 1 steht vor dem Ende

100 Milliarden Euro neue Schulden

Bundeshaushalt 2010 Die Regierung erwartet für das nächste Jahr ein noch nie da gewesenes Defizit. Von Roland Pichler

Absatzkrise schlägt bei Porsche durch

LBBW muss zahlen

Dämpfer für Opposition

Irland stimmt erneut ab

China sucht Cyberspione im Nebenerwerb

www.stuttgarter-zeitung.de // Neue Optik, neues Konzept Die Website der Stuttgarter Zeitung startet durch

geblieben, die Karikatur erscheint aber nicht mehr zwei-, sondern nur noch einspaltig. Die größte Änderung ist die Einführung eines Titelbilds, das aber nicht den Aufmacher begleitet, also die wichtigste Meldung des Tages mit der auffälligsten Überschrift, sondern ein Highlight auf den hinteren Seiten der Zeitung bewirbt. Im Redaktionsalltag wird dieses Format ›Bildteaser‹ genannt.

net sind, um möglichst viele Menschen gut zu informieren. Und Sie bemerken vielleicht auch, dass diese Meldung noch nicht umfassend informiert: Sie gibt in knapper Form wieder, was die Ministerpräsidentin sagen wollte, aber sie lässt eine naheliegende Frage offen: Man wüsste gerne, woher das Geld kommen soll. Weil Sie auf der Pressekonferenz nachgehakt haben, können Sie Ihren Leserinnen und Lesern immerhin diese Information übermitteln:

> Das Land XY wird seine Ausgaben für Schulen noch im laufenden Jahr deutlich steigern. Das sei nötig, um Defizite auszugleichen, die in der PISA-Studie hervorgetreten seien, sagt die Ministerpräsidentin auf einer Pressekonferenz in der Landeshauptstadt. Sie werde den Etat des Bildungsministeriums von 21 auf 24 Milliarden Euro erhöhen und im Gegenzug Mittel in anderen Bereichen kürzen. Welche das sein werden, müsse sie noch mit den zuständigen Ministerinnen und Ministern besprechen.

Oft gehen Journalistinnen und Journalisten noch einen Schritt weiter, um das Publikum für ihre Nachricht zu gewinnen: Sie brechen sogar mit der Regel, dass die Botschaft im ersten Satz stehen sollte, und stellen einen einführenden Satz voran, der die Bedeutung der Nachricht herausstreicht. Das tut zum Beispiel meine frühere Kollegin Ricarda Stiller in einem Artikel, den sie im Juni 2015 in der *Stuttgarter Zeitung* veröffentlicht hat. Lassen Sie uns diesen Text anschauen und besprechen, welche Möglichkeiten Sie als Autor:in haben, einen solchen Artikel zu gestalten. Er beginnt so:

> Das könnte die Schmuckindustrie revolutionieren: Am Fraunhofer-Institut für Angewandte Festkörperphysik in Freiburg können durch ein neuartiges Verfahren nun bis zu 600 Diamanten gleichzeitig hergestellt werden. In einem

sogenannten Plasmareaktor wachsen Schmucksteine in feinster Qualität – so rein, wie sie in der Natur im Grunde nicht vorkommen. Christoph Nebel, der Leiter der Abteilung Halbleitersensorik am Fraunhofer-Institut, sagt: »Auf lange Sicht könnte der Diamant tatsächlich deutlich an Wert verlieren, wenn man ihn künftig vielleicht sogar tonnenweise herstellen kann.«

In dem Artikel beschreibt die Autorin ein neues Verfahren, mit dem künstliche Diamanten hergestellt werden – vor allem für technische Anwendungen. Ein eher trockenes Thema. Man erfährt zum Beispiel, dass Methangas den Kohlenstoff liefert, aus dem die Diamanten langsam wachsen. Nach zwei Wochen sind sie einen oder zwei Millimeter groß. Doch gleich mit dem ersten Satz deutet Ricarda Stiller einen Aspekt an, mit dem vermutlich mehr Leserinnen und Leser etwas anfangen können: die möglicherweise dramatischen Auswirkungen auf die Schmuckindustrie.

Damit seien zwei Fragen verbunden, erzählt mir Ricarda Stiller, als wir uns über diesen Abschnitt des Buchs unterhalten. Werde auch ich mir bald einen Diamanten leisten können, weil die künstlichen womöglich günstiger sind?, lautet die erste. Die Juweliere sind jedenfalls alarmiert, das wird im weiteren Verlauf des Textes deutlich, und fordern eine Kennzeichnung künstlicher Diamanten. Und die zweite Frage: Können künstliche Diamanten in Zukunft eine ethisch korrekte Alternative zu natürlichen Diamanten darstellen, die manchmal moralische Fragen nach ihrer Herkunft aufwerfen? Obwohl sich die Schmuckindustrie um Transparenz und Kontrolle bemüht – bei künstlichen Diamanten spielen die Arbeitsbedingungen beim Abbau der Steine keine Rolle, und es werden auch keine gewalttätigen Konflikte etwa in Afrika mitfinanziert. Die Autorin hätte ihren Artikel auch auf diese zweite Frage zuspitzen können. Dann hätte sie womöglich so begonnen:

> Künstlich hergestellte Diamanten könnten in einigen Jahren natürliche Diamanten vom Markt verdrängen, deren ethisch vertretbare Herkunft nicht einwandfrei zu belegen ist. Ein neuartiges Verfahren, das am Fraunhofer-Institut für Angewandte Festkörperphysik in Freiburg entwickelt worden ist, schürt diese Hoffnung. »Wir sehen das Potenzial, dass sogenannte Blutdiamanten deutlich an Wert verlieren«, sagt …

Die von Ricarda Stiller gewählte Lösung stellt einen Kompromiss dar. Im Zentrum ihres Artikels steht die Präsentation des neuen Verfahrens – der Anlass für ihre Recherchereise nach Freiburg und ihre Berichterstattung. Die Botschaft lautet: Diamanten können voraussichtlich bald in großem Stil künstlich hergestellt werden. Welche politischen oder wirtschaftlichen Folgen diese technische Entwicklung einmal haben könnte, lässt sich noch nicht gut abschätzen. Die Folgen spielen daher keine große Rolle innerhalb des Artikels. Dennoch stellt die Autorin sie der eigentlichen Botschaft ihres Artikels voran, weil sie davon ausgeht, dass sich mehr Leser:innen für Schmuck interessieren als für ein neuartiges Verfahren zur Abscheidung von Kohlenstoffatomen aus Methangas.

Wie sehr Sie als Journalistin oder Journalist von der Regel abweichen, die Botschaft möglichst präzise im ersten Satz zu formulieren, hängt auch davon ab, in welchem Umfeld Ihr Beitrag erscheint. Wenn Ihre Nachricht in einer Wirtschaftssendung im Radio ausgespielt oder gar als Börsenbericht anmoderiert wird, dann ist das Publikum schon auf den Themenbereich eingestimmt und kann auch einen Satz schnell erfassen, in dem Sie schreiben, dass der Dax und der MDax nach der Ankündigung von Sanktionen gegen das Land XY jeweils um fünf Prozent eingebrochen seien. Wenn Sie hingegen nicht sicher sein können, dass sich Ihr Publikum für Wirtschaftsthemen interessiert und über entsprechendes

Vorwissen verfügt, werden Sie die beiden Börsenindizes erläutern, zum Beispiel so:

> Nach der Ankündigung von Sanktionen gegen das Land XY haben die deutschen Firmen an der Börse an Wert verloren. Der Deutsche Aktienindex (Dax) und der MDax für mittelgroße Unternehmen sind um jeweils fünf Prozent eingebrochen.

In den Sozialen Netzwerken ist das zum Beispiel sinnvoll, denn dort erscheinen die Beiträge von ihrem Medium losgelöst: Die Artikel tauchen inhaltlich durcheinandergewürfelt in der Timeline auf. Da schadet es nicht, wenn die Autor:innen ihre Botschaft ein wenig ausführlicher erklären, als sie es bei ihrem Stammpublikum tun würden.

Der Stil einer Meldung

Der aus Wien stammende Rudolf Flesch hat nach dem Zweiten Weltkrieg in den USA einen Test entwickelt, mit dem man die Lesbarkeit eines Artikels berechnen kann. Seine Formel enthält zwei Variablen: die durchschnittliche Zahl der Wörter pro Satz und die durchschnittliche Zahl der Silben pro Wort. Fleschs Idee war: je geringer beide Zahlen, desto verständlicher ist der Text. Oder anders ausgedrückt: Kurze Sätze mit kurzen Wörtern sind am leichtesten zu lesen. Nehmen wir diese beiden Sätze, sie sind durchschnittlich 13,5 Wörter lang, und die Wörter haben durchschnittlich 2,3 Silben:

> Die Wahrscheinlichkeit der Wiederwahl der Präsidentin hat sich nach Einschätzung von Beobachtern in den vergangenen Wochen erhöht. Ihre Umfrageergebnisse liegen nun fünf Prozentpunkte über denen ihres Konkurrenten.

Nun folgt eine leichter verständliche Version. Die langen Wörter »Wahrscheinlichkeit«, »Umfrageergebnisse« und »Konkurrenten« habe ich ersetzt, außerdem den Inhalt auf drei Sätze aufgeteilt. Nun sind die Sätze nur noch 9 Wörter lang, und die Wörter haben durchschnittlich nur 1,8 Silben. Auf der Flesch-Lesbarkeits-Skala springt der Text von »schwer« auf »mittel« – und gilt nun als geeignet für 13- bis 15-jährige Schülerinnen und Schüler:

> Die Chancen der Präsidentin auf eine Wiederwahl sind in den letzten Wochen gestiegen. Das sagen Experten aufgrund von Umfragen. Sie liegt nun fünf Prozentpunkte vor ihrem Gegner.

Diese Sicht auf Texte ist zwar einseitig, denn die Verständlichkeit hängt von mehr Faktoren ab als von Wort- und Satzlänge. Außerdem können Sie beim Schreiben nicht auf alle langen Wörter verzichten: zum Beispiel nicht auf das Bundesverfassungsgericht oder das Infektionsschutzgesetz. Und alle Sätze kurz zu halten? Das ist auch nicht gut. Denn das klingt abgehackt. Wenn man es übertreibt. Dennoch ist es richtig, den kurzen Wörtern und kurzen Sätzen den Vorzug zu geben, wenn man die Wahl hat. Denn mit kurzen Sätzen und kurzen Wörtern zu arbeiten, hat noch weitere Vorteile: Sie vermeiden fast automatisch Schachtelsätze und Fachjargon, mit denen Sie ebenfalls das Verständnis erschweren würden. In Schachtelsätzen stört üblicherweise ein Nebensatz, der – wie hier – in der Satzmitte platziert wird, den Lesefluss. Daher sehen Journalistinnen und Journalisten in der Zahl der Kommata ein Warnzeichen: Häufen sie sich, leidet meist die Verständlichkeit.

Wenn Sie auf kurze Sätze achten, dann wird Ihnen dieser Satz gleich unangenehm auffallen:

> Die Vorstandsvorsitzende, die erst kürzlich zur Managerin des Jahres gewählt worden ist, hat zur Überraschung von Branchenkennern den ersten Quartalsverlust in ihrer Amtszeit bekanntgegeben.

Hier stecken zwei Gedanken in einem Satz, die sich ohne Schwierigkeiten trennen lassen:

> Die Vorstandsvorsitzende hat den ersten Quartalsverlust in ihrer Amtszeit bekanntgegeben. Branchenkenner sind überrascht, denn erst kürzlich ist sie zur Managerin des Jahres gewählt worden.

Außerdem können Sie versuchen, die vielsilbigen Fachbegriffe »Vorstandsvorsitzende« und »Quartalsverlust« zu vermeiden. Im Wirtschaftsteil einer Zeitung oder eines Nachrichtenportals mögen diese Begriffe gang und gäbe sein, so wie die Abseitsregel oder die Olympianorm in den Sportberichten. Und die Fachbegriffe sind präzise definiert, so dass man mit ihrer Hilfe präzise formulieren kann: So gibt es zum Beispiel Unterschiede zwischen Vorstandsvorsitzenden, Geschäftsführer:innen und Inhaber:innen, auch wenn man sie alle als Chefin oder Chef bezeichnen darf. Doch wenn Sie Ihre Artikel einem breiten Publikum zugänglich machen möchten, dann kann es sich lohnen, gewisse Ungenauigkeiten in Kauf zu nehmen. Die Botschaft wird auch in diesem Beispiel klar:

> Die Firma hat zum ersten Mal Verlust gemacht, seit die neue Chefin im Amt ist. Das hat viele überrascht, denn erst kürzlich ist sie zur Managerin des Jahres gewählt worden.

In der journalistischen Praxis gibt es eine Reihe weiterer Empfehlungen, um Texte so zu gestalten, dass man sie beim ersten Lesen gut versteht – sogar dann, wenn man sich beim Lesen nicht richtig konzentrieren kann, weil man in einer vollen Straßenbahn steht oder am Nachbartisch die Kolleg:innen plaudern. Ich möchte hier drei hervorheben:

(1) auf substantivierte Verben möglichst zu verzichten,
(2) lieber im Aktiv zu schreiben als im Passiv und
(3) das Präsens zu bevorzugen, auch wenn die Ereignisse in der Vergangenheit liegen.

In dieser Tabelle sehen Sie drei Beispiele, die ich anschließend kommentieren werde. Die Regeln sollen Ihre Artikel lebendiger machen; oft erleichtern sie auch, die Texte zu verstehen, weil die Formulierungen weniger umständlich sind:

Mit Substantivierung: Der Bundestag hat die Gesetzesänderung verabschiedet.	Ohne Substantivierung: Der Bundestag hat das Gesetz geändert.
Passivkonstruktion: Das Gesetz ist vom Bundestag geändert worden.	Aktivkonstruktion: Der Bundestag hat das Gesetz geändert.
Vergangenheitsform: Der Bundestag hat das Gesetz geändert.	Gegenwartsform: Der Bundestag ändert das Gesetz.

Drei Empfehlungen für einen lebendigeren Stil

(1) Vor **Substantivierungen** schrecken Journalistinnen und Journalisten zurück, weil sie damit oft die Chance auf einen Satz mit ausdrucksstarkem Verb vertun: Die Parteien haben keine Einigung erzielt – sie haben sich geeinigt. Die Astronauten haben keine Landung vollzogen – sie sind gelandet. Und für die Geflüchteten wurde keine Unterbringung organisiert – sie wurden in Turnhallen und Vereinssälen untergebracht. Im Behördendeutsch wimmelt es vor Substantivierungen, aber in journalistischen Texten sind sie selten.

(2) Das **Passiv** ist im Journalismus unbeliebt, weil es oft dazu dient, die Zusammenhänge zu verschleiern. Umgekehrt zwingt Sie das Aktiv dazu, die handelnden Personen oder Institutionen im Blick zu behalten. Gerade eben habe ich zwar selbst das Passiv verwendet: »Sie wurden in Turnhallen und Vereinssälen untergebracht«. Das ist in Ordnung, wenn die Geflüchteten im Fokus stehen und nicht die Helferinnen und Helfer. Doch wenn Sie schreiben würden, dass die Geflüchteten nachts auf der Straße mit einem Messer attackiert worden seien, dann fragt man sich schon, wer dafür die Schuld trägt. Vielleicht werden die Täter noch ermittelt, doch Sie können in jedem Fall etwas in dieser Art schreiben: »Zwei unbekannte Männer haben in der Nacht zum Mittwoch eine Gruppe Geflüchteter auf der Hauptstraße mit einem Messer attackiert.«

(3) Das **Präsens** ist ein Indiz für Aktualität und wird daher gerne verwendet. Oft müssen Sie zwar das Perfekt nutzen, wenn ein Ereignis klar in der Vergangenheit verortet wird. Wenn Sie berichten, mit welcher Mehrheit ein Gesetz verabschiedet worden ist, dann berichten Sie über die Abstimmung – und die ist schon vorbei. Also schreiben Sie, dass der Bundestag das Gesetz mit großer Mehrheit verabschiedet hat. Doch wenn der Fokus darauf liegt, dass das Gesetz nun gilt, wechseln Sie ins Präsens: Der Bundestag stimmt dem Gesetzentwurf der Bundesregierung zu. Plusquamperfekt oder Präteritum kommen ins Spiel, wenn Sie Hintergründe beleuchten – wenn Sie beispielsweise schreiben, dass die Bundesregierung ihren Gesetzentwurf vor zwei Jahren schon einmal zur Abstimmung gestellt hatte und damals scheiterte.

Manchen angehenden Journalistinnen und Journalisten erscheint der nachrichtliche Stil farblos, aber guter Journalismus kommt ohne große Worte aus. Wenn Sie über Ereignisse berichten, müssen Sie nicht rhetorisch brillieren, sondern sollten daran arbeiten, dass Ihr Publikum die Informationen möglichst leicht aufnehmen kann. Und wenn Sie sich fragen sollten, ob in Meldungen Platz ist für Ihren eigenen Stil: Nicht wirklich, denn bei diesem journalistischen Format stehen die pragmatischen Erwägungen im Vordergrund. Sie haben wenig Zeit zum Formulieren, und Ihr Publikum hat wenig Zeit zum Lesen – beides spricht dafür, es sprachlich einfach zu halten. In den Kapiteln über das journalistische Erzählen und das Kommentieren werden wir aber von dieser Linie abweichen, denn bei diesen Formaten haben Sie größere sprachliche Freiheiten.

An dieser Stelle soll es mit den grundsätzlichen Empfehlungen erst einmal gut sein. Denn zu viele Regeln auf einmal können den Schreibfluss bremsen. Lassen Sie sich von meiner Aufzählung nicht zu sehr beeindrucken und denken Sie nicht zu lange nach, bevor Sie den ersten Satz hinschreiben. Im journalistischen Alltag kennt man eigentlich keine Angst vor dem weißen Blatt (oder dem leeren Bildschirm): Journalistinnen und Journalisten sind es gewohnt, einfach loszuschreiben. Bearbeiten oder neu schreiben kann man den Entwurf hinterher immer noch.

Schauen wir uns nun an einem Beispiel an, wie man einen kompliziert geschriebenen Text vereinfacht – und wo die Grenzen der Vereinfachung liegen. In diesem Beispiel wird gegen alle sprachlichen Regeln verstoßen, die ich aufgezählt habe. Auch wenn nicht jeder Regelverstoß den Text gleich ruiniert, machen die vielen Regelverstöße den Text umständlich und schwer zu lesen. Dieser Text, dessen Herkunft ich gleich erläutern werde, ist zur Abwechslung kein einleitender Absatz, sondern stammt aus dem Mittelteil eines längeren Artikels; er berichtet nicht über eine Neuigkeit, sondern stellt vielmehr Fakten zusammen. Verstehen Sie auf Anhieb, worum es geht? Wenn Sie mögen, halten Sie kurz inne und bringen Sie den Absatz in eine verständlichere Form, bevor Sie weiterlesen:

> Trotz einer positiven Einstellung zur gesunden Ernährung, die zuletzt bei 90 Prozent der Deutschen anzutreffen war, ist es vielen nicht möglich, dieser Zielvorstellung zu entsprechen. Aus den Ergebnissen der Nationalen Verzehrstudien ließ sich die Feststellung ableiten, dass zwischen den tatsächlichen Essgewohnheiten und den Empfehlungen für eine gesunde Ernährung eine Diskrepanz besteht. Als Konsequenz ergibt sich daraus, dass laut Statistischem Bundesamt 53 Prozent der Erwachsenen 2018 als übergewichtig zu klassifizieren waren, davon wurde bei 16 Prozent eine Adipositas diagnostiziert. Das Robert-Koch-Institut hat rund jedes sechste Kind ebenfalls als übergewichtig klassifiziert. Adipositas ist ein substanzieller Risikofaktor für Typ 2-Diabetes, Herz-Kreislauf-Erkrankungen und bestimmte Formen von Krebs. In einer Studie aus dem Jahr 2015 wurden die direkten gesundheitlichen Folgekosten von zu hohem Zucker-, Salz- und Fettkonsum in Deutschland auf rund 17 Milliarden Euro geschätzt.

In dieser Passage werden die Fakten nicht nur aneinandergereiht, sondern zu einer Argumentation verknüpft. Die Argumentation würde ich so zusammenfassen: »Obwohl sich die meisten Deutschen gesund ernähren möchten, tun sie es nicht. Deshalb sind viele übergewichtig, was ihr Risiko für Krankheiten erhöht, die teuer behandelt werden müssen.« Warum nicht gleich so?, könnten Sie sich nun fragen. Die Frage ist berechtigt – und tatsächlich gibt es eine bessere Version, die meine Kollegin Carina Frey im Oktober 2021 auf der Plattform *RiffReporter.de* veröffentlicht hat.

Aber auch der Text von Carina Frey ist nicht so kurz und knackig wie die Zusammenfassung, die ich gerade formuliert habe. Das liegt an den Zahlen und Quellen, die sie zitiert. Diese Angaben blähen den Text auf, sind aber in journalistischen Texten nötig, damit die Leser:innen alles nachvollziehen können. Sie werden sehen, dass diese Version trotzdem leichter zu verstehen ist als die erste:

> 90 Prozent der Deutschen möchten sich gesund ernähren, doch viele scheitern daran. Ihre Essgewohnheiten weichen deutlich von den Empfehlungen für eine gesunde Ernährung ab, zeigen die Nationalen Verzehrstudien. Das hat Folgen: 53 Prozent der Erwachsenen sind laut Statistischem Bundesamt übergewichtig, davon haben 16 Prozent eine Adipositas, sind also stark übergewichtig. Rund jedes sechste Kind trägt nach Angaben des Robert-Koch-Instituts zu viele Kilos mit sich herum. Adipositas erhöht das Risiko für Typ 2-Diabetes, Herz-Kreislauf-Erkrankungen und bestimmte Formen von Krebs. Eine Studie aus dem Jahr 2015 schätzt die direkten gesundheitlichen Folgekosten von zu hohem Zucker-, Salz- und Fettkonsum in Deutschland auf rund 17 Milliarden Euro.

Alle Verben stehen im Präsens und im Aktiv, die Substantivierungen sind verschwunden. Der Fachbegriff »Adipositas« wird erklärt, auf ungeläufige Wörter wie »Diskrepanz«, »Risikofaktor« und »klassifizieren« verzichtet die Autorin. In der Passage kann man jetzt nicht mehr viel kürzen, ohne Informationen zu streichen. Nur die ersten beiden Sätze könnte man noch zusammenfassen und dabei vier Wörter einsparen:

> 90 Prozent der Deutschen möchten sich gesund ernähren, doch viele weichen deutlich von den Empfehlungen für eine gesunde Ernährung ab, zeigen die Nationalen Verzehrstudien.

In diesem Beispiel sehen Sie auch, wie sich die Autorin um sprachliche Abwechslung bemüht: Nachdem sie über das Übergewicht der Erwachsenen geschrieben hat, will sie nicht noch einmal das Wort »Übergewicht« bei Kindern verwenden, sondern umschreibt es als »zu viele Kilos mit sich herumschleppen«. Tatsächlich gilt es im Journalismus als einfallslos, Wörter und Phrasen zu wiederholen. In manchen Texten versuchen die Autorinnen und Autoren allerdings, um jeden Preis eine Wiederholung zu vermeiden, und nutzen dann **Synonyme**, die gewollt wirken: etwa, wenn sie den Hund als Vierbeiner oder die Wahl als Urnengang bezeichnen. So weit müssen Sie es nicht treiben. Bleiben Sie bei geläufigen Begriffen und wiederholen Sie lieber einen Begriff, als ihn auf ungelenke Art zu umschreiben.

Am Ende dieses Abschnitts möchte ich noch erwähnen, dass es in jeder Redaktion Sonderregeln gibt, die zuweilen eigenartig wirken, aber mit einer überraschenden Strenge durchgesetzt werden. Sie werden manchmal **»Hausschreibung«** genannt. Wenn Sie darauf achten und sich darauf einstellen, können Sie sich manche Belehrung ersparen. In einigen Redaktionen darf man zum Beispiel »über« nur als Ortsangabe verwenden. Ein Unternehmen entlässt also in den Texten dieser Redaktionen nicht über zehn Mitarbeiter, sondern mehr als zehn. Oder man darf nicht von der letzten Weltmeisterschaft schreiben, weil es noch eine nächste geben soll. Man schreibt also von der vergangenen Weltmeisterschaft. Auf manche dieser Feinheiten lege ich persönlich keinen Wert, aber ich habe meine eigenen Marotten. Zum Beispiel zucke ich bei der Formulierung »mit Hilfe« zusammen. Man könnte einfach »mit« schreiben, aber aus irgendeinem Grund ziehen viele Kolleginnen und Kollegen »mit Hilfe« vor. Ich warte nur darauf, dass ich zum ersten Mal lese, dass ein Selfie mit Hilfe eines Smartphones aufgenommen wurde …

In dieser Tabelle liste ich einige journalistische Gepflogenheiten auf, die Sie kennen sollten, weil sie im Journalismus verbreitet sind:

Abkürzungen werden ausgeschrieben.	Kilogramm, zum Beispiel	nicht: kg, z. B.
Namen als Abkürzungen, die man als Wort ausspricht, muss man nicht in Großbuchstaben ausschreiben.	möglich: Nasa, Gema, Bafög	nicht: Cdu
Eigennamen schreibt man groß.	der Rote Planet, der Deutsche Journalistenverband	nicht: ein Blaues Wunder, das Deutsche Presserecht
Wenn man Medien zitiert, kann man den Namen des Mediums in Anführungszeichen setzen oder kursiv schreiben. Das ist vor allem sinnvoll, wenn sonst Missverständnisse drohen.	»Süddeutsche Zeitung«, *Die Zeit*	lieber nicht: In einem Interview in heute hat ...
Personen werden mit Vor- und Nachnamen eingeführt, eventuell auch mit ihrer Amtsbezeichnung.	Verbandschefin Andrea Möller, später im Beitrag: Möller oder die Verbandschefin	nicht: Frau Möller
Zeitangaben so konkret wie möglich angeben und relative Zeitangaben wie »heute« oder »gestern« vermeiden, weil das in Online-Artikeln verwirren kann.	Laut einer Pressemitteilung vom 15. Oktober ist ...	nicht: In einer Pressemitteilung hat gestern der ...
Achten Sie auf die richtigen Anführungszeichen, die in Ihrer Redaktion einheitlich verwendet werden – meistens sind es Gänsefüßchen.	typisch: „Das ist ja die Höhe“, sagte Miller. seltener: "wörtliche Rede" oder »Zitat«, wie in diesem Buch	Tipp: Kopieren Sie keine Anführungszeichen aus anderen Texten, denn das ist ein Rezept für die typographische Vielfalt, die Sie vermeiden sollten.

Unterscheiden Sie zwischen kurzen Binde- und langen Gedankenstrichen.	Das könnte eine Million Euro kosten – oder mehr, warnte sie.	nicht: hieb- und stichfest
Zusammengesetzte Wörter werden eigentlich zusammengeschrieben, aber Sie dürfen zur besseren Lesbarkeit auch Kopplungsstriche einfügen.	möglich: Henna-Haarfärbemittel	unüblich: Gen-Technik
Vermeiden Sie zwei Gedankenstriche oder zwei Doppelpunkte gleich hintereinander.	Zwei Gedankenstriche hintereinander sind nur bei einem Einschub sinnvoll: Der Abend war – trotz allem – ein Erfolg.	nicht: Das Fazit: es bleiben nur zwei Möglichkeiten: erstens ...
Zeilenumbrüche und Absätze	Jede Redaktion arbeitet mit einem Layout, das zwischen Absätzen feste Abstände vorsieht. Manchmal beginnen neue Absätze auch eingerückt. Diese Stilvorgabe wird automatisch eingehalten, wenn Sie jeden Absatz mit der Enter-Taste abschließen.	Im Text-Journalismus kommen einfache Zeilenumbrüche am Ende eines Absatzes praktisch nicht vor.

Alle diese Regeln gleichzeitig im Kopf zu haben, ist nicht möglich. Man kann sie nur befolgen, wenn man sie nach und nach verinnerlicht – indem man regelmäßig übt, sich immer wieder Feedback einholt und sich insgesamt häufig mit journalistischen Texten beschäftigt. Schalten Sie also Ihr Radio ein, öffnen Sie Ihre Nachrichten-App oder kaufen Sie sich eine Zeitung. Lesen Sie kritisch und fragen Sie sich immer wieder, wie Sie es formuliert hätten. Schreiben Sie Meldungen und geben Sie diese Texte anderen Leuten zu lesen. Auch wenn das Schreiben am Anfang lange dauert – schon mit der dritten, vierten oder fünften Meldung werden Sie feststellen, dass es Ihnen leichter von der Hand geht. Erhoffen Sie sich aber nicht, dass Sie irgendwann wie im Schlaf journalistisch schreiben werden. Wer allzu routiniert schreibt, arbeitet meistens nicht die Neuigkeit heraus oder belässt es bei einer mittelguten Erläuterung. Im Journalismus sagt man: »Einer muss sich quälen. Wenn es nicht der Autor ist, dann ist es der Leser.«

Die Auswahl einer Meldung

Auf Journalistinnen und Journalisten prasseln jede Menge Informationen ein – lauter Anregungen für die Berichterstattung. Im E-Mail-Postfach sind das mehrere hundert Pressemitteilungen am Tag, hinzu kommen die Meldungen der Nachrichtenagenturen, und natürlich verfolgt man aufmerksam, was die Konkurrenz veröffentlicht, um kein Gesprächsthema zu verpassen. Aus diesem Material wählen Journalist:innen aus, was sie wichtig oder interessant genug finden, um ihr Publikum darüber zu informieren. Nehmen Sie diese Aufgabe ernst und lassen Sie sich nicht davon leiten, was sich die Absender der Botschaften wünschen – Sie wählen im Auftrag eines breit aufgestellten Publikums aus. Manchmal bekommen Sie auch einen anonymen Hinweis oder einen Anruf, der Sie auf einen brisanten Fall lenken soll. Und im Lokal-Journalismus liegen die Themen buchstäblich auf der Straße: Warum ist der Bürgerservice heute geschlossen? Warum macht das alteingesessene Familiengeschäft einen Räumungsverkauf? Was war das für ein Knall mitten in der Nacht?

Von welchen dieser Ereignisse sollte Ihr Publikum erfahren? Ihre redaktionellen Ressourcen sind begrenzt, und die Aufmerksamkeit Ihres Publikums ist nicht endlos, also können Sie nicht alle Themen aufgreifen. Sie müssen sich entscheiden: Berichten Sie über die Zunahme der Handtaschendiebstähle oder über das Richtfest der neuen Grundschule? Oder doch über die Gasexplosion im Nordviertel der Stadt? Die Themen sind schwer zu vergleichen – vielleicht möchten Sie erst mehr erfahren, bevor Sie sich entscheiden. Sie fragen also nach: War die Explosion ein Unglück, das glimpflich ausging, oder gibt es Hinweise auf ein Verbrechen? Gab es so etwas schon mal? Ist jemand Prominentes betroffen? Von den Antworten auf solche Fragen hängt ab, wie wichtig oder interessant die Meldung wird und welche anderen Themen sie verdrängt. Wenn Sie die Entscheidung gefällt haben, dann formuliert sich der erste Absatz mit den Antworten auf die W-Fragen fast von selbst. Hier einige Möglichkeiten, wie die Einstiege ausfallen könnten:

- Kurz vor Mitternacht hat eine Gasexplosion ein zweistöckiges Wohnhaus im Nordviertel der Stadt beschädigt. Wie durch ein Wunder sei niemand verletzt worden, berichtet die Feuerwehr.
- Ein Anschlag auf ein Wohnhaus im Nordviertel der Stadt ist in der Nacht glimpflich ausgegangen. Eine Gasleitung sei manipuliert worden, erläutert ein Sprecher der Polizei. Die Gasexplosion habe zwar das zweistöckige Gebäude beschädigt, doch es sei niemand verletzt worden.
- Zum zweiten Mal in diesem Jahr hat in der Nacht eine Gasexplosion ein Wohnhaus im Nordviertel der Stadt beschädigt. Nach Angaben der Feuerwehr ist niemand verletzt worden. Der Mieterbund fordert, die Sicherheitsmaßnahmen sofort zu überprüfen und das Gasnetz zügig zu sanieren.

Ein wichtiger Teil der Arbeit ist also geschafft, bevor Sie mit dem Schreiben begonnen haben. Werfen wir daher einen Blick auf diese Arbeit: Wie wählen Redaktionen ihre Schwerpunkte aus und wer verantwortet diese Auswahl? Zunächst aber klären wir zwei Fachbegriffe, die wir vorhin verwendet haben, ohne sie zu erläutern: Was sind Pressemitteilungen, und was sind Nachrichtenagenturen?

Eine **Pressemitteilung** (im Fachjargon: PM) ist ähnlich aufgebaut wie eine journalistische Meldung: Sie informiert die Presse aus Sicht einer Partei, eines Vereins, einer Behörde oder eines Unternehmens über ein wichtiges Ereignis. Die Botschaft steht am Anfang des Textes, damit die Journalist:innen schnell begreifen, worum es geht. Die Feuerwehr kann zum Beispiel am Morgen eine Pressemitteilung versenden, in der sie erklärt, wie es in der Nacht zu einer Gasexplosion kam, bei der glücklicherweise niemand verletzt wurde. Wenn das öffentliche Interesse groß ist, kann die Feuerwehr auch zu einer Pressekonferenz einladen, auf der Journalist:innen Fragen stellen dürfen. Im Normalfall kämpfen die Sprecher:innen aber um die Aufmerksamkeit der Redaktionen und hoffen, dass ihre Mitteilung nicht gleich ungelesen aus dem Posteingang gelöscht wird.

Wenn sich Redaktionen dazu entscheiden, das Thema einer Pressemitteilung aufzugreifen, dann machen sie es sich mitunter leicht: Sie verzichten auf die Recherche und geben den Text der Mitteilung einfach als den eigenen aus. Die Pressestelle wird sich vielleicht wundern, aber sicher nicht beschweren, wenn ihre Botschaft (mehr oder weniger) unbearbeitet erscheint. Dennoch ist das mehr als nur schlechter Stil. Der **Pressekodex**, die Richtschnur in ethischen Fragen, stellt klar: »Pressemitteilungen müssen als solche gekennzeichnet werden, wenn sie ohne Bearbeitung durch die Redaktion veröffentlicht werden.« Sonst könnten Leser:innen die Pressemitteilung, die ungeprüft veröffentlicht wird, mit einer Meldung verwechseln, die von einer unabhängigen Redaktion recherchiert worden ist. Journalist:innen wählen schließlich nicht nur die wichtigen und interessanten Themen aus, sondern prüfen auch, ob die Fakten stimmen und ob alle relevanten Fakten genannt worden sind. Das sollte auch so sein, wenn sie eine Pressemitteilung als Grundlage ihrer Meldung wählen.

Die Meldungen von **Nachrichtenagenturen** darf eine Redaktion hingegen ungeprüft veröffentlichen, denn in diesen Fällen stammen die Texte von journalistischen Anbietern – sie sind also schon geprüft worden. Nachrichtenagenturen unterhalten ein dichtes Netz von Korrespondentinnen und Korrespondenten, die vor allen Dingen Meldungen schreiben. Die größte Nachrichtenagentur in Deutschland ist die Deutsche Presseagentur, eine GmbH, die den deutschen Medienunternehmen gehört – ihre Kunden sind also zugleich ihre Gesellschafter. Redaktionen abonnieren aber auch fachlich spezialisierte Dienste und solche aus dem Ausland wie Associated Press aus den USA oder Agence France-Presse aus Frankreich. Die Agenturen entlasten kleine Redaktionen, die deren Meldungen aus aller Welt nutzen können, um ihre lokale Berichterstattung zu ergänzen und ihrem Publikum ein umfassendes Angebot zu machen. So kann ein kleiner Radiosender Nachrichten über Kriegsgebiete in aller Welt verlesen, ohne Mitarbeiter:innen vor Ort zu haben. In Zeitungen und auf Websites erscheinen die Artikel der Nachrichtenagenturen mit ihren Kürzeln dpa, AP oder AFP.

Nach diesem Einblick in die Quellen der journalistischen Arbeit kommen wir zur **Themenauswahl**. Als Journalistin oder Journalist haben Sie die Freiheit, den Schwerpunkt Ihrer Meldung zu wählen. Sie müssen sich nicht nach den Wünschen einer Pressestelle richten, sondern überlegen sich, was für Ihr Publikum relevant sein dürfte. Sie treffen diese Entscheidung nicht allein, sondern besprechen sie in Ihrer Redaktion: Am Konferenztisch oder bei einer kurzen Absprache im Flur wägen Sie ab, welcher Nachricht Sie den Vorzug geben und welchen Schwerpunkt Sie am wichtigsten finden. Solche Diskussionen sind oft nur kurz, weil man sich schnell einig wird. In der Ausbildung haben alle die professionellen Kriterien der Auswahl verinnerlicht.

Aber manchmal prallen unterschiedliche Ansichten aufeinander. Dann argumentiert Ihre Kollegin mit dem Publikum für das erste Thema: »Das werden viele lesen wollen.« Und Sie führen die Relevanz des zweiten Themas an: »Das betrifft jeden von uns.« Oder aber Sie haben sich schon in die Recherche vertieft und hängen inzwischen an Ihrem Thema, während die Kollegin findet: »Das hatte ich mir spannender vorgestellt.« In solchen Konflikten gibt es nicht immer eine eindeutige Lösung, aber dafür Vorgesetzte, die das letzte Wort haben. Wenn Sie in einem thematisch umgrenzten Ressort arbeiten, also beispielsweise im Sport-, Wirtschafts- oder Kulturressort, wird das die Ressortleitung sein. Bei wichtigeren Entscheidungen schaltet sich die Chefredaktion ein. Das ist keine reine Machtfrage: Wenn verschiedene Reaktionen journalistisch vertretbar sind, ist es oft eine strategische Entscheidung, welche Richtung die Redaktion einschlägt. Dann spielt eine Rolle, welchen Wert sie auf die Reichweite der Berichterstattung legt, wie wichtig ihr das Renommee als tonangebende Lokalzeitung ist und ob sie zwischen allen Krisenberichten auch ein mutmachendes Thema aufgreifen möchte. Ressortleitung und Chefredaktion stehen am Ende für solche Entscheidungen gerade.

Im Februar 1949 hat David Manning White, ein US-amerikanischer Journalismusforscher, den Nachrichtenredakteur einer Lokalzeitung gebeten, die Meldungen der Nachrichtenagenturen eine Woche lang zu kommentieren. White nannte seine Versuchsperson »Mr. Gates«, weil er gewissermaßen der Türsteher für die Nachrichten war: An ihm musste eine Nachricht vorbeikommen, um in der Zeitung veröffentlicht zu werden. Mr. Gates sortierte 90 Prozent der Agenturmeldungen aus, nur 10 Prozent wurden gedruckt. Manchmal hatte er Zweifel an der Richtigkeit, manchmal hat ihn das Thema persönlich nicht interessiert, und manchmal strich er einen Artikel, weil er schon eine ähnliche Meldung im Programm hatte.

Mit dieser wissenschaftlichen Untersuchung nahm eine neue Forschungsrichtung Fahrt auf: die Erforschung der journalistischen Arbeit des **»Gatekeeping«**. Ihre Kernfrage lautet: Nach welchen Kriterien wählen Journalist:innen Nachrichten für ihr Publikum aus? Diese Kriterien werden **»Nachrichtenwerte«** oder **»Nachrichtenfaktoren«** genannt. Man kann sich Medien mit großer Reichweite als Scheinwerfer vorstellen, die im Dschungel der digitalen Informationen einzelne Stellen beleuchten, auf die alle schauen sollten. Je mehr Redaktionen die Stelle als wichtig betrachten, umso sichtbarer wird sie für die Öffentlichkeit. Die Forschung fragt: Welche Eigenschaften muss die Information aufweisen, damit sie ins Rampenlicht gerät?

Johan Galtung und Mari Ruge aus Norwegen haben das Anfang der 1960er Jahre genauer untersucht und in einer klassisch gewordenen Studie zwölf Kriterien formuliert, die aus journalistischer Sicht ein Ereignis zu einer Nachricht machen. Galtung und Ruge arbeiteten am Institut für Friedensforschung in Oslo und waren daran interessiert, wie die Zeitungen ihres Landes Konflikte in fernen Ländern darstellen. Sie hatten kein allzu großes Vertrauen in die Medien und befürchteten zum Beispiel, dass Journalist:innen damit rechnen, dass in Ländern wie Kuba, der damaligen Republik Zypern und der Demokratischen Republik Kongo vieles schiefgeht und dass sie daher vor allem nach solchen Ereignissen Ausschau halten – je schlimmer sie sind, umso eher kommen sie in die Zeitung. Außerdem sagten Galtung und Ruge voraus, dass sich Journalist:innen vor allem mit prominenten

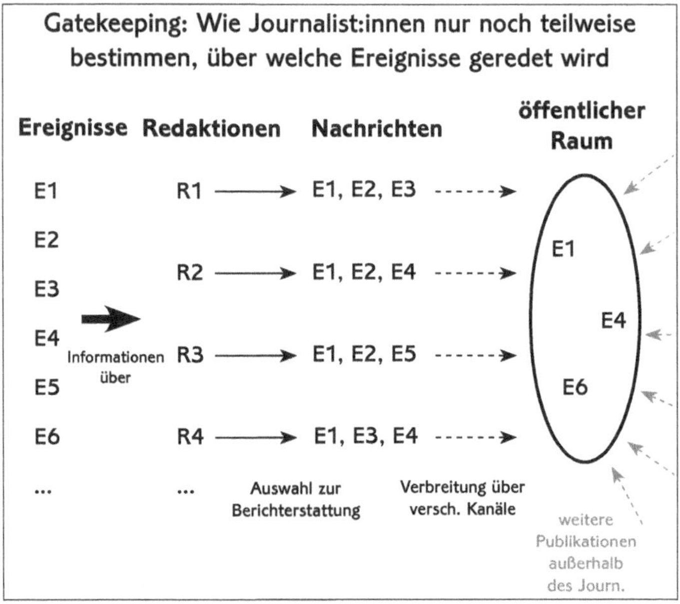

Redaktionen können als Gatekeeper arbeiten, indem sie unabhängig voneinander, doch nach ähnlichen Kriterien die Ereignisse auswählen, über die sie berichten. Nehmen wir an, vier Redaktionen werden – über Pressemitteilungen oder auf anderem Weg – von den Ereignissen E1 bis E6 informiert. Sie alle wählen das Ereignis E1 für die Berichterstattung aus, weil es bedeutend ist – sagen wir: der Bundeskanzler entlässt eine seiner Ministerinnen. Weil alle Redaktionen dieses Thema aufgreifen, kommt es auch beim Publikum an und wird öffentlich diskutiert. Das Ereignis E2 wird ebenfalls von vielen Redaktionen aufgegriffen, setzt sich aber in der Öffentlichkeit nicht durch – vielleicht, weil es von den Algorithmen der Sozialen Medien nicht hochgerankt wird. Die Ereignisse E3 bis E5 sind jeweils nur für einige der Redaktionen interessant und können sich daher allein über die journalistischen Ausspielwege nicht in der Öffentlichkeit durchsetzen. Dem Ereignis E4 gelingt das aber auf anderem Weg – vielleicht, weil es zu dieser Nachricht ein lustiges Video gibt, das sich viral verbreitet. Es ist auch möglich, dass ein Ereignis wie E6 öffentlich diskutiert wird, obwohl gar keine Redaktion darüber berichtet hat. Schließlich gibt es viele andere Akteurinnen und Akteure, die ein breites Publikum auf dieses Ereignis aufmerksam machen können.

Menschen beschäftigen, zum Beispiel den Staats- und Regierungschefs, und viel seltener mit einfachen Bürgerinnen und Bürgern. Auch wenn Galtung und Ruge noch nicht die Daten hatten, um alle ihre Vermutungen zu belegen, lagen sie aus Sicht der heutigen Journalismusforschung bei einigen richtig: Katastrophen und Konflikte sind im Nachrichtengeschäft besonders beliebt, ebenso die Mächtigen und die Stars.

Am Ende ihres Fachartikels forderten Galtung und Ruge, dass Journalist:innen diesen Einflüssen widerstehen sollten. Sie befürchteten, dass sonst ein falsches Bild der fernen Länder entsteht, und empfahlen daher, auch über Ereignisse zu berichten, die nicht ins schlechte Bild dieser Länder passen, weil solche Informationen das Verständnis verbessern. Doch aus dieser Forderung, den Journalismus zu ändern, ist nichts geworden, zeigen Medienanalysen aus den vergangenen Jahren. Journalist:innen haben die Nachrichtenwerte als Teil ihres professionellen Selbstverständnisses angenommen und verteidigen diese Orientierung heute: Erstens wollen sie mit ihrer Berichterstattung die Aufmerksamkeit auf die gesellschaftlichen Probleme lenken, die gelöst werden müssen – daher der Fokus auf Dinge, die schiefgehen. Zweitens konzentrieren sie sich dabei auf die Menschen und Institutionen, die großen Einfluss haben. Sie sind schließlich für die größten Probleme verantwortlich oder zumindest in der Lage, diese Probleme zu beseitigen. Und drittens deckt sich das mit den Interessen des Publikums, das gerne über Katastrophen, Skandale und Peinlichkeiten liest – zumindest zeigt sich das in den Klickzahlen und Einschaltquoten.

Ich bin mir nicht sicher, ob sich an den Nachrichtenfaktoren etwas ändern lässt, und rechne damit, dass sie auch in Zukunft die Konkurrenz der Nachrichtenthemen entscheiden werden. Ein schweres Erdbeben oder ein Putsch werden Aufmerksamkeit erregen, der Anbau klimaresistenter Feldfrüchte oder Vorschläge für eine sozial gerechte Steuerreform hingegen nicht.

Doch Nachrichten sind nicht die einzige Art, über die Welt zu berichten. Es gibt im Journalismus auch Möglichkeiten, zu Unrecht vergessene Themen auf die Tagesordnung zu setzen. In den Kapiteln über das Erzählen und Kommentieren werden wir darauf zurückkommen.

Hier möchte ich aber noch auf einen Punkt eingehen, der für das Unbehagen von Galtung und Ruge mitverantwortlich ist – und den Journalist:innen verbessern könnten: Wenn man in den Nachrichten ein umfassendes Bild der Lage vermitteln möchte, kommt es darauf an, wie man mit den negativen Nachrichten umgeht. Stellt man die Situation schlechter dar, als sie ist, indem man die positiven Aspekte verschweigt? Oder bedient man womöglich Klischees? Dann werden Menschen als Opfer dargestellt, obwohl sie sich gut zu helfen wissen, oder Konfliktparteien als unversöhnlich beschrieben, obwohl sie miteinander verhandeln. Wenn Sie eine Meldung vom Schreibtisch aus recherchiert haben, dann tun Sie nicht so, als wüssten Sie über alles Bescheid. Machen Sie sich bewusst, wie wenig Sie wissen, und halten Sie sich mit einer Einordnung zurück, auch wenn sie Ihnen plausibel vorkommt.

Auch bei innenpolitischen Themen kann sich der Blick zu sehr verengen. Hier ein Beispiel: Im Wahlkampf vor der Bundestagswahl 2021 haben Journalist:innen Annalena Baerbock, Armin Laschet und Olaf Scholz immer wieder gefragt, wie sie ihre Wahlversprechen finanzieren wollen. Und da der Klimaschutz ein wichtiges Wahlkampfthema war, ging es immer wieder um die Frage, wie viel er uns kosten wird und wer die Lasten tragen soll. Das Vorgehen sei berechtigt, habe aber zu einer Schlagseite geführt, kritisierte nach der Wahl das »Netzwerk Klimajournalismus« in einem offenen Brief an die Fernsehsender. In allen TV-Triellen sei der Klimaschutz nur als Kostenfaktor diskutiert worden, nicht aber als Möglichkeit, den erwartbaren Schäden durch Naturkatastrophen vorzubeugen. So wurde nur eine Seite des Themas beleuchtet.

Ich analysiere das Beispiel so: Die Journalist:innen haben sich wie gewohnt auf die Mächtigen und ihre Wahlversprechen konzentriert und die naheliegenden, kritischen Fragen dazu gestellt. Doch sie sind dabei der Herausforderung der Klimakrise nicht gerecht geworden, die sich nicht kurzfristig managen lässt und auch andere Weltregionen und die nachfolgenden Generationen betrifft. Das ist nicht allein ein Versäumnis des Journalismus, sondern ein gesellschaftliches Problem: Wir müssen Wege finden, die politische Debatte von Wahlen und Legislaturperioden zu lösen und auch diejenigen einzubeziehen, denen wir durch unser Handeln schaden. Doch der Journalismus sollte dazu seinen Beitrag leisten und die Nachrichtenfaktoren nicht gedankenlos anwenden: Wenn es darum geht, die Klimakrise zu bewältigen, dann darf sich der journalistische Blick nicht allein auf den nächsten Bundeshaushalt richten.

Wir werden diesen Gedanken am Ende dieses Kapitels über Nachrichten und im Kommentar-Kapitel noch einmal aufgreifen. Im nächsten Abschnitt wenden wir uns aber erst einmal der Frage zu, wie eine Meldung nach der ausformulierten Botschaft weitergeht: Welche Quellen werden zitiert, welche Fakten werden genannt – und wie baut man den Text am besten auf?

Herausforderungen: Die Fakten zusammentragen

Ihre Quellen wählen Sie nachvollziehbar aus und stellen sicher, dass Sie keine wichtige Perspektive unterschlagen.

Die meisten Leserbriefe und -anrufe meines Berufslebens habe ich erhalten, als ich einmal die Abkürzungen HDL und LDL verwechselte. Die erste steht für das gute Cholesterin, die andere für das schlechte. Eine Leserin erklärte, wie man es sich merken kann: »HDL« müsse man als »Hab dich lieb« lesen. Ich werde es nicht mehr vergessen. Fehler kommen vor, gerade wenn man für seinen Beitrag wenig Zeit hat. Auch renommierte Redaktionen müssen gelegentlich Korrekturen veröffentlichen. Unter den Onlineversionen der Artikel heißt es dann: »In einer früheren Version dieses Beitrags haben wir versehentlich …« Aber nicht alle Fehler lassen sich auf den Zeitdruck schieben. Manche – wie meiner – wirken, als habe der Journalist einfach keine Ahnung.

In medizinischen Texten können Fehler gravierende Folgen haben, wenn sich jemand auf die falschen Angaben verlassen sollte und nicht noch einmal mit seiner Ärztin oder seinem Arzt spricht. Ähnliches gilt für andere Fehlertypen: Wenn man beispielsweise eine Person falsch zitiert oder ihr einen unbegründeten Vorwurf macht. Manchmal verbreiten sich solche Fehlinformationen so schnell, dass man sie nicht mehr zurückholen kann.

Was tun Redaktionen, um solche – kleinen wie großen – Fehler zu vermeiden? Da gibt es eine Fülle an Möglichkeiten. Sie redigieren die Texte vor der Veröffentlichung und kontrollieren die Fakten, und sie kümmern sich idealerweise auch nach der Veröffentlichung weiter darum und korrigieren, was zu korrigieren ist. Sie investieren außerdem viel Zeit in die interne wie externe Kritik ihrer Arbeit – beispielsweise in Form einer regelmäßigen **Blattkritik** in der Redaktionskonferenz, in der die aktuelle Ausgabe kritisch gewürdigt wird – und in die Schulung ihrer Mitarbeitenden. Manche halten ihre Qualitätskriterien in einem Kodex fest, andere folgen ungeschriebenen Standards.

Ich möchte hier besprechen, was Sie als Autorin oder Autor zur Qualitätssicherung beitragen können. Natürlich ist es hilfreich, wenn Sie sich ausgeschlafen und mit der nötigen Ruhe Ihrem Thema widmen. Doch das haben Sie im journalistischen Alltag nicht immer in der Hand. Sie eilen zu einer Pressekonferenz, in der ein Meilenstein in der Raumfahrt präsentiert werden soll, weil der eigentlich zuständige Kollege krank geworden ist. Die Pressekonferenz wird Stunde um Stunde verschoben. Endlich ist es so weit, und die Leiterin der Mission gibt überraschend bekannt, dass es nach der Landung auf dem Mars nicht gelungen sei, Funkkontakt zur Raumsonde herzustellen. Wenige Minuten später klingelt Ihr Handy: Die Redaktion fragt, wann sie mit dem Text rechnen darf. Auch in solchen Situationen müssen die Fakten stimmen.

Sie helfen sich selbst und allen anderen, den Überblick zu bewahren, wenn Sie Ihre Behauptungen im Artikel belegen. Sie werden die Landung nicht selbst für gescheitert erklären, sondern die Missionsleiterin zitieren. Wenn Sie sich unsicher sind, wie sie es genau formuliert hat, können Sie die Aufzeichnung nachhören, die Sie mit Ihrem Handy machen durften, weil die PK öffentlich war. Und bevor Sie Ihrem Publikum erläutern, wie viel Geld mit der Mission wohl in den Sand gesetzt worden ist, schauen Sie in die Mappe mit den Presseinformationen, die Sie zu Beginn der Veranstaltung erhalten haben. Diese Quellen notieren Sie auch in Ihrem Artikel. Sie schreiben zum Beispiel:

> Nach Auskunft der Missionsleitung ist der Kontakt zur Marssonde »Explorer 1« abgebrochen. »Wir haben auch Stunden nach der Landung keinen Funkkontakt zur Sonde herstellen können«, sagt die Missionsleiterin Heike Karlsson im Kontrollzentrum in Darmstadt. Die Bemühungen würden aber fortgesetzt. Nach Angaben der Europäischen Raumfahrtagentur haben Bau und Betrieb der Sonde rund 800 Millionen Euro gekostet.

Dieser erste Absatz lässt sich noch verbessern. Zum einen müssen sich die Leserinnen und Leser durch eine ganze Reihe abstrakter Begriffe kämpfen, bevor sie zum Wort »abgebrochen« gelangen, das ihnen endlich sagt, worum es in der Meldung geht. Zum anderen folgt auf diesen Satz ein Zitat, in dem diese Information bloß mit anderen Worten wiederholt wird. Der Erkenntnisgewinn ist nicht sehr hoch. Also versuchen wir, die Neuigkeit näher an den Anfang zu rücken, und die beiden Sätze so aufeinander abzustimmen, dass sie zusammen einen Mehrwert bieten.

> Die Marsmission »Explorer 1« droht zu scheitern. »Wir haben auch Stunden nach der Landung keinen Funkkontakt zur Sonde herstellen können«, sagt die Missionsleiterin Heike Karlsson im Kontrollzentrum in Darmstadt. Die Bemühungen würden aber fortgesetzt. Nach Angaben der Europäischen Raumfahrtagentur haben Bau und Betrieb der Sonde rund 800 Millionen Euro gekostet.

Durch das Belegen zwingen Sie sich, die Fakten nachzuschauen und sie so in Ihren Text zu übertragen, wie sie in der Quelle stehen. In der Redaktion erleichtern Sie es damit Ihren Kolleginnen und Kollegen, den Text nachzuvollziehen und einzelne Angaben zu überprüfen, die ihnen beim Redigieren fragwürdig vorkommen. Das Belegen ist daher der erste Schritt zur Qualitätssicherung. Und nicht zuletzt erlauben Sie Ihrem Publikum, Ihre Behauptungen im Zweifelsfall zu überprüfen. Das wird besonders deutlich, wenn Sie in einem Onlineartikel Ihre Quellen verlinken. Die Missionsleiterin wird ihr Statement zur Landung sicher auch als Pressemitteilung auf der Projektwebsite veröffentlichen. Dort dürften auch die Informationen zu den Kosten stehen. Sie verlinken nicht, um Ihre Leserinnen und Leser zum Klicken zu motivieren – sie sollen auf Ihrer Seite bleiben und Ihren Text zu Ende lesen. Aber Sie geben Ihrem Publikum die Möglichkeit, die Behauptungen zu überprüfen. Allein diese Möglichkeit anzubieten, fördert das Vertrauen in den Text.

Beim guten und schlechten Cholesterin hätte mir das einfache Belegen aber nicht geholfen. Abkürzungen sind normalerweise nicht strittig und zählen daher nicht zu den entscheidenden Fakten des Artikels, die das Publikum gerne überprüfen würde. Anders wäre es bei der Behauptung, dass ein neues Medikament das schlechte Cholesterin im Körper abbaut. Hier würde sich das Publikum dafür interessieren, woher diese Erkenntnis stammt und als wie verlässlich sie einzuschätzen ist. Im Journalismus werden die Fakten daher nach Wichtigkeit sortiert: Die wichtigsten stehen nicht nur am Anfang einer Nachricht, sie werden auch detaillierter belegt. Historische Fakten und andere Dinge, die man zum Allgemeinwissen zählen kann, schreibt man ohne Beleg in die Meldung – und rechnet damit, dass einem das Publikum vertraut.

Es gibt einen unschönen Weg, sich aus der Affäre zu ziehen: Manche Redaktionen schwächen ihre Aussagen einfach ab, um sich weniger angreifbar zu machen. Sie fügen ein »vermutlich« oder ein »wohl« ein – und wähnen sich damit auf der sicheren Seite. Die weichgespülte Aussage, etwa zum vermutlichen Nutzen des Cholesterinsenkers, stimmt auch dann noch, wenn sich herausstellen sollte, dass die Arznei starke Nebenwirkungen hat und deshalb nicht zu empfehlen ist. Doch das Publikum wird sich fragen, was ihm die vorläufige Information über die Aussicht auf ein neues Medikament eigentlich nützt. Aus meiner Sicht sollte man sich im Journalismus daran halten, geprüfte Fakten weiterzugeben, aus denen die Leserinnen und Leser belastbare Schlüsse ziehen können. Wenn der Schluss nur »vielleicht, vielleicht auch nicht« lauten darf, dann ist mit dem Artikel nichts gewonnen. Wenn man sich im Journalismus nicht sicher ist, behält man die Spekulationen in der Regel besser für sich.

Redaktionen können sich auch hinter den Aussagen der zitierten Expertinnen und Experten verstecken. Wenn sich die Expertise als falsch herausstellen sollte, etwa die zum Nutzen eines Cholesterinsenkers, dann würde das in erster Linie die

Fachleute treffen, die zitiert worden sind. In Folgeartikeln können die Journalist:innen der Sache nachgehen und fragen, wie es zu dem Fehlurteil der Expert:innen kam. Doch so leicht kommen die Journalist:innen nicht davon, finde ich, denn sie müssen sich auch fragen, ob sie leichtgläubig waren. Hätten sie die Übertreibung nicht mit vertretbarem Aufwand entlarven können? Wenn die Wirkung des Medikaments in einer Studie nachgewiesen wurde, dann hätten die Journalist:innen sich die Studie anschauen können: Möglicherweise ist dort der Nutzen des Medikaments viel vorsichtiger bewertet worden als später in der Pressemitteilung der Wissenschaftler:innen?

Der Mediziner Petroc Sumner hat vor einigen Jahren untersucht, wie sich Übertreibungen in der Medienwelt ausbreiten können. Als Übertreibung gilt zum Beispiel die Behauptung, dass ein bisher nur im Tierversuch wirksames Medikament auch Menschen helfe. Petroc Sumner und sein Team haben sich 105 medizinische Fachartikel angeschaut, zu denen es auch eine Pressemitteilung gab. Die Universitäten, an denen die jeweiligen Studien durchgeführt worden sind, haben so die Redaktionen auf die Ergebnisse aufmerksam gemacht. In gut einem Drittel der Fälle sprach die Pressestelle über die Bedeutung der Therapie für Menschen, obwohl in der Studie davon keine Rede war. Das hatte einen riesigen Einfluss auf die journalistische Berichterstattung: Wenn die Pressemitteilung nicht übertrieb, blieben auch 90 Prozent der Journalist:innen bei den Fakten. Wenn die Pressemitteilung jedoch über die Anwendbarkeit bei Menschen berichtete, war das auch in 86 Prozent der journalistischen Artikel so.

Auf der einen Seite scheint das den Medizin-Journalismus zu entlasten: Er hält sich an die Pressemitteilungen und dichtet nur selten etwas hinzu. Auf der anderen Seite stehen die Journalistinnen und Journalisten aber als Automaten da, die nur wiedergeben, was man ihnen als Pressemitteilung auf den Tisch legt. Einige Beobachter:innen bezeichnen das als »**Chur-**

nalism« und spielen damit auf eine gedankenlose Routinearbeit an, die mit dem englischen Wort »to churn (out)« umschrieben wird. In den Fällen, die Petroc Sumner mit seinem Team untersucht hat, hätte ein Blick in den Fachartikel genügt, um die Übertreibung zu erkennen – und daraufhin bei der Pressestelle oder den Studienautor:innen noch einmal nachzufragen. Sollte das in Redaktionen nicht zur normalen Recherche gehören?

Mich hinter Fachleuten zu verstecken oder die Aussage abzuschwächen hätte mich beim guten und schlechten Cholesterin ebenfalls nicht gerettet. Ich hätte nicht schreiben können, dass das gute Cholesterin vermutlich »LDL« genannt werde oder dass es der Arzt Marius Müller als »LDL« bezeichne. Für diese einfache Recherche muss ich schon selbst geradestehen. Aber ich sehe eine andere Lösung: Ich hätte mich wirklich für das Thema interessieren können. Das hätte mich vermutlich vor dem Fehler bewahrt, denke ich im Rückblick. In dem Artikel ging es um eine Website, die einem hilft, seine Blutwerte zu interpretieren. Das Cholesterin war also nur ein Beispiel für einen Wert, den die Website erklärt. Ich hätte mich aber fragen können, worin sich HDL und LDL unterscheiden. Wenn ich dazu ein wenig recherchiert hätte – auf der Website nachgucken hätte genügt –, dann hätte ich bemerken können, dass ich die beiden Varianten in meinem Artikel vertauscht habe. Als Lehre aus meinem Fehler empfehle ich Ihnen daher, immer etwas mehr über das Thema zu wissen, als Sie tatsächlich für den Artikel benötigen.

In der bisherigen Diskussion sind einige Fragen aufgetaucht, die wir nun ausführlicher besprechen werden:

- Welche Behauptungen muss man belegen, und welche darf man ohne Quellenangabe selbst vertreten? Ich habe schon angedeutet, dass es darauf ankommt, wie wichtig die jeweilige Behauptung ist. Daher geht es gleich als Erstes um die Frage, welche Informationen eine Nachricht überhaupt liefern soll.

- Manchmal sind die Aussagen von Expertinnen und Experten umständlich formuliert. Darf man beim Zitieren verkürzen, oder handelt man sich damit den Vorwurf ein, das Zitat aus dem Kontext zu reißen? Die Kurzfassung der Antwort wird in diesem Abschnitt lauten: Man darf Teilaussagen herausgreifen, solange die Leserinnen und Leser verstehen, was der Zitatgeber gemeint hat.
- Wie sicher muss man sich sein, bevor man eine Behauptung veröffentlichen darf? Ich werde am Ende dieses Abschnitts dafür werben, die Frage umgekehrt zu stellen: Bei welchen Punkten sind Sie sich noch unsicher? Dieses Gefühl, dass der Artikel noch nicht fertig ist, ist lästig – aber es ist allemal besser, als am nächsten Tag Dutzende Beschwerden zu beantworten.

Die Regeln und Empfehlungen, die ich in diesem Abschnitt erläutere, dienen alle der **Objektivität**. Das ist ein großes Wort, und der Journalismus kann es nicht einfach für sich in Anspruch nehmen. Ich sehe die Objektivität als Ideal, also als etwas, das im Journalismus angestrebt wird, auch wenn man es oft verfehlt. Objektivität kann viel umfassen: dass die Fakten stimmen, dass der Text neutral bleibt (dass die Autorin oder der Autor nicht Partei ergreifen und sich auch nicht unter Druck setzen lassen) oder dass mit allen Betroffenen fair umgegangen wird. In diesem Abschnitt »Die Fakten zusammentragen« wird es vor allem um den ersten Aspekt gehen, aber wir kommen auch noch auf die anderen zu sprechen.

Welche Fragen muss ich beantworten?

Als ich in den 1990er Jahren mit dem Nachrichtenschreiben begann, gab es die Richtlinie, dass man jede Meldung von hinten kürzen können müsse. Das war pragmatisch gedacht: Falls die Redaktion am Nachmittag weniger Platz für meinen Artikel hat, als noch am Morgen bei der Themenabsprache vermutet, dann schneidet sie einfach das Ende meines Artikels ab. Das hat alle Autorinnen und Autoren gezwungen, ihre Nachrichten so aufzubauen, dass man jederzeit mit dem Lesen aufhören kann und sich das Lesen trotzdem gelohnt hat. Praktisch jeder Satz baut also auf dem Vorherigen auf und fügt eine Informationseinheit hinzu. Es gibt keine inhaltlichen Sprünge, keine Wiederholungen, keine Ankündigungen und keinen Exkurs. Was für ein Unterschied zu einem Krimi, wo man erst auf den letzten Seiten erfährt, wer der Mörder ist!

Manchmal wollen Journalist:innen dennoch Spannung aufbauen, indem sie Rätsel formulieren, und hoffen dann, dass sich Ihr Publikum für die Lösung interessiert und deshalb weiterliest. Doch davon möchte ich abraten. Im nachrichtlichen Alltag gibt es viel zu viele Alternativen, die den Leser:innen eine schnellere Belohnung versprechen. Daher dürfte die Rechnung nicht aufgehen: Das Publikum möchte zwar die Lösung des Rätsels wissen, aber bitte sofort – sonst wendet es sich dem nächsten Thema zu. Also tun Sie Ihrem Publikum den Gefallen, und spannen Sie es nicht auf die Folter.

Aus diesem Grund gilt die Regel »eine Nachricht muss man von hinten kürzen können« auch heute noch, obwohl es im Internet genügend Platz gäbe für ellenlange Artikel. Die Leser:innen sind so leicht abgelenkt, dass man realistischerweise erwarten muss, dass sie den Artikel ohnehin nicht bis zum Ende lesen. Und so gibt man ihnen mit jedem Satz eine vernünftige Möglichkeit, aus der Nachricht auszusteigen. Je länger sie dabeibleiben, umso mehr erfahren sie über das Thema. Doch wenn sie früh abbrechen, nehmen sie wenigstens das Wichtigste mit.

Überlegen wir uns einen sinnvollen Aufbau für die Nachricht, dass der Bundesrat wegen der Corona-Pandemie ein Böllerverbot an Silvester beschlossen hat (genauer gesagt ein Verkaufsverbot von Kleinfeuerwerk der Kategorie F2). Der Beschluss ist gefasst, das Jahresende steht vor der Tür – und Sie informieren Ihr Publikum darüber, was nun gilt. Bauen wir einmal eine Meldung zusammen und prüfen anschließend, ob man sie von hinten kürzen kann. Beginnen wir damit, dass Sie im ersten Absatz das Verkaufsverbot erläutern, das der Bundestag auf Vorschlag der Regierungen von Bund und Ländern beschlossen hat: Welche Feuerwerkskörper dürfen verkauft werden und welche nicht? Damit beantworten Sie vor allem die Fragen nach dem Was und dem Wer.

Da der Gesetzgeber in die Freiheiten der Bürgerinnen und Bürger eingreift, muss er seine Entscheidung gut begründen. Im zweiten Absatz können Sie diese Begründung zitieren. Sie werden also erläutern, dass der Bundesrat die Zahl der Unfälle mit Feuerwerk verringern möchte, um die Krankenhäuser zu entlasten, die sich auch an Silvester vorrangig um die vielen Covid-19-Patientinnen und -Patienten kümmern sollen. Eventuell können Sie noch ergänzen, wie viele Menschen üblicherweise in der Neujahrsnacht in die Notaufnahmen kommen, damit man einen Eindruck gewinnt, wie groß die zusätzliche Belastung für die Krankenhäuser wäre.

Was könnten Ihre Leserinnen und Leser sonst noch wissen wollen? Sie könnten sich fragen, wie es mit den Reaktionen aussieht. Eine naheliegende Frage, denken Sie und lassen daher im dritten Absatz die Betroffenen zu Wort kommen: die Bürger:innen sowie die Feuerwerksindustrie. Dabei können Sie sich vermutlich auf frei verfügbare Quellen stützen: Die Ansichten der Öffentlichkeit hat ein Meinungsforschungsinstitut erhoben, oder Sie sind selbst in die Fußgängerzone gegangen und haben Passanten befragt. Und die Unternehmen haben sich in Verbänden organisiert und sicher eine Stellungnahme auf ihrer Website veröffentlicht.

So gelangen Sie zu diesem Aufbau Ihrer Meldung:

(1) Der Beschluss und seine Folgen: Wer hat was entschieden?
(2) Die Begründung: Warum wurde so entschieden?
(3) Die Kritik: Was sagen die Betroffenen?

Sie könnten in Ihrem Artikel noch mehr Fragen beantworten. Was ist zum Beispiel mit den Raketen aus früheren Jahren, die man noch im Keller verwahrt: Darf man die zünden? Schließlich reden alle vom »Böllerverbot« – ist also auch das Böllern verboten? Die Antwort könnten Sie in einem zusätzlichen Absatz am Ende Ihrer Meldung unterbringen, doch das müssen Sie nicht. Sie dürfen sich darauf beschränken, das Verkaufsverbot zu erläutern. Die Leserinnen und Leser erfahren dann in Ihrer Meldung, dass Sie in diesem Jahr keine Raketen im Supermarkt sehen werden. Die Frage nach dem Zünden von Feuerwerk schließt sich zwar inhaltlich an, aber eine Meldung zum Verkaufsverbot muss nicht alle Fragen rund um Silvester beantworten. Stattdessen könnte die Lokalredaktion einen zweiten Artikel einplanen, der erklärt, welche Regeln die Stadt für das Feiern auf öffentlichen Plätzen und vor der Haustür erlassen hat.

Bleiben wir also beim Aufbau mit drei Absätzen und prüfen nun die Reihenfolge: Kann man das Lesen jederzeit abbrechen? Wer den zweiten und dritten Absatz der Meldung nicht liest, verpasst die politische Diskussion um das Verbot. Schade, werden Sie vielleicht denken. Die dort zitierten Argumente sollte man kennen, wenn man sich eine Meinung über die Entscheidung bilden möchte. Sollte man die Begründung deshalb in den ersten Absatz packen?, könnten Sie sich fragen.

Das kommt ganz darauf an, worauf Sie mit Ihrer Meldung hinauswollen – hier drei Möglichkeiten:

- Wenn sich Bund und Länder gerade darauf geeinigt haben, dass sie ein Verkaufsverbot erlassen möchten, dann steht die Frage im Vordergrund: Warum wollen sie das? In diesem Fall würde ich im ersten Absatz die Begründung zitieren, im zweiten Absatz die Kritik daran und erst im dritten Absatz erläutern, welche Feuerwerkskörper vom Verkaufsverbot betroffen wären.
- Wenn die politische Entscheidung aber längst gefallen ist, wie wir es vorhin für unsere Meldung angenommen haben, und die Meldung daher das Ziel hat, die Leser:innen über die Folgen zu informieren, dann gehören die Folgen in den ersten Absatz. In diesem Fall würde ich den Aufbau so lassen, wie wir ihn besprochen haben.
- Wenn die pyrotechnische Industrie ankündigt, im Eilverfahren gegen den Beschluss zu klagen, ergibt sich eine neue Lage. Denn wenn die Chance besteht, dass das Verbot noch gekippt wird, sollten Sie es dem Publikum nicht als endgültig präsentieren. In diesem Fall würde ich die Meldung mit der Ankündigung der Klage beginnen und dabei die Begründung zitieren, die sicher auf die Begründung des Verkaufsverbots reagiert. Anschließend würde ich versuchen, den Leser:innen eine Einschätzung zu geben: Wann wird das Gericht voraussichtlich entscheiden?

Da der dritte Fall der komplizierteste ist, formuliere ich einen Vorschlag für den Einstieg. Hier stehen nicht mehr die praktischen Details zum Verkaufsverbot im Vordergrund, sondern es kommt auf die juristische Argumentation an. Und weil sich die Klage gegen einen Beschluss des Bundesrats richtet, kommen sowohl die Industrie als auch der Bundesrat in den ersten Sätzen vor:

> Nachdem der Bundesrat am Freitag ein Verkaufsverbot für Feuerwerkskörper beschlossen hat, will der Verband der pyrotechnischen Industrie dagegen klagen. Der Bundesrat möchte mit dem Verbot die Zahl der Verletzungen in der Neujahrsnacht verringern, um die Krankenhäuser zu entlasten. Der Industrieverband kritisiert diese Maßnahme jedoch als überzogen und unwirksam.

Manchmal hinterlassen einen solche Meldungen unbefriedigt, selbst wenn man sie bis zum Ende liest. Man wird durchaus informiert und lernt die Argumente beider Seiten kennen, aber das genügt nicht, um sich eine fundierte Meinung zu bilden. Der Bundesrat behauptet, dass an Silvester stets zahlreiche Menschen mit Verbrennungen und anderen Verletzungen in die Notaufnahmen kämen, und der Industrieverband hält dagegen und sagt, diese Verletzungen gingen vor allem auf Feuerwerkskörper zurück, die im Ausland gekauft und nicht geprüft worden seien. Wenn der Verband recht hätte, würde ein Verkaufsverbot in Deutschland die Zahl der Verletzungen nicht verringern. Wie soll man als Leserin oder Leser mit diesem Widerspruch umgehen?

Hier könnte der Journalismus helfen und versuchen, die Sachfrage zu klären. Dann würde es den Leser:innen leichter fallen, zwischen der Entlastung der Krankenhäuser und den Interessen der Betroffenen politisch abzuwägen. Diese Antwort müssen Sie nicht gleich in der ersten Meldung zum Verkaufsverbot liefern, das kann auch in einer Folgemeldung geschehen. Mit der ersten Meldung erhält das Publikum einen Überblick über die Ereignisse, und es versteht, in welchen Punkten sich die Parteien uneins sind. Mit der zweiten erhält es Informationen, um die Argumente beider Seiten besser einzuschätzen. Es wäre schade, wenn sich keine Redaktion fände, die der Sache auf den Grund geht, und die zweite Meldung deshalb ausbleibt.

Wie zitiere ich richtig?

Die Quellen sauber zu belegen, macht einen Text oft unhandlich. Die Expertinnen und Experten, mit denen Sie in Ihrer Recherche gesprochen haben, arbeiten an Instituten mit langen Namen – beispielsweise dem Fraunhofer-Institut für Angewandte Festkörperphysik in Freiburg. Den Namen sollten Sie nicht zu »Fraunhofer-Institut« abkürzen, denn es gibt mehr als 80 Fraunhofer-Institute in Deutschland mit zusammen rund 30 000 Mitarbeitern. Hier lohnt es sich also, genau zu sein und den vollen Namen zu nennen. Auch die Aussagen der Expert:innen sind oft sperrig. Sie nutzen Fachbegriffe, sie differenzieren und sie umschreiben die Wahrheit manchmal, anstatt sie unverblümt zu Protokoll zu geben. Wie geht man damit um, wenn man einen Text veröffentlichen möchte, der für ein breites Publikum auf Anhieb verständlich ist?

Grundsätzlich gilt: Sie müssen umständliche Sätze nicht wörtlich zitieren, Sie dürfen sie auch mit eigenen Worten zusammenfassen. Auf diese Weise können Sie manche unglückliche Formulierung retten. Aber achten Sie darauf, dass der Sinn dabei erhalten bleibt. Wenn Ihnen eine Expertin zum Beispiel gesagt hat, dass andauerndes Sitzen negative Auswirkungen auf die Gesundheit habe, dann dürfen Sie schreiben, dass langes Sitzen der Gesundheit schade. Das hat sie sicher so gemeint. Doch wenn sie gesagt hat, dass ein hoher Lebensstandard oft negative Auswirkungen auf die Gesundheit habe, dann wird sie vermutlich protestieren, wenn Sie ihr in den Mund legen, dass ein hoher Lebensstandard der Gesundheit schade. Denn ein hoher Lebensstandard schließt üblicherweise eine gute medizinische Versorgung ein, und das fördert doch die Gesundheit. Die Expertin meint vielleicht, dass uns ein hoher Lebensstandard oft bequem werden lässt: Wir bewegen uns weniger – und dieses Verhalten schadet dann der Gesundheit. Aber der Zusammenhang ist weniger eng als zwischen dem Sitzen und der Gesundheit. Wenn Sie sich unsicher sind, sollten Sie das Gehörte mit eigenen Worten wiedergeben. Ihre Gesprächspartnerin erhält so die Möglichkeit, zu beurteilen, ob Sie sie richtig verstanden haben.

Schauen wir uns die Praxis des sinnerhaltenden Zitierens an einem Textbeispiel an. Christiane Schulzki-Haddouti hat in diesem Beitrag für *heise online* vom Dezember 2021 ein Gutachten ausgewertet, in dem die Wahl der Datenschutzbeauftragten kritisiert wird: Sie entspreche oft nicht den Regeln der Datenschutzverordnung. Doch Vorsicht: In dieser Zusammenfassung habe ich mir erlaubt, unpräzise zu sein, um pointiert formulieren zu können. Dafür zahle ich den Preis, dass ich unklar lasse, worum es genau geht: um die Datenschutzbeauftragten von Bund und Ländern und die europäische Datenschutzgrundverordnung. Die Autorin hat es richtigerweise anders formuliert:

> Der Auswahlprozess der Landesbeauftragten und der Bundesbeauftragten für Datenschutz verstößt noch immer weitgehend gegen die Vorgaben der europäischen Datenschutzgrundverordnung (DSGVO). Zu diesem Schluss kommt ein aktuelles Gutachten des Netzwerk Datenschutzexpertise zur Bestellung öffentlicher Datenschutzbeauftragter.

Will man zu Beginn des Artikels die Botschaft korrekt formulieren, dann ist der Text manchmal schwer verdaulich, aber die Präzision geht vor. Die Autorin macht in ihrem Text daher gleich als Nächstes deutlich, dass viel auf dem Spiel steht: Wenn die Beauftragten nicht korrekt bestimmt werden, dann können sie ihr Amt gegenüber mächtigen IT-Konzernen nicht mit der nötigen Autorität und Unabhängigkeit ausüben. Hinzu kommt, dass zum Zeitpunkt der Veröffentlichung des Artikels zwei dieser Stellen unbesetzt sind und 2022 für sechs weitere Beauftragte die Amtszeiten auslaufen. Wenn nicht gehandelt wird, könnten also auch die nächsten Datenschutzbeauftragten nicht regelkonform gewählt werden.

Gehen wir weiter im Text und untersuchen, wie die Autorin mit dem Gutachten umgeht, das den Anlass ihrer Meldung darstellt. Nehmen wir diese Passage aus dem Artikel:

> Die Ernennungsverfahren hält das Gutachten in Summe für »defizitär«, da die Transparenz der Verfahren kaum oder gar nicht gewährleistet sei. Außerdem wird darin kritisiert, dass die Wiederbesetzung offener Stellen immer wieder verzögert wird.

In Radiobeiträgen dürfen die Zitate drei oder vier Sätze lang sein, in Zeitungs- und Onlinetexten ist es typischerweise nur ein Satz. In der zitierten Passage wird sogar nur ein einzelnes Wort aus dem Gutachten zitiert – aber ein entscheidendes: Es bringt die Wertung der Gutachter:innen auf den Punkt. Die Autorin setzt es nicht etwa in Anführungszeichen, weil sie sich davon distanzieren möchte. Vielmehr macht sie deutlich, dass es genau so im Gutachten steht. Die Autorin hätte das Wort auch ohne Anführungszeichen verwenden können, doch durch die wörtliche Rede wird klar, dass es nicht ihr Eindruck vom Fazit der Gutachter:innen ist, sondern das Fazit selbst. Sie möchte nicht interpretieren, sondern hält sich an die Fakten – und das sind in diesem Fall die Einschätzungen aus dem Gutachten. Dadurch gewinnt der Text an Glaubwürdigkeit.

Nach dem Wort »defizitär« fasst die Autorin die Begründung der Gutachter:innen in indirekter Rede zusammen. Diese Begründung ist im Gutachten ausführlicher formuliert, lässt sich aber auf diesen Nenner bringen. Im folgenden Satz kehrt die Autorin zum Indikativ zurück, obwohl sie weiter aus dem Gutachten zitiert. Das ist grammatikalisch nicht korrekt, aber im Journalismus durchaus üblich. Weil sich der ganze Artikel um das Gutachten dreht, müsste die Autorin fast jeden Satz im Konjunktiv schreiben. Das wäre mühsam zu lesen, und daher springen Journalist:innen bei jeder Gelegenheit zurück in den Indikativ. Hier ergibt sich eine Gelegenheit, weil die Aussage des Satzes eindeutig den Gutachter:innen zugeschrieben wird. Christiane Schulzki-Haddouti nennt mir noch einen weiteren Grund: »Den Konjunktiv könnte man so verstehen, dass ich die Korrektheit dieser Aussage bezweifle. Ich verwende den Konjunktiv dann, wenn die Aussagen nicht eindeutig nachvollziehbar oder überprüfbar sind.«

Eine oft gestellte Frage: Wie oft muss man in einem Artikel die Quelle nennen, wenn man sich mehrfach auf sie bezieht? So oft, wie es nötig ist, um Missverständnisse auszuschließen – und nicht häufiger. In ihrem etwa 800 Wörter langen Artikel verwendet Christiane Schulzki-Haddouti das Wort »Gutachten« acht Mal – fast jedes Mal, wenn sie daraus direkt oder indirekt zitiert. Sie nutzt kein Synonym und keine Umschreibung. Nur wenn das Gutachten bereits im Satz zuvor genannt wurde und der folgende Satz direkt anschließt, verzichtet sie auf den Verweis.

An einer anderen Stelle zitiert die Autorin die Gutachter:innen so:

> Die »weithin verbreitete politische Praxis des Ausklüngelns in Hinterzimmern« müsse beendet werden.

Hier kommt durch das wörtliche Zitat etwas Farbe ins Spiel. Die Gutachter:innen ordnen die Vorgänge als Klüngelei ein und nutzen damit einen politischen Kampfbegriff. Journalist:innen zitieren solche deftigen Äußerungen lieber als verklausulierte. Zum Glück haben die Gutachter:innen nicht von der weithin verbreiteten Praxis der klandestinen Absprachen zum Vorteil bestimmter Bewerber:innen gesprochen, die bei strikter Anwendung der Verfahrenskriterien nicht zum Zug kommen würden – denn so hätten sie ihre Meinung auch formulieren können.

Es ist kein Zufall, dass die beiden wörtlichen Zitate, die wir besprochen haben, Wertungen betreffen. Wertungen sind subjektiv, sie können pauschal oder differenziert ausfallen, hart formuliert sein oder subtil. Daher ist es oft sinnvoll, den Zitatgeber mit seiner Wertung gleich wörtlich zu zitieren. Fakten sind hingegen objektiv, und es wäre langweilig, eine Expertin oder einen Experten wörtlich mit der Aussage zu zitieren: »Die Amtszeit des baden-württembergischen Datenschutzbeauftragten beträgt sechs Jahre.« Bei allgemein bekannten oder leicht recherchierbaren Fakten kann man sogar darauf verzichten, die Quelle zu nennen. Wenn Christiane Schulzki-Haddouti erläutert, wie unterschiedlich die Wahl der Beauftragten gehandhabt wird, obwohl die Datenschutzgrundverordnung ein einheitliches Vorgehen fordert, zählt sie daher einfach einige Beispiele auf, um das Spektrum anzudeuten:

> Die gesetzlich vorgesehenen Amtszeiten reichen von fünf bis acht Jahren. Die Wiederwahl ist etwa in Baden-Württemberg zweimal möglich, in vielen Bundesländern nur einmal. In Bayern oder Hessen gibt es keinerlei Beschränkungen.

Wenn ich solche Angaben lese, gehe ich davon aus, dass ich die Fakten durch eine kurze Onlinesuche bestätigen könnte. Wären die Daten geheim und die Autorin hätte großen Aufwand betreiben müssen, um sie in Erfahrung zu bringen, dann hätte sie es sicher im Artikel erwähnt. Beschränken Sie sich bei wörtlichen Zitaten also auf Aussagen, die den Text glaubwürdiger, meinungsstärker, lebendiger und persönlicher werden lassen. Zitieren Sie nicht, was Sie als Autor:in auch selbst behaupten können.

In diesem Beispiel ging es um das Zitieren aus einem schriftlichen Text. Die Gutachter:innen haben sich Mühe gegeben, sauber zu formulieren – und die Autorin hat sie zitiert, ohne am zitierten Text etwas zu ändern. Ganz anders sieht die Sache beim gesprochenen Wort aus. Wenn zum Beispiel die Verhandlungsführerin der Gewerkschaft nach einer überraschend kurzen Sitzung mit dem Industrieverband vor die Presse tritt und sagt:

> »Die Arbeitgeberseite hat ein lächerliches Angebot unterbreitet, also wirklich lächerlich. Ich muss wirklich sagen, so etwas habe ich noch nicht erlebt. Und ich bin schon seit 20 Jahren dabei. Wir, also meine Kolleginnen, Kollegen und ich, sehen so keinen Sinn in weiteren Verhandlungen und werden unsere Mitglieder morgen mit Beginn der Frühschicht zu Warnstreiks aufrufen.«

Dieses Zitat ist journalistisch relevant, denn nach dieser deutlichen Kritik am Tarifpartner ist eine lange Auseinandersetzung zu erwarten. Sie würden die Dramatik also nicht richtig wiedergeben, wenn Sie so in Ihren Artikel einsteigen würden:

> Die Gewerkschaft hat sich vom Angebot der Arbeitgeber enttäuscht gezeigt und die Tarifverhandlungen vertagt.

Stattdessen werden Sie zumindest einen Teil des Statements wörtlich zitieren, um den Tonfall und die Stimmung wiederzugeben. Ihre Leserinnen und Leser sollen einschätzen können, wie scharf die Kritik gemeint ist. Aber übertreiben Sie es nicht. Sie müssen nicht den ganzen Wutausbruch zitieren, nur weil er so schön dramatisch ist. Im Ergebnis könnten Sie so mit Ihrer Meldung beginnen:

> Die Gewerkschaft hat das Angebot der Arbeitgeber als »lächerlich« bezeichnet und die Tarifverhandlungen abgebrochen. »So etwas habe ich noch nicht erlebt«, sagte die Verhandlungsführerin am Abend und kündigte Warnstreiks für den nächsten Morgen an.

Sie sind also nicht verpflichtet, das ganze Zitat zu nehmen – ebenso wenig wie Christiane Schulzki-Haddouti verpflichtet war, das ganze Gutachten zu zitieren. Sie wählen die Aussagen aus, die für das Verständnis der Situation besonders relevant sind: weil sie den Ton setzen, weil sie die Geschichte authentischer wirken lassen – oder weil es auf die genaue Wortwahl ankommt. Ein Beispiel sind öffentliche Entschuldigungen: Da kommt es auf den genauen Wortlaut an, daher zitieren Sie alles so, wie es gesagt wurde.

Sie dürfen aber leicht redigieren, damit Sätze entstehen, die in der Schriftsprache des Artikels nicht deplatziert wirken. Sie streichen üblicherweise alle Ähs heraus, korrigieren kleinere Versprecher und »übersetzen« den Satz womöglich aus dem Schwäbischen oder Sächsischen ins Hochdeutsche. Orientieren Sie sich daran, wie der Zitatgeber wohl auf Ihre Änderungen reagieren würde. Wenn er oder sie sich richtig wiedergegeben fühlt, war Ihre Veränderung des Zitats in Ordnung. Sie wollen mit dem Zitat vermitteln, was er oder sie gemeint hat.

Ein letzter Punkt zu den Verben: Hier müssen Sie nicht kreativ werden, halten Sie sich lieber zurück. Das Verb »sagen« funktioniert fast immer und ist in journalistischen Nachrichten der Standard. Henning Sußebach von der *Zeit* hat sogar einmal ein preisgekröntes Porträt über einen Obdachlosen geschrieben, in dem über 40 Mal »Hoffmann sagt« oder »sagt Hoffmann« verwendet wird. Andere Verben würde ich nur wählen, wenn sie eindeutig passen. Manche drücken nicht viel aus: »betonen«, »unterstreichen« oder »hervorheben« zum Beispiel.

Hier eine Auswahl von nützlicheren Verben, die eine Aussage besser einordnen:

- »kritisieren« oder »widersprechen«, wenn Sie sich sicher sind, dass die Äußerung so gemeint ist
- »erklären«, wenn eine offizielle Erklärung abgegeben wird oder ein Ereignis erklärt wird, indem seine Ursache genannt wird
- »erläutern«, wenn ein Sachverhalt genauer ausgeführt wird
- »behaupten«, wenn eine – möglicherweise strittige – These aufgestellt wird
- »begründen« oder »sich rechtfertigen«, wenn ein Argument genannt wird

In vielen Redaktionen ist übrigens »lachen« verboten, wenn es mit einem wörtlichen Zitat verbunden ist. Menschen lachen nicht in ganzen Sätzen, wird dann gespottet. Nicht verwenden würde ich außerdem »wissen«, »glauben«, »meinen« und »finden«, denn was in den Köpfen Ihrer Gesprächspartner vorgeht, bleibt Ihnen verborgen. Sind sie wirklich von dem überzeugt, was sie behaupten? Das ist für Ihre Nachricht meist unerheblich. Entscheidend dürfte vielmehr sein, dass sie es gesagt haben.

Christiane Schulzki-Haddouti hat mir widersprochen, als sie den vorangegangenen Absatz las: Sie verwende »meinen«, wenn jemand bewusst eine subjektive Wertung abgebe, und »wissen«, wenn ein Fachmann von seinen zuverlässig ermittelten Erkenntnissen spreche. Das kann ich gut nachvollziehen. Vielleicht kommt hier zum Tragen, dass ich Philosophie studiert und Wissen in der Definition Platons als »wahre, gerechtfertigte Überzeugung« kennengelernt habe. Alle drei Aspekte würden eine umfangreiche Recherche erfordern: Ist er wirklich von seiner Aussage überzeugt, kann er gute Gründe dafür angeben – und hat er recht damit? Ohne diese Antworten fühle ich mich mit »behaupten« erst einmal wohler. Sie könnten mir nun vorwerfen, ich wollte mich damit hinter der Aussage des Gesprächspartners verstecken. Zu klären, ob die Aussage stimmt, gehört zu den zentralen Aufgaben des Journalismus. Und manchmal ist es auch wichtig zu klären, was der Zitatgeber tatsächlich gedacht hat. Aber diese Recherchen würde ich nicht in ein einzelnes Verb packen, sondern sie ausführlich darlegen, wenn es nötig ist.

Wie überprüfe ich meinen Artikel?

Als ich bei der *Stuttgarter Zeitung* gearbeitet habe, gab es die Regel, dass die letzte Zeile jedes Absatzes mindestens ein Drittel der Zeitungsspalte füllen müsse. Die Absätze dürfen nicht »kurz auslaufen«, hieß es im Redaktionssprech. Einfach, weil es nicht schön aussehe. Am schlimmsten sei es, wenn in der letzten Zeile nur noch eine Silbe stehe, zum Beispiel: »gen.« Bevor ich zur *Stuttgarter Zeitung* kam, hatte ich schon von Redaktionen gehört, die solche Anforderungen an sich selbst stellen, und fand den Gedanken absurd. Es komme doch auf den Inhalt an und nicht auf Nebensächlichkeiten des Layouts, dachte ich. Doch bei der *Stuttgarter Zeitung* habe ich mit den Jahren einen Blick dafür entwickelt. Wenn ich heute eine Zeitungsseite aufschlage, fallen mir die kurz auslaufenden Absätze sofort ins Auge. Und ich denke unwillkürlich: »Das kann man doch schöner machen!«

Ich erwähne die Anekdote, um zu zeigen, wie sehr Redakteurinnen und Redakteure die Standards ihres Mediums verinnerlichen. Der Prozess ist schleichend und wird einem meist nicht bewusst, daher kenne ich auch nicht viele Beispiele wie diese Anekdote. Aber das Verinnerlichen der Regeln ist kaum zu unterschätzen, denn es hilft einer Redaktion, verlässliche Qualität zu liefern. Als Redakteur:in muss man an den richtigen Stellen stutzen: Irgendetwas passt hier nicht, wirkt komisch, sollte überprüft werden. Wer nicht aufmerkt, übersieht die Fehler. Und diesen Blick muss man trainieren.

Ein kurz auslaufender Absatz ist kein bedeutender Fehler, also wenden wir uns den ärgerlichen sachlichen Fehlern zu. Mit welchen Strategien lassen sie sich vermeiden? Bevor ich zu den Antworten komme, möchte ich eine andere Frage streifen: Wie gut muss man sich auskennen, um über ein Thema schreiben zu dürfen? Mindestens so gut, dass man sicher ist, alles richtig verstanden zu haben, würde ich sagen. Das erlaubt es prinzipiell allen Interessierten, journalistisch zu recherchieren und zu schreiben. Mit genügend Zeit und Ehrgeiz – und mit der Hilfe von Expertinnen und Experten, die man befragt – kann man sich in jedes Thema einarbeiten.

Aber manche verlangen auch eine härtere Form der Qualifikation. Einige Wissenschaftsredaktionen erwarten zum Beispiel einen Hochschulabschluss in Physik oder Medizin, bevor man über Schwarze Löcher oder Krebsvorsorge schreiben darf. Ich finde das übertrieben, da im journalistischen Alltag immer wieder Themen auf den Tisch kommen, auf die niemand vorbereitet ist. Wer formale Bedingungen für den Journalismus aufstellt, wird in manchen Fällen auf eine Berichterstattung verzichten müssen. Bei kleinen Medien wäre das völlig in Ordnung und ein Zeichen dafür, dass sie sich nicht selbst überschätzen, aber von großen Redaktionen erwarte ich eine Basisversorgung mit Informationen. Sie müssen auch unter schwierigen Bedingungen liefern, also dafür sorgen, dass auch dann fachlich korrekte Artikel erscheinen, wenn die Autorin oder der Autor nicht vom Fach ist.

Wie wäre es mit einer guten Allgemeinbildung als Voraussetzung für alle, die journalistisch arbeiten? Die Henri-Nannen-Schule nimmt angehende Journalist:innen erst nach einem Wissenstest auf, der es in sich hat. Kaum jemand erreiche mehr als 80 Prozent der Punkte, heißt es auf der Website der Journalistenschule. Gefragt wird quer durch alle

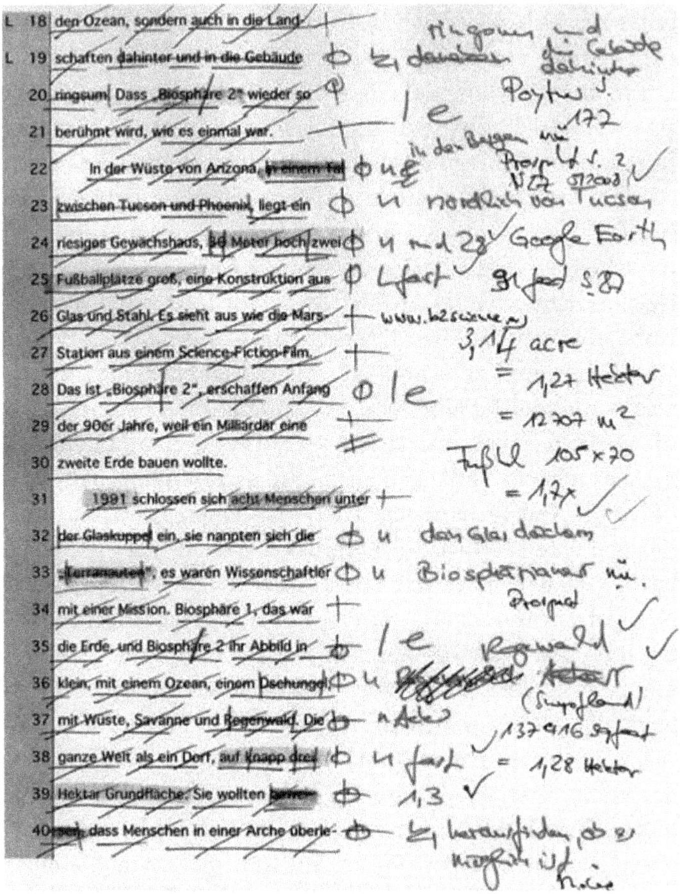

den Ozean, sondern auch in die Landschaften dahinter und in die Gebäude ringsum. Dass „Biosphäre 2" wieder so berühmt wird, wie es einmal war.

In der Wüste von Arizona, in einem Tal zwischen Tucson und Phoenix, liegt ein riesiges Gewächshaus, 30 Meter hoch, zwei Fußballplätze groß, eine Konstruktion aus Glas und Stahl. Es sieht aus wie die Mars-Station aus einem Science-Fiction-Film. Das ist „Biosphäre 2", erschaffen Anfang der 90er Jahre, weil ein Milliardär eine zweite Erde bauen wollte.

1991 schlossen sich acht Menschen unter der Glaskuppel ein, sie nannten sich die „Terranauten", es waren Wissenschaftler mit einer Mission. Biosphäre 1, das war die Erde, und Biosphäre 2 ihr Abbild in klein, mit einem Ozean, einem Dschungel, mit Wüste, Savanne und Regenwald. Die ganze Welt als ein Dorf, auf knapp drei Hektar Grundfläche. Sie wollten beweisen, dass Menschen in einer Arche überle-

Ein Manuskript nach dem Check der Dokumentarist:innen. Geprüfte Wörter sind durchgestrichen, die Fakten unterstrichen. Am Rand erkennt man: Amerikanische Maße werden ins metrische System umgerechnet und Ortsangaben mit Google Earth überprüft. Foto: DER SPIEGEL (online), 16. 8. 2017

Themenfelder des Journalismus, und die Fragen zielen auf Wissen ab, das man nicht sofort googlen kann. Eine hohe Punktzahl spricht dafür, dass man neugierig und mit offenen

Augen durchs Leben geht – eine gute Voraussetzung für den Beruf. Diesen Ansatz finde ich richtig, auch wenn ich mit Blick auf die Qualitätssicherung sagen würde: Man muss nicht alle Antworten aus dem Ärmel schütteln können. Es genügt, wenn man beim Lesen stutzt und sich fragt: Stimmt das wirklich? Denn dann kann man jemanden fragen, der es weiß.

Üblicherweise sind Sie als Autorin oder Autor nicht allein, sondern werden von Ihrer Redaktion unterstützt. Ihr Text wird vor der Veröffentlichung redigiert, vielleicht sprechen Sie sogar mit einer Redakteurin oder einem Redakteur darüber. In dieser Zusammenarbeit ist der Ton manchmal unwirsch, dann wird Ihnen ein »Das geht so nicht!« entgegengeschleudert. Nehmen Sie die Kritik nicht persönlich: Alle Beteiligten arbeiten daran, Ihren Beitrag gut aussehen zu lassen. Aus Sicht der Redaktion ist das Durchwinken eines schlechten Artikels eine Art der unterlassenen Hilfeleistung. Nehmen Sie lieber eine andere Haltung ein: Hoffen Sie nicht auf ein uneingeschränktes Lob aus der Redaktion als Bestätigung für Ihre gute Leistung, hoffen Sie vielmehr auf Hinweise, wie Sie Ihren Text noch verbessern können. Für das Lob ist nach der Veröffentlichung immer noch Zeit.

Was aber können Sie selbst tun, um Ihren Artikel zu verbessern, bevor Sie ihn an die Redaktion schicken? Der erste Schritt ist, auf Distanz zum Text zu gehen. Sie stecken tief im Thema drin, haben lange an den Sätzen gefeilt – diesen Insiderblick müssen Sie wieder loswerden. Wenn Sie viel Zeit haben, können Sie den Artikel für eine Weile weglegen. Wenn es nur ein paar Minuten sind, können Sie zumindest das Umfeld ändern: Drucken Sie den Artikel zum Beispiel aus, gehen Sie in die Kantine und lesen Sie Ihren Artikel bei einem Kaffee. Nach meiner Erfahrung haben Sie diese Zeit oft auch dann noch, wenn es stressig wird. Falls es zeitlich aber wirklich eng sein sollte, wechseln Sie wenigstens das Layout am Bildschirm und lesen den Artikel in der Voransicht, wie er auf der

Website erscheinen soll. Manchmal werden dadurch Problemstellen sichtbar, die Sie bisher überlesen haben.

Wenn Sie den Text ausgedruckt vor sich haben, dann …

… markieren Sie die Passagen, die Ihnen umständlich vorkommen, oder notieren Sie sich Formulierungsideen. Halten Sie sich aber kurz vor Abgabe nicht zu sehr mit sprachlichen Details auf, die nur noch geschmäcklerisch sind.

… prüfen Sie die Fakten. Kringeln Sie alle Namen, Zahlen und Fachbegriffe ein, die Sie sicherheitshalber noch einmal nachschauen möchten. Und fragen Sie sich, ob die Angaben plausibel sind. Umfasst der Bildungsetat des Bundeslands nur 21 Millionen Euro? Davon müssen doch alle Lehrkräfte bezahlt werden. Vielleicht sind es 21 Milliarden?

… achten Sie darauf, ob Sie irgendwo stutzen. Es ist ärgerlich, wenn Sie nach der Veröffentlichung auf einen Fehler hingewiesen werden und sich denken: Das ist mir auch komisch vorgekommen, aber ich habe das Gefühl nicht ernst genommen.

… nehmen Sie sich zum Schluss ein Lineal und kontrollieren Zeile für Zeile die Rechtschreibung. Manche beginnen am Ende des Artikels und arbeiten sich nach vorne. Auf diese Weise wollen sie verhindern, dass sie lesen, was dort stehen sollte, anstatt zu lesen, was dort tatsächlich steht.

Aber am Ende sind journalistische Produkte immer eine Gemeinschaftsarbeit. Einzelne Journalistinnen und Journalisten können zwar Spitzenleistungen abliefern, doch die Öffentlichkeit braucht nicht nur gelegentliche Spitzenleistungen, sondern eine verlässliche Grundversorgung. Einzelne decken auf, analysieren pointiert, erklären verständlich oder schildern anschaulich. In den vergangenen Jahren haben sich einige Journalistinnen und Journalisten aus ihren Redaktionen gelöst und ihre eigene journalistische Marke gegründet, häufig über einen Newsletter. Und schon in den 00er Jahren haben Bloggerinnen und Blogger, die sich selbst vielleicht gar nicht zur Presse zählen, aufgedeckt, analysiert, erklärt und anschaulich geschildert. Auf beiden Wegen wird die öffentliche Debatte bereichert, und ich möchte die Ein-Frau- oder Ein-Mann-Unternehmen nicht mehr missen.

Doch Redaktionen stellen kontinuierliche Qualität sicher (oder sollten dies zumindest), indem sie genügend Personal vorhalten, funktionierende Arbeitsroutinen einüben und einen – ausformulierten oder inoffiziellen – Kodex durchsetzen. Wer sich nicht an die Standards hält, wird korrigiert und kann im schlimmsten Fall auch entlassen werden. In diesem Umfeld können Redakteurinnen und Redakteure die Standards verinnerlichen und den Blick für mögliche Fehler entwickeln. Sie unterstützen dabei die Autorinnen und Autoren, indem sie ein Sicherheitsnetz weben, das Pleiten auffängt, bevor sie in die Öffentlichkeit gelangen.

Möglichkeiten: Die Zusammenhänge erklären

Sie kippen Ihrem Publikum nicht einfach die Fakten vor die Tür, sondern bereiten sie so auf, dass sie genutzt werden können.

Haben Sie sich auch schon einmal gefragt, ob ein angeblich neutraler Artikel unterschwellig eine Meinung transportiert? In Meldungen sollen Journalistinnen und Journalisten berichten, was geschehen ist, so dass sich das Publikum darüber eine Meinung bilden kann. Sie sollen die Ereignisse aber nicht kommentieren – dazu sind eigens gekennzeichnete Meinungsbeiträge gedacht, die wir in einem späteren Kapitel besprechen werden. Doch können Journalistinnen und Journalisten nicht durch die Auswahl der Fakten und der zitierten Personen ihrer Meldung einen gewissen Dreh geben, der die Leserinnen und

Leser beeinflusst? Ja, das können sie – bloß funktioniert es nicht immer. Schauen wir uns ein fiktives Beispiel an:

> Eklat im Landtag! In einer Debatte über den Ausbau der Windenergie ruft der Abgeordnete Hans Müller: »Die Ökodiktatur der Landesregierung erinnert mich an das dunkelste Zeitalter Deutschlands und der Ministerpräsident fast schon an den Führer.« Die Landtagspräsidentin Rita Wille wirft Müller daraufhin aus dem Saal, doch Müller weigert sich zu gehen. »Ihr müsst schon die Polizei rufen«, sagt er immer wieder. Er geht erst, als zwei Beamte eintreffen und mit ihm sprechen. Zuvor hatte Müller bereits mehrfach die Reden unterbrochen und geschimpft: »Dieser grüne Terror muss ein Ende haben!« Dafür hatte ihn Wille zur Ordnung gerufen.

Beim Formulieren dieses Beispiels habe ich mir einen Redakteur mit einer bestimmten Meinung vorgestellt. Ist sie eindeutig erkennbar? Was meinen Sie: Ist dieser Redakteur auf der Seite des Abgeordneten Hans Müller oder auf der Seite der Landtagspräsidentin Rita Wille? Nach meinem Eindruck spricht eine gewisse Empörung aus den Zeilen: Hans Müller benimmt sich unerhört. Allerdings bekommt Hans Müller auch viel Platz für seine Tiraden, während Rita Wille nicht zitiert wird. Daraus könnte man eine gewisse Faszination ablesen: Hans Müller steht im Mittelpunkt – und Aufmerksamkeit ist in der Politik viel wert.

Mit dem Beispiel möchte ich andeuten, dass es gar nicht so einfach ist, die Leserinnen und Leser mit Botschaften zu manipulieren, die man zwischen den Zeilen versteckt. Der Erste versteht den Text so und der Nächste versteht ihn anders – aber alle sind gleichermaßen irritiert. Daher würde ich nicht viel Zeit dafür verwenden, die vermeintliche Absicht der Autorin oder des Autors zu ergründen, sondern stattdessen sein journalistisches Handwerk kritisieren. In diesem Beispiel lässt sich der Redakteur von Hans Müller so beeindrucken, dass er vergisst, die Gegenseite angemessen zu Wort kommen zu lassen. Er will Hans Müller vielleicht mit den eigenen Zitaten vorführen – und macht ihn dadurch aber unabsichtlich zum Helden seiner Geschichte. Er hätte sich stattdessen vorher überlegen sollen, was die wichtigsten Punkte des Eklats sind:

- Der Abgeordnete vergleicht den Ministerpräsidenten mit Hitler.
- Die Landtagspräsidentin wirft den Abgeordneten deswegen aus dem Saal.
- Die Polizei muss gerufen werden, weil sich der Abgeordnete weigert, den Saal zu verlassen.

Dann hätte er im zweiten Schritt überlegen können, welche Zitate nötig sind, um über die drei Punkte zu berichten:

- Der Nazivergleich muss wörtlich zitiert werden, damit ihn die Leserinnen und Leser einschätzen können. Er ist zum Beispiel durch ein »fast« ein wenig abgeschwächt worden.
- Den Rauswurf kann die Landtagspräsidentin begründen, aber das ist nicht zwingend, weil die Leserinnen und Leser den Nazivergleich als hinreichenden Grund anerkennen dürften.
- Dass die Polizei geholt werden muss, ist ungewöhnlich – und ruft nach einer Einschätzung. Hier wäre die Meinung der Landtagspräsidentin oder eines unabhängigen Beobachters von Interesse.

Hätte der Redakteur alles zusammengenommen, hätte er diese Meldung schreiben können, die weniger aufgeregt und vielleicht auch etwas neutraler wirkt:

> Die Landtagspräsidentin Rita Wille hat den Abgeordneten Hans Müller aus dem Saal geworfen, nachdem er in einer Debatte über den Ausbau der Windenergie gerufen hatte: »Die Ökodiktatur der Landesregierung erinnert mich an das dunkelste Zeitalter Deutschlands und der Ministerpräsident fast schon an den Führer.« Weil sich Müller aber weigert, den Saal zu verlassen, ruft Wille die Polizei. »In der Geschichte des Landtags ist das ein einzigartiger Vorgang«, kommentiert sie nach der Sitzung.

Mit der Wortwahl kann der Redakteur Akzente setzen. Soll er das alltagsnahe »aus dem Saal werfen« verwenden, ein förmliches »des Saals verweisen« oder das juristisch klingende »von der Sitzung ausschließen«? Ich plädiere dafür, nahe an der Sprache zu bleiben, in der die Leser:innen den Vorfall beschreiben würden: Der Abgeordnete wird hinausgeworfen. Unpassend wäre jedoch gewesen, wenn der Redakteur geschrieben hätte, dass die Landtagspräsidentin den Abgeordneten hinauswerfen »musste«. Damit hätte er die Entscheidung als begründet akzeptiert, doch Werten ist hier nicht seine Aufgabe.

Am nächsten Tag sollte der Redakteur dann noch dem Abgeordneten die Chance geben, seine Sicht der Dinge zu erläutern. Wird er sich entschuldigen oder legt er nach? Im tagesaktuellen Journalismus kann man solche Einschätzungen nicht sofort einspielen, wie man es von Reality Shows im Fernsehen kennt, wenn Prominente in der Kabine Szenen kommentieren, die gerade gezeigt worden sind. Aber Journalist:innen holen es mit dem nächsten Artikel nach.

In diesem Abschnitt »Die Zusammenhänge erklären« soll es nun darum gehen, wie Sie eine klare Botschaft vermitteln können, ohne Ihr Publikum damit in eine bestimmte Richtung zu drängen. Diesen Satz muss ich aber noch erläutern, damit er nicht missverstanden werden kann. In Ihrer Botschaft geht es um ein wichtiges oder interessantes Ereignis, über das Sie Ihr Publikum informieren möchten. Sie drängen Ihr Publikum also schon ein wenig, indem Sie dafür werben, die Meldung zu lesen. Und Sie wählen für Ihr Publikum die relevanten Fakten und Zitate aus. Sie schütten Ihren Leserinnen und Lesern also nicht Ihr gesamtes Recherchematerial vor die Füße, sondern überlegen sich, was sie aus dieser Menge an Fakten und Zitaten wissen sollten, um sich eine gut informierte Meinung zu bilden. Doch Sie lassen Ihren Leser:innen genügend Freiraum im Umgang mit Ihrer Meldung.

Diese Balance müssen Journalist:innen jeden Tag hinbekommen. Es ist nicht einfach, aber man sollte sich darum bemühen. Diese Forderung hat zwei Teile:

(1) **Politische Ausgewogenheit**: In der Berichterstattung sollten alle relevanten Stimmen vorkommen. Journalist:innen müssen nicht jeden Außenseiter befragen, aber sie sollten darauf achten, dass sie die leisen Stimmen nicht überhören. Sie müssen die unterschiedlichen Positionen nicht gleichberechtigt präsentieren – vor allem, wenn sie auf falschen Behauptungen beruhen –, doch Journalist:innen dürfen nicht ohne sachlichen Grund parteiisch werden.

(2) **Inhaltliche Zugänglichkeit**: Die Berichterstattung sollte für ein breit gefächertes Publikum verständlich sein. Journalist:innen müssen nicht immer für die Ahnungslosen schreiben, aber sie sollten darauf achten, dass sie nicht nur ein vorgebildetes und besonders interessiertes Fachpublikum im Blick haben. Sie müssen also nicht immer alles von Anfang an erläutern – vor allem, wenn das Thema schon seit Tagen in den Schlagzeilen ist, doch Journalist:innen sollten das Vorwissen ihres Publikums nicht überschätzen.

Seien Sie also vorsichtig, wenn Sie einen Satz mit den Worten »wie jedes Kind weiß …« beginnen. Denn damit teilen Sie allen Menschen, die es wider Erwarten nicht wissen, mit, dass der Artikel nicht für sie bestimmt ist. Und das sind vermutlich mehr Leute, als Sie denken. Testen Sie es: Bitten Sie Ihre Leserinnen und Leser, die Botschaft eines Artikels mit eigenen Worten zu formulieren. Sie werden überrascht sein, wie wenig bei Ihrem Publikum hängenbleibt. Nehmen wir an, Sie haben diese Kurzmeldung veröffentlicht:

> Lange Schlangen vor den Elektronikgeschäften: Das neue Smartphone XY mit dem Z1-Prozessor ist seit heute erhältlich. Es ist speziell für VR-Applikationen entwickelt worden.

Die Begriffe mögen alle aus der Werbung bekannt sein, aber ich bin mir sicher, dass manche Leser:innen fachlich überfordert sein werden. Wenn diese Leser:innen die Botschaft wiedergeben müssten, würden sie vielleicht antworten:

> Ein neues Smartphone mit noch mehr Apps ist auf den Markt gekommen.

Und wieder andere Leser:innen könnten sagen:

> Ein teures Smartphone ist auf den Markt gekommen, das ich mir sicher nicht leisten kann.

Beides wollen Sie vermeiden. Also schauen wir uns genauer an, wie Sie Ihrem Publikum das Verständnis erleichtern können: indem Sie Fachbegriffe erläutern und abstrakte Konzepte mit Beispielen veranschaulichen. Anschließend besprechen wir, wie man um das Vertrauen der Leserinnen und Leser wirbt, indem man seine Quellen einordnet und das journalistische Vorgehen erläutert. Zum Schluss kehren wir zur Frage zurück, inwieweit Journalistinnen und Journalisten ihr Publikum beeinflussen. Meiner Ansicht nach dürfen sie ihr Publikum nur in eine Richtung drängen – pathetisch gesprochen: in Richtung Wahrheit. Aber was zählt alles zur Wahrheit dazu?

Die Texte, aus denen ich auf den folgenden Seiten zitieren werde, sind keine Meldungen oder Nachrichten mehr, sondern Berichte. **Berichte** sind die großen Schwestern der Meldungen: Sie sind in Zeitungen und auf Websites 3000, 4000 oder 5000 Zeichen lang. In einem Magazin ist das typischerweise eine Seite, wenn der Artikel nur minimal bebildert wird, und bei schönem Layout eine Doppelseite. In Berichten muss die Botschaft nicht mehr im ersten Satz stehen, sondern nur noch am Anfang. Und Sie haben auch sonst größere Freiheiten im Aufbau des Artikels: Sie brauchen zwar einen roten Faden, damit man beim Lesen nicht die Übersicht verliert, aber Sie dürfen ausholen, um komplexere Zusammenhänge zu erläutern. Nehmen Sie die folgenden Beispiele als Vorgeschmack auf das nächste Kapitel: Dort greifen wir diese längere Form wieder auf und ergänzen sie um lebendigere Schilderungen.

Im Auftrag des Publikums auswählen

In Redaktionskonferenzen wird manchmal die **Chronistenpflicht** beschworen, um eine Nachricht zu rechtfertigen. Das Wort steht für eine schwer zu fassende Argumentation: Die Nachricht ist eigentlich nicht besonders interessant, aber man nimmt sie ins Programm auf, weil man dokumentieren möchte, wie sich die Dinge entwickelt haben. Sagen wir, ein Minister hat einen Vorschlag, der von allen Seiten kritisiert worden ist und längst als politisch tot gilt, nun offiziell zurückgezogen. Das überrascht niemanden mehr, aber die Redaktion verzeichnet das Ende der Idee in einer kurzen Meldung. Fast so, als werde es erst dadurch amtlich.

Dieses Verständnis umfassender Berichterstattung gilt nicht mehr als zeitgemäß. Auf Konferenzen zur Zukunft des Journalismus ist schon oft das Ende der Chronistenpflicht beschworen worden. Die Öffentlichkeit ist heute nicht mehr darauf angewiesen, dass eine solche Meldung in der Zeitung abgedruckt oder in einer Nachrichtensendung verlesen wird, um davon zu erfahren. Wer wissen möchte, ob der Minister seinen Vorschlag weiter vertritt, kann auf dessen Website oder in seinen Social-Media-Kanälen nachschauen. Auf den Fachtagungen wird daher argumentiert, dass sich die Redaktionen lieber mit weniger Themen befassen, diese aber gründlich bearbeiten sollten, als zu allen möglichen mittelwichtigen Ereignissen kurze Meldungen zu verfassen. Journalismus müsse heute keinen Überblick mehr geben, sondern bei wichtigen Themen Einordnung liefern.

Welche Themen das sein sollten, ist in der Branche aber umstritten. Die Debatte kann man auf diesen Nenner bringen: Die einen setzen auf Themen, die das Publikum lesen möchte, während die anderen auf Themen setzen, die das Publikum lesen sollte. Schauen wir uns diese Positionen genauer an:

(1) **Von Leser:innen gewünscht**: **Web Analytics** sind in den vergangenen Jahren zu einem mächtigen Werkzeug geworden. Redaktionen verfolgen, welche Artikel geklickt, ob sie geteilt werden und wie lange man auf ihnen verweilt. Google teilt ihnen mit, nach welchen Begriffen gesucht wird. Und manche Redaktionen fragen ihr Publikum direkt, an welchen Themen es interessiert ist. Auf der Grundlage dieser Daten kann die Redaktion das journalistische Angebot für sein Publikum maßschneidern. Das ist wirtschaftlich sinnvoll, weil man auf mehr Abonnent:innen hoffen darf, und viele sehen darin auch eine Demo-

kratisierung des Journalismus. Die Presse bestimmt nicht mehr, über welche Themen geredet wird, denn das entscheidet die Öffentlichkeit. Die Rolle als Gatekeeper ist passé.

(2) **Von Journalist:innen ausgewählt**: Manche sperrigen Themen verlieren in diesem Wettbewerb um Aufmerksamkeit an Boden. Klimathemen fielen lange Zeit in diese Kategorie, da hieß es oft: »Über den Klimawandel wissen wir schon genug, und die Details der Klimaforschung interessieren nicht genügend Menschen.« Dürren und Überschwemmungen hätten Anlässe für eine populärere Berichterstattung geben können, doch hier hielt sich die Klimaforschung lange zurück und sagte, dass man die Naturkatastrophen nicht – oder noch nicht – auf den Temperaturanstieg zurückführen könne. Also blieb die Berichterstattung oft technisch und abstrakt. Hätte es sich die Presse nicht dennoch zur Aufgabe machen sollen, die Öffentlichkeit deutlicher über die erwartbare Klimakrise zu informieren, nachdem ihr in ihren Recherchen die Dringlichkeit klar geworden ist?

Ich fühle mich der zweiten Position enger verbunden als der ersten, aber ich glaube, dass die Antwort zwischen den beiden Positionen liegt. Auf der einen Seite soll Journalismus informieren, nicht erziehen. Er darf aufrütteln und überraschen, aber er wird sein Publikum verlieren, wenn er dauerhaft gegen dessen Interessen anschreibt. Auf der anderen Seite sollte er sich nicht allein an Klickzahlen und Umfragen orientieren, denn dann würde aus dem Online-Journalismus Boulevard-Journalismus, der sich über starke Schlagzeilen verkaufen muss. Wer nur auf spontane und emotionale Reaktionen zielt, wird keine ausgewogene und tiefschürfende Berichterstattung liefern. Man spricht auch von **»Hard News«**, in denen gewichtige politische oder wirtschaftliche Themen sachlich erläutert werden, und grenzt sie von den unterhaltsameren und dramatischeren **»Soft News«** ab. Doch diese Unterscheidung ist in der Medienforschung umstritten, weil Mischformen nicht nur möglich, sondern vielleicht sogar sinnvoll sind. Was spricht denn dagegen, ein persönliches Schicksal in einer Wetterkatastrophe (Soft News) mit einer Diskussion über unsere Anpassung an die Erderwärmung (Hard News) zu verbinden?

Ich empfehle Ihnen daher, sich ein aufgeklärtes Publikum vorzustellen und sich an diesem Publikum zu orientieren. Bemühen Sie sich regelmäßig darum, mit diesen Menschen in Kontakt zu treten, damit Sie ein Gefühl für ihre Bedürfnisse und Erwartungen bekommen. Fragen Sie sich dann, wie Ihr Publikum reagieren würde, wenn es Zeit hätte, sich mit dem Thema zu befassen. Würde es Ihren Beitrag als Bereicherung sehen? Wenn ja, dann legen Sie los. Ihr Publikum wird vielleicht überschaubar bleiben, weil sich nicht jeder die Zeit nimmt, aber Sie werden Ihrer Pflicht nachkommen, dieses Publikum gut zu informieren.

Doch Vorsicht: Schränken Sie sich beim Schreiben nicht auf ein Fachpublikum ein, das ohnehin an Ihrem Artikel interessiert sein wird! Versuchen Sie weiterhin, eine breite Leserschicht für Ihren Text zu begeistern. Setzen Sie also nicht zu viel Vorwissen voraus, und geben Sie sich beim verständlichen Formulieren Mühe, damit Ihre Leserinnen und Leser den Text mühelos verstehen. Weil Sie lange und gründlich recherchiert haben, haben Sie sich an den Fachjargon und an die komplizierten Gedankengänge gewöhnt. Beim Schreiben müssen Sie sich davon wieder lösen.

Schauen wir uns ein Beispiel an, in dem mein früherer Kollege Rainer Klüting das Moore'sche Gesetz erläutert. Sein Artikel erschien im April 2015 in der *Stuttgarter Zeitung* zum 50. Jahrestag dieses Gesetzes, das die Computerchip-Industrie geprägt hat. Gordon Moore hatte 1965 entdeckt, dass sich die Zahl der Transistoren auf einem Chip etwa jedes Jahr verdoppelt – und so ging es erstaunlicherweise jahrzehntelang weiter (wenn auch etwas langsamer, mit einer Verdopplung alle anderthalb Jahre). Rainer Klüting beginnt seinen Artikel mit einer Erklärung, dass Moore sein Gesetz gar nicht als Gesetz formuliert habe, und beschreibt dann, wie es tatsächlich war:

> Auf diesen integrierten Schaltkreisen (ICs) wurden immer mehr elektronische Komponenten »integriert«, daher ihr Name. Moore hatte festgestellt, dass es eine optimale Anzahl von Komponenten pro Chip gab, bei der die Herstellungskosten des Chips pro Komponente am geringsten waren. Genauso wichtig: die optimale Komponentenzahl stieg pro Jahr etwa auf das Doppelte. Und zugleich sanken die gesamten Herstellungskosten für einen Chip drastisch. Der IC des Jahres 1962 enthielt nur wenige Komponenten. 1965 waren es schon 50 oder mehr. Moore verlängerte die Kurve rein spekulativ in die Zukunft und kam für das Jahr 1975 auf 65 000 Komponenten pro Chip. Zehn Jahre könne diese jährliche Verdoppelung durchaus weitergehen, schrieb er vorsichtig.

Dem Fachmann dürfte als Erstes auffallen, dass der Autor nicht von Transistoren spricht, sondern von elektronischen Komponenten. Er spart sich damit die Erläuterung, was ein Transistor ist. Warum nur?, könnte der Fachmann einwenden, es ist doch schnell erklärt: Die Transistoren sind elektrische Schalter, mit denen die Nullen und Einsen der Computersprache verwaltet werden – »Schalter an« entspricht einer Eins, »Schalter aus« entspricht einer Null. Doch das bringt dem Publikum das Moore'sche Gesetz nicht näher, denn in dem Gesetz geht es nur um die Zahl der Komponenten auf dem Chip und nicht um deren Funktionsweise.

Rainer Klüting nutzt seinen begrenzten Platz vielmehr, um Moores ökonomische Perspektive zu beschreiben: Wie viele Transistoren auf einem Chip verbaut werden, hängt von den Produktionskosten ab. Die Computerfirmen brauchen möglichst leistungsfähige Chips mit vielen Transistoren, doch gleichzeitig sollen die Kosten vertretbar bleiben. Also suchen die Chiphersteller die optimale Konfiguration, in der ein einzelner Transistor am günstigsten ist. In dieser Erläuterung sind drei Fachbegriffe wichtig: Transistor, Optimum und Chip. Auf den Transistor verzichtet der Autor und umschreibt ihn als elektronische Komponente. Um welches Optimum es sich handelt, erklärt er in einem eigenen Satz. Und wie der integrierte Schaltkreis zu seinem Namen kam, erläutert er ebenfalls kurz. Er macht es auf die klassische Art: erst den Fachbegriff nennen und ihn dann erläutern. Das geht aber auch umgekehrt, er hätte schreiben können:

> Auf den Chips wurden immer mehr elektronische Komponenten verbaut – oder »integriert«, wie man sagte. Daher heißen die Chips auch »integrierte Schaltkreise (ICs)«.

Hier sehen Sie auch, wie man journalistisch mit **Abkürzungen** umgeht: Man nennt zunächst einmal den vollen Namen und fügt die Abkürzung in Klammern hinzu. Im weiteren Verlauf des Artikels kann man dann die Abkürzung als bekannt voraussetzen. Machen Sie das aber nur, wenn Sie die Abkürzung häufig verwenden werden oder die Abkürzung in der öffentlichen Debatte gebräuchlich ist. Muten Sie Ihren Leserinnen und Lesern nicht zu, sich eine Abkürzung zu merken, auf die Sie im Text genauso gut hätten verzichten können.

Die Passage zum Moore'schen Gesetz ist zwar eine anspruchsvolle Lektüre, aber den Leser:innen wird durch das Erläutern aller Fachbegriffe signalisiert, dass sie den Text ohne Vorwissen verstehen können sollen. Diese journalistische

Haltung beim Erklären ist aus zwei Gründen wichtig: Zum einen merken Ihre Leser:innen schnell, ob sie dem Niveau des Artikels gewachsen sind. »Wie dumm, da kommen Begriffe aus dem Physikunterricht vor«, denken sie sich, »und ich kann mich nicht mehr daran erinnern, was sie bedeuten.« Dieses unangenehme Gefühl schüttelt man ab, indem man sich einem anderen Artikel zuwendet – es sei denn, der Artikel nimmt auf das Gefühl Rücksicht. Zum anderen ist es eine Genugtuung, sich beim Lesen nicht anstrengen zu müssen, selbst wenn man sich an die Begriffe aus dem Unterricht erinnert. Ich habe das erfahren, als ich eine Rubrik für Kindernachrichten betreuen musste: Diese Artikel zu lesen, fällt Erwachsenen leicht – und sie tun es daher gerne. Mancher fühlt sich beim Lesen sogar bestätigt und denkt erfreut: »Habe ich es wieder einmal gewusst!«

Einen weiteren Handgriff nutzt Rainer Klüting, indem er den abstrakten Zusammenhang des Moore'schen Gesetzes mit einem konkreten Beispiel belegt: Er nennt die Zahlen, damit man sich das immer dichtere Gedränge auf den Computerchips besser vorstellen kann. Kurz nach dieser Passage ergänzt er, dass heutige Chips Milliarden von Transistoren enthalten. Zu diesen Aussagen hätte eine Infografik mit der entsprechenden Kurve gepasst, allerdings hat sich die Redaktion damals für ein Porträtfoto Gordon Moores entschieden, um den Artikel zu illustrieren. Die Zahlen sind sorgfältig ausgewählt: Es sind nicht zu viele, um die Leser nicht zu erschlagen, aber auch nicht zu wenige, damit die exponentielle Entwicklung sichtbar wird. Um diesen Punkt zu verdeutlichen, formuliere ich zur Abschreckung eine Alternative, die gegen diese Regel verstößt:

> Der IC des Jahres 1962 enthielt sieben bis acht Komponenten. Im folgenden Jahr waren es im Durchschnitt schon mehr als 15, dann stieg die Zahl auf rund 30, um im Jahr

1965 bei 50 oder mehr zu liegen. Moore verlängerte die Kurve rein spekulativ in die Zukunft und kam für das Jahr 1970 auf rund 1000 Komponenten und für 1975 auf 65 000 Komponenten pro Chip.

Zum Schluss dieses Abschnitts noch ein paar Worte zum journalistischen Umgang mit Zahlen:

- Die letzte Zahl aus der zitierten Passage, 65 000, ist nicht exakt. In Moores eigenem Schaubild endete die gestrichelte Verlängerung in die Zukunft bei 2 hoch 16, also bei 65 536. Doch eine Projektion, die zehn Jahre in die Zukunft reicht, ist sicher nicht mit dieser Präzision gemeint. Daher lässt sich der Autor auch nicht darauf ein und rundet die Zahl.
- So sollten Sie auch verfahren, wenn Sie mit Umfragen arbeiten: Prozentzahlen aus Umfragen mit einer oder gar zwei Nachkommastellen anzugeben, ist in aller Regel unsinnig, da die Fehlertoleranz typischerweise bei zwei bis drei Prozentpunkten liegt. Wenn eine Partei also bei 19,5 Prozent landet, dann können es auch 18,2 oder 21,7 Prozent sein – das wissen die Meinungsforscher nicht. Daher können Sie ruhig auf- oder abrunden. Und Sie sollten sich hüten, aus einer Veränderung um einen Prozentpunkt eine Schlagzeile zu machen. Eine Veränderung dieser Größenordnung kann dem Zufall geschuldet sein und deutet für sich genommen noch nicht auf eine tatsächliche Veränderung hin.
- Beim Lesen kann es hilfreich sein, wenn Sie sich nicht strikt an die Regel halten, alle Zahlen bis zwölf als Wort zu schreiben. Wenn eine Partei in der Wählergunst von zehn auf 15 Prozent steigt, ist das schwerer zu lesen, als wenn sie von 10 auf 15 Prozent steigt.
- Achten Sie darauf, dass Sie immer wissen (und im Artikel angeben), um welche Grundgesamtheit es geht. Wenn es

heißt, dass sich 30 Prozent für einen Urlaub auf einer Insel entscheiden, dann können 30 Prozent der Deutschen gemeint sein oder 30 Prozent der Urlauber oder 30 Prozent der Fluggäste.

Die Fakten unabhängig prüfen

Lassen Sie mich diesen Abschnitt mit einer steilen These beginnen: Das Wichtigste im Journalismus ist nicht, dass die Fakten stimmen. Und lassen Sie mich gleich eine Erläuterung hinterherschieben: Damit habe ich nicht gesagt, dass es egal sei, ob die Aussagen im Artikel wahr sind. Natürlich kommt es darauf an. Aber es gibt noch ein bedeutenderes Ziel: dass die Fakten unabhängig überprüft und eingeordnet worden sind. Mit anderen Worten: Fehler in Artikeln sind schlimm, keine Frage. Aber noch härter trifft es den Journalismus, wenn die Leserinnen und Leser an der Unabhängigkeit der Autorin oder des Autors zweifeln. Dann eröffnet sich die Möglichkeit, dass die Fakten zwar alle stimmen, aber so ausgewählt worden sind, dass sie eine bestimmte Schlussfolgerung nahelegen. Dann fragen sich die Leserinnen und Leser auf einmal, ob die Autorin oder der Autor ihnen vorgeben möchte, was sie denken sollen.

Der Psychologe Rainer Bromme von der Universität Münster unterscheidet drei Faktoren, die das Vertrauen in Fachleute ausmachen – egal, ob es um Zahnärzt:innen, Steuerberater:innen oder Journalist:innen geht. Wichtig ist in erster Linie die **Kompetenz**. Doch nur weil die Fachfrau und der Fachmann vom Fach sind, heißt das noch nicht, dass sie auch gute Arbeit abliefern werden. Werden sie schludern oder kann ich mich auf ihre **Integrität** verlassen? Und dann fehlt für ein abschließendes Urteil noch ein dritter Faktor: Wollen sie in erster Linie ihren Kund:innen helfen oder ist ihnen ein anderes Ziel wichtiger? Nur wenn ich sicher bin, dass die Fachfrau und der Fachmann nicht bloß auf ihren Vorteil bedacht sind, werde ich mich ihnen anvertrauen. Den dritten Faktor kann man **Wohlwollen** nennen.

Auf den Journalismus angewendet, lassen sich diese drei Fragen so formulieren:

- Kompetenz: Können die Autor:innen sauber recherchieren, und können die Redakteur:innen gründlich prüfen?
- Integrität: Halten sich Autor:innen und Redakteur:innen durchgängig an die journalistischen Standards?
- Wohlwollen: Wollen Autor:innen und Redakteur:innen ihr Publikum gut informieren oder möchten sie ihm eine bestimmte Sichtweise aufdrängen?

Vor allem die dritte Frage hat es in sich. Selbst wenn die Leser:innen die ersten beiden Fragen nickend abhaken und damit anerkennen, dass vermutlich alles im Artikel stimmt, werden sie dem Artikel dennoch misstrauen, wenn sie bei der dritten Frage hängenbleiben. Seit einigen Jahren geben sich Autor:innen und Redaktionen daher Mühe, diese Fragen direkt zu beantworten: oft in einem Infokasten, der größere Publikationen begleitet. Dort stellen sich die Autor:innen vor und erläutern in groben Zügen, wie sie ihre Recherche angegangen sind. Vielleicht erläutern sie sogar, wie sie persönlich zu dem Thema stehen, über das sie berichten. Damit machen sie sich angreifbar, aber ich bin sicher, dass die positiven Effekte überwiegen: Das Publikum kann den Artikel besser einschätzen und wird ihm mehr Vertrauen entgegenbringen.

Doch auch im Artikel selbst können Sie einiges tun, um für Vertrauen zu werben. Sie können nicht nur Ihre zentralen Thesen nachvollziehbar belegen, wie wir es schon besprochen haben, sondern darüber hinaus Ihre Quellen charakterisieren:

Handelt es sich um eine besonders kompetente Expertin, die Sie zitieren, um eine besonders sorgfältige Studie oder um einen Augenzeugenbericht, den Sie gründlich geprüft haben? Reihen Sie nicht einfach die Fakten aneinander, sondern ordnen Sie diese für Ihr Publikum ein.

Eine Möglichkeit zeigt die folgende Passage auf, die meine frühere Ressortchefin Lilo Berg im November 2019 in der *Berliner Zeitung* veröffentlicht hat. In ihrem Artikel berichtet sie exklusiv über einen Datensatz aus DDR-Zeiten, der 13 Millionen Messwerte zur Belastung mit Schwefeldioxid, Staub, Stickstoffoxid und Ozon umfasst. Er ist in den 1990er Jahren ans Umweltbundesamt gelangt und dort jahrelang von einem Team um die Meteorologin Ute Dauert bearbeitet worden. Es war nicht leicht, die Daten zu erschließen und so aufzubereiten, dass sie schließlich in einer Zeitung veröffentlicht werden konnten:

> Immer wieder wurde versucht, den Fundus zu erschließen, doch alle Anstrengungen scheiterten. Mal lag es an der komplizierten Verschlüsselung, mal waren Messstellen nicht genau zu lokalisieren oder die Ergebnisse nur schwer zu deuten. Erst als sich Dauerts Mitarbeitern Karin Uhse vor drei Jahren der Sache annahm, gelang der Durchbruch. »Schaffen konnte ich das nur, weil zu DDR-Zeiten zuständige Mess-Ingenieure aus Sachsen-Anhalt, Sachsen und Thüringen geholfen haben«, sagt die 60-Jährige, die mit der Detektivarbeit ihre berufliche Laufbahn krönt. Die hilfreichen Ingenieure betrieben damals ein DDR-weites Messnetz, dessen Anfänge in der Zeit um 1970 liegen und das zur Wendezeit rund 300 Stationen umfasste.

Die Autorin hat sich die Arbeit im Umweltbundesamt also erklären lassen und beschreibt vor allem den Wendepunkt in der langjährigen Arbeit: wie mit der Hilfe ehemaliger Ingenieure die Daten für jede Station ermittelt und zu Zeitreihen zusammengesetzt werden konnten. Nun hat man schwarz auf weiß, wie dreckig die Luft mancherorts war. Die Autorin gibt einen Einblick in ihre Recherche und berichtet, wie sie sich von der Seriosität der Datenaufbereitung überzeugt hat. Die Mitarbeit der Fachleute, die zu DDR-Zeiten für die Datenerhebung mitverantwortlich waren, verleiht dem Projekt Glaubwürdigkeit. Außerdem genießt das Umweltbundesamt als staatliche Einrichtung einen guten Ruf. Die Autorin hat daher darauf verzichtet, unabhängige Expert:innen um eine zweite Meinung zu bitten, was unter anderen Umständen eine häufige Recherchetechnik ist. Doch später zitiert sie noch zeitgenössische Beschreibungen des Smogs und Studien zu dessen Auswirkungen auf die Gesundheit, die zu den dramatischen Messwerten passen und das Bild daher abrunden.

Die oben zitierte Passage ist erzählerisch geschrieben, darauf werden wir im nächsten Kapitel ausführlicher eingehen. Doch auf die Sprache kommt es hier nicht an. Der Text hätte auch nachrichtlich geschrieben werden können, ohne am Inhalt etwas zu ändern. Auch in einer Nachricht können Sie die Quellen einordnen, sofern Sie dafür einen oder zwei Sätze Platz haben – etwa so:

> Der Fundus war nach Angaben des Umweltbundesamtes kompliziert verschlüsselt, außerdem fiel es den Mitarbeitern in einigen Fällen schwer, die Messstellen genau zu lokalisieren. Erst in den vergangenen drei Jahren sei der Durchbruch gelungen, heißt es. In dieser Zeit habe sich die Mitarbeiterin Karin Uhse der Sache angenommen und zu DDR-Zeiten zuständige Mess-Ingenieure aus Sachsen-Anhalt, Sachsen und Thüringen um Hilfe gebeten. Die Ingenieure betrieben damals ein DDR-weites Messnetz, das ungefähr ab 1970 aufgebaut wurde und zur Wendezeit rund 300 Stationen umfasste.

Da die Luftverschmutzung in den Industriegebieten der DDR heute nicht mehr bestritten wird, wende ich mich noch einem zweiten Beispiel zu, bei dem die Dinge anders liegen: dem Gendern. Wie arbeitet man bei diesem umstrittenen Thema auf Vertrauen hin, wie macht man dem Publikum deutlich, dass man informieren und nicht missionieren möchte? Lilo Berg hat im Januar 2022 im *Tagesspiegel* über einen Besuch am Leibniz-Institut für Deutsche Sprache (IDS) in Mannheim berichtet, bei dem der Institutsdirektor Henning Lobin und seine Mitarbeiter über die geschlechtergerechte Sprache diskutierten. Die Autorin beschreibt in ihrem Artikel, wie die Forscherinnen und Forscher die öffentliche Debatte als zu oberflächlich kritisieren. Zum Beispiel belegen Dokumente aus dem 18. Jahrhundert, dass schon damals nicht ausschließlich die maskuline Form verwendet worden ist – etwa bei »Studirenden« oder »Leser und Leserinnen«. Neu ist das Gendern also nicht. Aber zwingend sei es auch nicht unbedingt, fährt die Autorin fort:

> Skeptisch betrachten Lobin und sein Team auch manche Umfragen zum geschlechtsübergreifenden Potenzial männlicher Bezeichnungen. Mit der platten Frage an Forscherinnen »Fühlen Sie sich mitgemeint, wenn Sie als ›Wissenschaftler‹ angesprochen werden?« lasse sich das komplexe Geschehen nicht erfassen, heißt es im IDS, nötig seien geschickter aufgebaute Studien. Einen Schritt in diese Richtung machte die bundesweite Erhebung des Sozioökonomischen Panels im Jahr 2017. Die mehr als 4000 Befragten wurden gebeten, ihre Favoriten aus einer Reihe von Beispielsätzen mit unterschiedlichen Geschlechtsbezeichnungen zu benennen. 46 Prozent bevorzugten »die Studierenden«, gefolgt von 17 Prozent, die für »Studentinnen und Studenten« votierten. Für »Studenten« sprachen sich ebenfalls 17 Prozent aus. Der Genderstern kam dabei auf ein Prozent.

In dieser Passage zieht die Autorin nicht nur Studien heran, um das Meinungsbild in der Bevölkerung zu erfassen, sondern unterscheidet auch zwischen methodisch soliden und methodisch fragwürdigen Untersuchungen. Wer in Umfragen politisch fragt, so das Argument aus der Sprachwissenschaft, wird auch politische Antworten erhalten – aber nicht erfahren, wie Sprache tatsächlich verwendet wird. Die Studie des Sozioökonomischen Panels gibt hingegen Aufschluss darüber, welche Form des Genderns in der Bevölkerung bevorzugt wird, und zeigt zugleich, dass es noch keinen klaren Konsens gibt. In ihrem Artikel argumentiert Lilo Berg also durchaus für eine These: dass die Zeit aus Sicht der Forscherinnen und Forscher am IDS noch nicht reif ist für eine endgültige Entscheidung in Sachen Gendern, weil die Sprecherinnen und Sprecher noch mit verschiedenen Varianten experimentieren.

Aus dem politischen Ringen hält sich die Autorin aber heraus. Sie zitiert die Kritiker:innen und Befürworter:innen des Genderns nicht ausführlich, denn ihr Ziel ist nicht, das Pro und Contra der Debatte wiederzugeben. Sie will vielmehr die Stimme der Linguistik hören und sie ihrem Publikum nahebringen. Damit macht sie ihrem Publikum ein Informationsangebot, legt ihm aber keine bestimmte Position nahe. Nur wer aufmerksam liest, wird einen persönlichen Kommentar bemerken: In dem Artikel wird – außerhalb der wörtlichen Zitate und Sprachbeispiele – kein einziges Mal gegendert, es kommt aber auch keine einzige männliche Bezeichnung vor, mit der auch Menschen anderen Geschlechts mitgemeint wären. Auch so zu formulieren ist also möglich, und die drohende Verhunzung der Sprache muss vielleicht nicht ganz so umfassend ausfallen, wie manchmal befürchtet wird.

Damit widersteht die Autorin dem Drang, einfach beide Seiten gleichermaßen zu Wort kommen zu lassen. Dieser Ansatz ist im Journalismus heute weit verbreitet, und angeblich erlaubt er dem Publikum, sich seine eigene Meinung zu bilden. Doch er wird oft als **»he said / she said«**-Journalismus kritisiert. Die Kritiker:innen, zu denen ich mich zähle, warnen davor, dass der Journalismus nicht zum bloßen Mikrofon-Halten verkommen dürfe. Journalist:innen zeichnen nicht bloß Statements auf, sondern prüfen auch, ob sie stichhaltig sind. Sie sollten ihrem Publikum mehr bieten als sich widersprechende Ansichten. Informieren heißt, dass das Publikum die Lage besser versteht. Die Argumente beider Seiten zu hören, hilft dabei, oft ist es aber auch nötig, weitere Fakten zu recherchieren.

Einfach beide Seiten zu zitieren, ist besonders problematisch, wenn die beiden Positionen nicht gleichwertig sind. Diese fehlgeleitete Neutralitätsstrategie ist vor allem in der Klimadebatte kritisiert worden: Wenn in jedem Klimaartikel auch jemand zitiert wird, der die vom Menschen verursachte Erderwärmung in Frage stellt, wird die Debatte verzerrt dargestellt. Es sieht so aus, als stehe es 50:50, obwohl der wissenschaftliche Konsens in diesen grundlegenden Klimafragen eindeutig ist. Von dieser sogenannten **»False Balance«**, der irreführenden Ausgewogenheit, hat sich der Klima-Journalismus in den vergangenen Jahren zum Glück verabschiedet. Manche Fragen lassen sich so klar beantworten, dass man nicht in jedem Artikel für Alternativen offenbleiben muss.

Verantwortung übernehmen

Bis zum Ende des 20. Jahrhunderts kontrollierte der Journalismus die Druckerpressen und Sendestationen, und wer eine Botschaft in die Öffentlichkeit tragen wollte, musste eine – oder besser mehrere – Redaktionen überzeugen (oder eine Anzeige schalten). Heute entscheiden die Algorithmen der digitalen Netzwerke darüber, welche Nachrichten oben im Feed angezeigt werden und welche nach unten rutschen. Außerdem haben alle Parteien, Vereine, Unternehmen und auch die Bürgerinnen und Bürger die Möglichkeit, ihre eigenen digitalen Kanäle zu eröffnen und sich direkt an die Öffentlichkeit zu wenden. Pressemitteilungen an die Medien zu schicken, hat an Bedeutung verloren; manche Einrichtungen planen ihre Kommunikationsstrategien inzwischen, ohne an die Presse zu denken.

Aus dieser Entwicklung haben viele Journalist:innen den Schluss gezogen, dass die Zeit des Gatekeepings so gut wie vorbei ist. Sie berichten nun vorrangig nach dem Geschmack des Publikums und versuchen, möglichst zügig auf neue Trends zu reagieren. Ohne Klicks, Likes und Shares gibt es keine weitere Recherche. Und wenn sich die Berichterstattung damit ins Emotionale, Unterhaltende und Seichte verschiebt, dann nehmen sie das hin. Im Abschnitt »Im Auftrag des Publikums auswählen« haben ich schon darüber geschrieben. Manche Journalist:innen sehen die Entwicklung der vergangenen Jahre als erfolgreiche Neuerfindung ihres Berufs, andere wiederum halten sie zwar für eine Enttäuschung, gestehen aber zu: Man muss eben mit der Zeit gehen.

Doch ich gehöre zu einer Gruppe von Journalist:innen, die das Gatekeeping nicht ganz aufgeben wollen: Man bestimmt zwar nicht mehr, worüber öffentlich geredet wird, aber man wählt immer noch die relevanten Stimmen für die Berichterstattung aus. Der Journalismus behält den Auftrag, der Öffentlichkeit zu helfen, die Welt zu verstehen. Bürgerinnen und Bürger haben andere Dinge zu tun, als relevante Fakten zusammenzutragen, Quellen auf Seriosität zu prüfen und, falls etwas unklar bleiben sollte, bei Entscheidungsträgern oder Fachleuten nachzuhaken. Dafür gibt es schließlich Profis, die für diesen Auftrag im Grundgesetz besondere Freiheiten zugesichert bekommen haben.

Dieser Auftrag geht mit Verpflichtungen für Journalist:innen einher. Sie sollen in ihrer Arbeit unabhängig bleiben und

**Nachrichtenmüdigkeit:
Anteile derjenigen, die zumindest manchmal aktiv Nachrichten meiden**

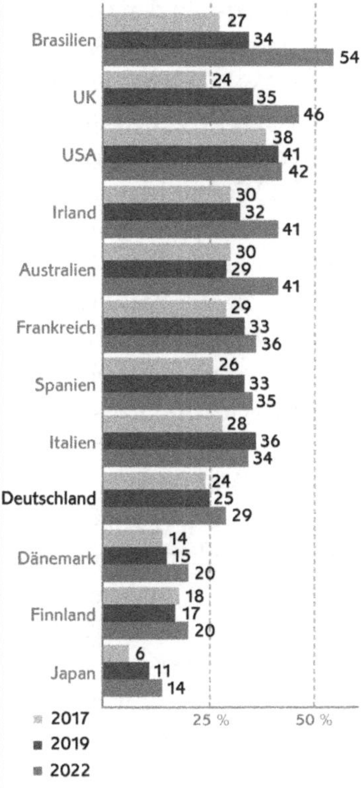

Die häufigsten Gründe, Nachrichten zu meiden

43% sagen,
die Nachrichten kreisen zu sehr um Politik und COVID-19

36% sagen,
dass Nachrichten einen negativen Einfluss auf ihre Stimmung haben

29% sagen,
dass sie durch die schiere Menge an Nachrichten abgestumpft sind

29% sagen,
die Nachrichten seien unzuverlässig oder parteiisch

17% sagen,
der Nachrichtenkonsum führe zu Streitigkeiten, die sie lieber vermeiden

16% sagen,
dass sie mit den Informationen nichts anfangen können

In vielen der untersuchten Länder ist die Nachrichtenmüdigkeit zuletzt gestiegen: Immer mehr Menschen sagen, dass sie zumindest manchmal aktiv die Nachrichten vermeiden – allerdings aus ganz unterschiedlichen Gründen (die Prozentzahlen basieren auf den Antworten von rund 64 000 Befragten aus 46 Ländern im Januar und Februar 2022).

(Quelle: Reuters Institute: Digital News Report 2022, https://reutersinstitute.politics.ox.ac.uk/sites/default/files/2022-06/Digital_News-Report_2022.pdf)

sich von niemandem beeinflussen lassen, damit sie die Welt in ihrer Berichterstattung nicht verzerrt darstellen. »Without fear or favor«, wie ein Motto der *New York Times* lautet. In Deutschland hat der *Spiegel*-Gründer Rudolf Augstein den Gedanken so formuliert: »Sagen, was ist.« Ich verstehe diesen Satz nicht nur als Aufforderung, unbeirrt die Wahrheit zu berichten, sondern auch als Aufforderung, die ganze Wahrheit zu berichten. Alles in Ihren Berichten mag stimmen, aber das genügt nicht: Ihre Berichte sollten auch alles Wesentliche enthalten. Bloß – werden Journalist:innen diesem Anspruch gerecht?

Die Journalistin Ronja von Wurmb-Seibel warnt in ihrem Buch *Wie wir die Welt sehen* (2022) davor, die Nachrichten als akkurates Abbild unserer Welt aufzufassen. Sie spricht hier nicht von einzelnen Nachrichten, die korrekt über ein Ereignis informieren, sondern von allen Nachrichten zusammen, mit denen wir tagein tagaus bombardiert werden. Sie erzeugen in der Summe ein falsches Bild der Wirklichkeit, denn sie zeigen zwar vieles, argumentiert Ronja von Wurmb-Seibel, lassen aber noch mehr im Dunkeln. Vor allem kreisen sie zu sehr um die Mächtigen und ihre Konflikte und ignorieren weitgehend, was Menschen und Institutionen abseits dieser Streitereien alles bewegen. Das erinnert an die Kritik von Galtung und Ruge an den Nachrichtenfaktoren, die wir besprochen haben. Ronja von Wurmb-Seibel bezeichnet die Nachrichten als »Fehlerberichte«, in denen täglich beschrieben wird, was alles schiefläuft, und sie fragt: »Wenn wir immer nur den Fehlerbericht lesen, wie sollen wir dann motiviert bleiben? Uns gut fühlen? Dazulernen?«

Tatsächlich gibt es Hinweise darauf, dass sich Menschen von den Nachrichten abwenden und sie – zumindest zeitweise – aktiv meiden. In Deutschland waren das in einer Umfrage für den *Digital News Report 2022* des Reuters Institute ganze 29 Prozent. Hier muss man aber verschiedene Gründe unterscheiden. Ein wichtiges Motiv ist, dass viele Menschen einfach die Zahl der Nachrichten begrenzen möchten, die täglich auf sie einprasseln. Das kann ich nachvollziehen. Andere wiederum trauen der Presse grundsätzlich nicht mehr über den Weg – und ich hoffe, dass sich Journalist:innen mit solider Arbeit darum bemühen, dieses Vertrauen einmal zurückzugewinnen. Aber dann gibt es Gründe, die neue Fragen aufwerfen: Viele kritisieren den Tonfall der Berichterstattung und beschreiben ein Gefühl der Ohnmacht beim Nachrichtenkonsum: »Die Welt ist in einem schlechten Zustand, aber was kann man dagegen unternehmen?« Und ich könnte mir vorstellen, dass manche denken: »Ich verpasse nichts, wenn ich mir den täglichen politischen Streit einmal schenke. Da ändert sich doch sowieso nichts.« Das ist zwar nicht allein ein Problem des Journalismus, sondern auch der Politik (und der anderen gesellschaftlichen Bereiche, über die der Journalismus berichtet), aber dennoch lohnt es sich zu fragen, was Journalist:innen tun könnten, um die öffentliche Debatte wieder vielfältiger und produktiver zu machen.

Gegen dieses belastete Verhältnis der Öffentlichkeit zu den Nachrichten arbeitet eine neue Bewegung an, der sich Ronja von Wurmb-Seibel zugehörig fühlt und die ich auch interessant finde: der **Konstruktive Journalismus**. Er sieht die Journalist:innen in der Mitverantwortung, wenn ihre Berichterstattung die Öffentlichkeit demoralisiert, und fordert sie auf, ihren Beitrag zu leisten, um die öffentliche Debatte konstruktiver zu machen. Manche Vertreter:innen des Konstruktiven Journalismus wollen das Publikum mit hoffnungsvollen Beiträgen wieder optimistisch stimmen und dazu motivieren, die Herausforderungen des 21. Jahrhunderts gemeinsam anzugehen. Hier schrecke ich zurück: Aus meiner Sicht ist der Journalismus nicht für die Laune seines Publikums verantwortlich. Journalismus sollte aus meiner Sicht vielmehr herausfordern und die Leser:innen mit anderen bedenkenswerten Perspektiven konfrontieren. Das löst nicht immer gleich Freude aus.

Dennoch teile ich die Analyse des Konstruktiven Journalismus: Das Bild, das der Journalismus von der Welt vermittelt, erschwert mitunter, dass die gesellschaftlichen Probleme gelöst werden. Nicht weil das Bild negativ ist, sondern weil es nicht vollständig ist. Für eine konstruktive Debatte sollten die Bürger:innen die wichtigsten Fakten und Argumente kennen oder sich zumindest darüber informieren können. Doch in diesem Kapitel sind wir bereits auf drei Probleme gestoßen:

Erschwert der Journalismus, dass gesellschaftliche Probleme gelöst werden?

(1) Meldungen werden nicht immer danach ausgewählt, dass sie wichtig oder zumindest interessant sind, sondern oft nach Klicks, Likes und Shares. So können wichtige Informationen unter die Räder kommen.

(2) Meldungen spiegeln nicht immer die demokratische Vielfalt der Meinungen wider, sondern oft nur die der Entscheidungsträger. Das ist problematisch, wenn nicht mehr mit bestimmten Gruppen gesprochen wird, sondern nur noch über sie.

(3) Meldungen klären nicht immer über die naheliegenden Sachfragen auf, so dass oft Aussage gegen Aussage stehen bleibt. Das kann verhindern, dass die Diskussionsparteien Fortschritte machen.

Alle drei Probleme führen dazu, dass in den Nachrichten etwas verlorengeht, selbst wenn sie gut geschrieben sind und die Fakten stimmen. Wenn der Konstruktive Journalismus gegen solche (und ähnliche) Probleme vorgehen will, bin ich dabei.

Erzählen

Grundlagen: Augen öffnen

Eine gute Reportage lässt Ihre Leserinnen und Leser an Ihren Erlebnissen teilhaben – fast so, als wären sie dabei gewesen.

Stellen Sie sich vor, Sie kehren von einem Vorstellungsgespräch zurück. Noch können Sie keine Nachricht verkünden, denn Sie wissen nicht, ob Sie den Job bekommen. Dennoch blicken Sie in erwartungsvolle Gesichter: Wie war's? Und natürlich haben Sie etwas zu erzählen, denn Sie mussten mehrere Stunden in einem kleinen Konferenzraum auf das Gespräch warten und wurden dann als Erstes um einen Schwank aus Ihrer Jugend gebeten.

Solche Anekdoten machen es für Ihre Zuhörer interessanter und anschaulicher. Sie können sich in Ihre Position versetzen und mitfiebern. Obwohl es noch keine Neuigkeit gibt, könnten Sie das im Grunde auch in einem nachrichtlichen Stil aufschreiben, aber es klingt nicht sonderlich spannend:

> Nach einer mehrstündigen Wartezeit hat das Vorstellungsgespräch schließlich stattgefunden. Er könne sich die Verzögerung nicht erklären, sagt der Bewerber. Auch die erste Frage nach einem »Schwank aus meiner Jugend« habe ihn irritiert. Mit einer Entscheidung wird in den nächsten Tagen gerechnet.

Doch Sie können es lebendiger erzählen, wenn Sie den Bewerber ausquetschen und vielleicht noch weitere Personen zum Fall befragen. Dann stellen Sie nicht die neuen Entwicklungen in den Vordergrund, sondern schildern, wie die Situation erlebt worden ist. Zum Beispiel so:

Das Gremium tagt ab 13 Uhr, doch der Bewerber weiß nicht, wann er an der Reihe ist, um sich vorzustellen. Also lässt er sich in einen kleinen Konferenzraum setzen. Es gibt Wasser und Orangensaft in kleinen Flaschen und eine Kanne Kaffee. Außerdem hat ihm die Sekretärin einen Stapel Zeitungen auf den ovalen Konferenztisch gelegt. Der Bewerber schenkt sich ein, lehnt sich zurück und liest. Die erste Stunde vergeht noch entspannt, so entspannt man vor einem Vorstellungsgespräch sein kann. In der zweiten Stunde muss der Bewerber zum ersten Mal aufs Klo. Er wird noch zweimal müssen, bevor er aufgerufen wird. Das Gebäude zu erkunden oder gar eine der wenigen Personen auf dem Flur anzusprechen, traut er sich nicht. Erst Monate später wird er rekonstruieren können, was an diesem Nachmittag geschah, während er wartete.

Sie sehen: Das ist eine ganz andere Form von Journalismus. Um das Publikum zu informieren, reicht es oft nicht, die wichtigsten Fakten aufzuzählen. Es geht auch darum, die Situation verständlich zu machen. Ihr Publikum möchte wissen, wie nervös Sie im Gespräch waren, wie schlagfertig Sie reagiert haben und welchen Eindruck der Personalchef auf Sie gemacht hat. Die Antworten helfen Ihrem Publikum einzuschätzen, ob es mit dem Job etwas werden könnte – und ob es überhaupt der richtige Job für Sie wäre. Außerdem regen die Anekdoten Empathie und Fantasie an: Wenn Sie präzise und pointiert die eindrücklichsten Szenen schildern, kann man sich das Gespräch fast so gut vorstellen, als wäre man selbst dabei gewesen.

Wenn es sinnvoll ist, weichen Journalistinnen und Journalisten daher vom Nachrichtenstil ab und beschreiben lebendig und einprägsam, wie es gewesen ist. Entweder waren sie selbst dabei oder sie haben es sich erzählen lassen und diese Angaben aus zweiter Hand, soweit es geht, überprüft. Dadurch wird die Berichterstattung naturgemäß subjektiver. Im Kapitel über das Nachrichtenschreiben haben wir schon besprochen, dass Sie durch die Auswahl der Quellen und Zitate die Botschaft eines Artikels beeinflussen können – und dass es mehrere Strategien gibt, um sich selbst und das Publikum vor einer solchen unerwünschten Manipulation zu schützen. Wenn Sie nun aber mitten im Geschehen stecken, wird es noch schwieriger, unparteiisch zu bleiben. Und trotzdem bleibt der Anspruch derselbe: Es geht darum, ein wahres Bild der Ereignisse zu vermitteln – also fair zu bleiben und keine wichtigen Aspekte wegzulassen. Im nächsten Kapitel über Kommentare werden wir dann zu den ganz subjektiven Beiträgen kommen.

Damit ist die Latte für die erzählerischen Formate im Journalismus hoch genug gesteckt, und wir können loslegen. Nehmen wir als erstes Beispiel einen Text, den ich in meiner Volontärsausbildung geschrieben und nicht veröffentlicht habe. Es geht um Studierende der Freien Universität Berlin, die in einem wuchtigen ehemaligen Wasserturm eine Wetterstation betreiben. Ich habe einen Studenten auf seiner Schicht an einem Sonntagnachmittag besucht und bin so in den Text eingestiegen:

> Auf der Fensterbank leuchtet eine rechteckige, rote Lampe. Das Licht zeigt Regen an, und es brennt schon den ganzen Tag. Über dem Wetterturm in Berlin-Dahlem geht ein Nieselregen herunter – einer, für den es sich kaum lohnt, den Regenschirm aufzuspannen. »Mit dieser trostlosen Pampe kann auch ich wenig anfangen«, sagt Steffen D., ein 20-jähriger Student, hochgeschossen, Brillenträger. An diesem trüben Sonntagnachmittag zählt das Wetter für ihn, den angehenden Wetterexperten, zur langweiligen Kategorie 61: leichter Regen ohne Pause.

In diesem Absatz dreht sich fast alles um den Nieselregen: Ich beschreibe ihn mit den Worten »es lohnt sich kaum, dafür den Regenschirm aufzuspannen«, um ihn von der fiesen Variante des Nieselregens abzugrenzen, die einem kalt und scharf ins Gesicht schlägt. Ich erkläre, dass er für den angehenden Meteorologen in die Kategorie 61 fällt, und zitiere noch eine abfällige Bemerkung dazu: »trostlose Pampe«. Damit deute ich das Thema des Artikels an: Er wird sich darum drehen, wie Meteorologie-Studierende mit dem Wetter umgehen. Ist für sie womöglich jedes Wetter auf seine Art spannend? Ist es nicht – so viel wissen meine Leser:innen schon nach dem ersten Absatz.

Mein damaliger Dozent hat mir unter den Text geschrieben: »Es passiert zu wenig.« Damit hat er recht, denn der Nachmittag in der Wetterstation verlief ziemlich ruhig, an dem Regenwetter hat sich nichts geändert. Was hätte ich tun können? Dazu hat mein Dozent ebenfalls etwas vermerkt: **»Schmecken, riechen, fühlen!«** Hinter diesem Rat steckt die im Journalismus verbreitete Überzeugung, dass man über jeden Anlass einen spannenden Text schreiben kann, wenn man nur genau genug beobachtet.

Aber es geht nicht darum, beliebige Details zu notieren und seine Leser:innen damit zu langweilen. Ein Beispiel dafür ist die rechteckige, rote Lampe im ersten Satz. Sie hat im Text keine rechte Funktion, denke ich im Rückblick. Sie war vielleicht das einzige interessante Detail, das mir auf dem Wasserturm aufgefallen ist, und sie hat immerhin etwas mit dem Regen zu tun. Aber sie ist letztlich nicht relevant, und ich würde sie heute aus dem Artikel streichen.

Stattdessen würde ich heute mit dem anfangen, was mir nach all den Jahren noch in Erinnerung ist: die Präzision und Sicherheit, mit der Steffen D. seine Beobachtungen machte. An diesem Sonntag trat er um 18 Uhr auf den Balkon und sagte auf Anhieb: »Stratocumulus in 450 Meter Höhe, Sichtweite

19 Kilometer.« Diese Angaben stehen in meinem Artikel, aber nicht meine Überraschung darüber. Ich stand neben ihm und fragte erstaunt: »Woher weißt du das?« Er hat es mir dann kurz erklärt, es hing mit Landmarken wie dem Messeturm und dem in der Ferne sichtbaren Berliner Fernsehturm zusammen, aber ich habe nicht detailliert genug nachgefragt, um es anschließend meinen Leser:innen erklären zu können.

Wenn Sie etwas erzählen möchten, kommt es also auf die Details an. Schreiben Sie gut mit und notieren Sie bei der Recherche auch Dinge, die Ihnen im ersten Moment unwichtig vorkommen. Später am Schreibtisch werden Sie sich dafür danken. In meinem Artikel steht zum Beispiel, dass der Student seine Beobachtungen in ein »breites« Logbuch eintrug. »Genauer!«, hat der Dozent am Rand kommentiert. Ich vermute, dass ich querformatig meinte. Wie breit das Logbuch wirklich war, wie viele Daten eine Seite fasste, das weiß ich nicht mehr. Aber achten Sie darauf, dass Sie am Ende nur die Details in den Artikel aufnehmen, die Ihre Geschichte voranbringen. Die Präzision ist nur wichtig, damit sich die Leserinnen und Leser einen guten Eindruck verschaffen können. Sie müssen ihnen nicht beweisen, wie sorgfältig Sie bei der Recherche sonst noch waren.

»Show, don't tell«, lautet das Motto für diesen journalistischen Ansatz. Zeige die Fakten und halte dich mit Interpretationen zurück! Im letzten Kapitel habe ich auch einmal in die entgegengesetzte Richtung argumentiert: erst erläutern, dass die Bildungsausgaben deutlich steigen sollen, bevor man die konkreten Zahlen nennt. Dort habe ich argumentiert, dass dem Publikum das Wissen fehlt, um die Zahlen selbst einzuordnen, daher sollten Sie diesen Rahmen mitliefern. Das ist hier anders: Wenn Sie stellvertretend für Ihr Publikum einen Menschen kennenlernen, dann ist Ihr Publikum so fachkundig wie Sie. Also schreiben Sie nicht, dass Ihnen die Person sympathisch vorkomme, sondern beschreiben Sie, wie sie sich verhält – schildern Sie ein typisches Beispiel und überlassen Sie das Sympathie-Urteil Ihren Leserinnen und Lesern.

Es lohnt sich, noch ein wenig auf diesem Grundsatz herumzureiten, um die Funktion der Details zu verdeutlichen: Sie stehen jeweils für etwas, und Sie sollten sie daher gezielt einsetzen und sich stets fragen, ob sie auch wirklich das verdeutlichen, was sie sollen. Schauen wir uns ein weiteres Beispiel an: Ich besuche das Labor von Physiker:innen, die Präzisionsmessungen vornehmen, und ich brauche eine Weile, bis mir klar wird, was mich daran überrascht. Ich hatte mir ein solches Labor blitzblank vorgestellt, weil ich Sauberkeit und Ordnung mit Präzision zusammendenke. Aber es wirkt alles improvisiert. Beim Schreiben fällt mir ein Detail ein, das diesen Eindruck auch für Laien illustriert: Neben einem Schalter klebte ein selbst gebasteltes Schild mit der Aufschrift: »Diesen Schalter nie benutzen!«

Details können Geschichten bereichern – vorausgesetzt, die Leser:innen verstehen, was der Autor mit ihnen aussagen möchte.

Erst bin ich mir unsicher: Stand es dort auf Deutsch oder nicht vielmehr auf Englisch? Und hatte wirklich jemand mit grünem Filzstift ein kleines Warndreieck danebengemalt? Zum Glück habe ich in dem Labor viele Fotos geknipst, und auf einem ist der Schalter zu sehen, also kann ich alles korrekt beschreiben. Nun aber frage ich mich, welchen Schluss meine Leser:innen daraus ziehen. Werden sie denken, die Physiker:innen seien unordentlich? Werden sie sich fragen, ob man in dem Labor durch unbedachtes Drücken von Knöpfen Katastrophen auslösen kann? Oder werden sie den Messergebnissen misstrauen, weil die Instrumente so zusammengeflickt wirken? Das Detail kann man nur richtig einordnen, wenn ich erläutere, dass die Messgeräte einzigartige Konstruktionen sind – über Jahre zusammengebaut, getestet und optimiert, so dass sie nun eine physikalische Größe so präzise messen können, wie es sonst niemand auf der Welt vermag.

Bevor man anderen die Augen öffnet, muss man selbst mit offenen Augen durchs Leben gehen. In diesem Kapitel werden wir besprechen, was das heißt. Im redaktionellen Alltag wählt man zwar oft aus Vorschlägen aus, die einem unverbindlich zugeschickt werden: aus Einladungen und Pressemitteilungen. Doch das sollte nicht die einzige Inspirationsquelle sein. Auch in Gesprächen – ob beruflich oder privat – kann man auf Ungereimtes und Überraschendes stoßen (oder bewusst gestoßen werden). Und seit einigen Jahren durchforsten Journalistinnen und Journalisten auch große Datensätze von Behörden und Unternehmen auf der Suche nach auffälligen Werten, die man sich genauer anschauen sollte. Dieses Buch ist aber nicht der Recherche, sondern dem Schreiben gewidmet. Daher werden wir uns in diesem Kapitel mit dem beschreibenden Stil und dem Aufbau längerer journalistischer Texte beschäftigen.

Bevor wir dazu kommen, fragen Sie sich aber vielleicht noch, was aus dem Vorstellungsgespräch geworden ist, über das ich am Anfang berichtet habe. Ich möchte keine Namen nennen, daher nur so viel: Einen Schwank aus meiner Jugend habe ich nicht erzählt, denn das war mir zu heikel, aber der Job wurde mir trotzdem angeboten. Damit will ich Ihnen nicht in erster Linie etwas Persönliches erzählen, sondern vielmehr einen beliebten Kniff vorführen: Den Artikel als runde Sache zu präsentieren, indem man zum Schluss an den Anfang zurückkehrt. Sie müssen das nicht tun, und wenn Sie es tun, sollte es nicht allzu gewollt wirken, aber diese Strategie wird so oft verwendet, dass Sie es zumindest einmal ausprobieren sollten: Denken Sie bei den Eröffnungstakten also auch an den Schlussakkord, auf den Sie mit dem Text hinarbeiten.

Viel zeigen und wenig interpretieren

Vom rasenden Reporter früherer Tage ist heute nicht mehr viel zu sehen. Journalistinnen und Journalisten verbringen die meiste Zeit des Tages am Schreibtisch. Sie telefonieren, mailen, chatten und surfen. Gerade im Nachrichtengeschäft lassen sich viele Informationen auf diesem Weg herausfinden oder überprüfen. Doch irgendwann verwaltet man nur noch die Nachrichten, die als Pressemitteilung oder Agenturmeldung hereinkommen. Man muss wieder raus, Menschen treffen und etwas erleben. Für mich ist das die größte Motivation für den Beruf: Ich darf neugierig sein, bekomme exklusive Einblicke, und anschließend wollen andere von mir wissen, wie es war. Mehr noch: In erzählerischen Stücken sind Sie nicht auf einen aktuellen Anlass angewiesen, denn es genügt, wenn Ihr Thema in der Luft liegt oder Ihre Geschichte ein aktuelles Thema erhellt. Hier haben Sie auch die Möglichkeit, Themen zu setzen – zum Beispiel einen vernachlässigten Bereich der Gesellschaft zu beleuchten.

Auf einem solchen Recherche-Ausflug werden Sie eine Mischung aus Fakten und Anekdoten sammeln, die sie nach Belieben nachrichtlich und erzählerisch ausarbeiten dürfen – jedes Mischungsverhältnis ist erlaubt. Manchen nüchternen Berichten wird bloß eine Szene vorangestellt, die anschaulich in das Thema einführt, in anderen Texten wechseln sich lebendige Schilderungen und trockene Informationen ab. Und dann gibt es die durcherzählten Geschichten, die manchmal sogar literarische Qualität haben – auch wenn man im Journalismus nicht für die Ewigkeit schreibt, sondern für den aktuellen Gebrauch.

Für manche dieser Formate gibt es besondere Namen, aber im Grunde müssen Sie sich nicht für ein Format entscheiden und dann an dessen Regeln halten, sondern dürfen sich auf dem Spektrum von der reinen Nachricht bis zur reinen Erzählung frei platzieren. Auch die Länge ist nicht vorgegeben, sofern eine Redaktion sich selbst keine Einschränkungen auferlegt. Das Feature beginnt schon bei etwa 3500 Zeichen und kann gut und gerne doppelt so lang werden. Und wenn Sie eine richtige Geschichte erzählen möchten, versteht es sich von selbst, dass Sie hierfür Platz benötigen. In Zeitungen ist aber meist bei einer vollen Zeitungsseite Schluss – das sind, wenn man die Seite schön bebildert, vielleicht 8000 Zeichen. In Magazinen können Sie versuchen, mehr auszuhandeln.

Hier ein paar Stichpunkte zu den unterschiedlichen erzählerischen Formaten:

- Am erzählerischen Ende des Spektrums stehen die **Reportagen.** In diesen Texten wird eine Geschichte von Anfang bis Ende erzählt – wenn auch nicht unbedingt in dieser Reihenfolge. Sie dürfen Rückblenden einfügen oder vorgreifen und gleich zu Beginn die Katastrophe schildern, in der alles enden wird. Führen Sie sich vor Augen, welche Sprünge in einem Kinofilm möglich sind: Journalist:innen denken beim

Schreiben durchaus an einen Film. Sie »casten« ihre Protagonist:innen, wählen aussagekräftige Szenen aus und ordnen sie so an, dass die Spannung erhalten bleibt. Reine Informationsblöcke setzen Sie hingegen nur sparsam ein – so wie auch im Kinofilm ein »Info Dump«, in dem eine Person die Vorgeschichte zusammenfasst, nur im Notfall eingesetzt wird, um schnell zur Action zurückzukehren.

- Wenn sich nachrichtliche und erzählerische Passagen abwechseln, spricht man von einem **Feature.** Diese Form ist beliebt, weil sie flexibel zu handhaben ist. Oft hat man nicht genügend Zeit, um so viel zu erleben, dass man die Szenen zu einer vollständigen Geschichte zusammenfügen kann. Stattdessen hat man eine Handvoll Erlebnisse, mit denen man einen ansonsten abstrakten Bericht hier und da auflockert und anschaulicher macht. Wenn man nur eine Anekdote hat, stellt man sie oft an den Anfang und wechselt ungefähr im dritten Absatz in einen Bericht – und nennt es einen angefeatureten (sprich: »angefietscherten«) Bericht.
- Eine Besonderheit sind Texte, die eine Person in den Vordergrund stellen und ihr Leben oder ihr Lebenswerk beschreiben. Auf diese **Porträts** werde ich später zu sprechen kommen, wenn es um die Frage geht, wie man diesen Menschen nahekommen kann und zugleich die nötige journalistische Distanz wahrt. Wir werden in diesem Kapitel auch ein Porträt im Detail besprechen.

Sie dürfen also das Format frei wählen, aber wenn Sie sich entschieden haben, sollten Sie dabei bleiben. Beginnen Sie zum Beispiel nicht wie eine Nachricht und schwenken in der Mitte des Artikels auf eine Reportage um. Wenn plötzlich der sachliche Ton aufgegeben wird und Menschen einfühlsam beschrieben werden, irritiert das die Leser:innen. Ebenso würde ich einen ansonsten trockenen Bericht nicht allzu lebendig beginnen, weil man so falsche Erwartungen weckt. Ich würde also einen Feature-Einstieg an den Tonfall des restlichen Artikels anpassen.

In dem ersten Beispiel, das ich besprechen möchte, stellt die Autorin Lilo Berg im ersten Satz des Artikels klar, dass sie vor Ort ist: »Haben sie hier gelebt, die ersten Amerikaner?« Gleich darauf erläutert sie, dass mit »hier« die Caatinga gemeint ist, eine Trockensavanne im Nordosten Brasiliens, südlich des Amazonas-Regenwalds. Hier hat man Tausende Felsmalereien gefunden, es gibt Hunderte archäologischer Grabungen – ein Teil der Savanne ist Unesco-Weltkulturerbe. In ihrem Feature, das im Mai 2018 in der *Frankfurter Allgemeinen Zeitung* erschienen ist, beschreibt die Autorin die Felsmalereien so:

> Vor zehntausend Jahren war das Klima in dieser Gegend tropisch-feucht, es gab große Flüsse und dichte Wälder. Säbelzahntiger, Riesengürteltiere, Paläo-Lamas und elefantenartige Mastodonten streiften durch die üppige Natur – stets belauert von den Ureinwohnern der Caatinga. Von ihren Kämpfen, der Jagd, den Feiern und ihrem Liebesleben erzählen sie in ihren Zeichnungen, die sie mit meist rötlichen Pigmentmischungen auf natürlich geschützte Felswände auftrugen. Da rennen Hirsche, Wasserschweine, Jaguare und andere Geschöpfe des Urwalds über den Sandstein, zwischen ihnen setzen Jäger zum Speerwurf an, gleich daneben tanzen Menschen um einen Baum, ein Pärchen posiert Hand in Hand, und ein paar Ecken weiter ist der wohl erste dokumentierte Kuss der Menschheitsgeschichte zu sehen. Nur gelegentlich ist klar zu erkennen, ob es sich um Mann oder Frau handelt – etwa bei eindeutigen Sexszenen und Tanzdarstellungen. Bestimmte Symbole und Strichcodes tauchen immer wieder auf. Sind sie Ausdruck einer urzeitlichen Schriftsprache? Zeichen früher Rechenkunst?

Bei der Recherche ist nichts Aufregendes geschehen: Die Autorin hat sich die Malereien angeschaut, ein Experte hat sie herumgeführt. In dieser Passage lässt die Autorin ihr Publikum an der Tour teilhaben: Was sicher eine Stunde gedauert hat, wird hier auf 28 Zeitungszeilen zusammengefasst. Dass es heiß war, lässt die Autorin weg, denn das tut nichts zur Sache. Der Zeitungsartikel ist mit einem Foto illustriert, das beispielhaft eine der Felsmalereien zeigt. Man sieht dort, in welchem Rot gemalt worden ist, und man bekommt einen Eindruck vom Stil, in dem die Menschen dargestellt werden. Doch ich würde behaupten, dass der Text die Malereien sogar noch greifbarer werden lässt: Er deutet an, dass die Maler:innen vor zehntausend Jahren das pralle Leben dargestellt haben.

Man muss vorsichtig sein, wenn man Menschen interpretiert, die vor Tausenden Jahren gelebt haben, weil sich Sprache, Denken, Gesellschaft und Kultur seitdem dramatisch verändert haben können. Die Autorin versucht daher nicht zu viel in die Bilder hineinzulesen und hält sich an das, was sie sieht: Die Menschen kämpfen, jagen, tanzen und küssen. Aber man kommt beim Betrachten der Felsmalereien nicht umhin, sich vorzustellen, wie die Menschen damals gelebt haben. Und weil die Autorin beschreibt, was sie sieht, kann man beim Lesen nachempfinden, dass sie fröhliche Menschen und stolze Jäger erkennt. Was sie mit ihren Texten anstrebe, formuliert Lilo Berg mir gegenüber so: »nichts aufdrängen, sachlich bleiben und doch mein Empfinden, meine Sichtweise zwischen den Zeilen mitteilen«.

Gerahmt wird die Beschreibung durch wissenschaftliche Überlegungen, die während der Führung zur Sprache kamen. Zum einen die Hinweise zur Umwelt, in der die Maler:innen lebten. Ohne diese Erläuterung würde man nicht verstehen, warum Tiere gemalt wurden, die es in der Caatinga heute nicht mehr gibt. Zum anderen die Hinweise, dass einige abstrakte Malereien – Symbole und Strichcodes – Rätsel aufwerfen. Diese Rätsel mahnen wiederum zur Vorsicht, sich in der Interpretation der Künstler:innen zu sicher zu sein. War es überhaupt ihre Absicht, mit den Malereien der Nachwelt einen Eindruck von ihrer Lebensweise zu vermitteln?

Eine letzte Beobachtung zu der beschreibenden Passage: Die Autorin geht mit Adjektiven sparsam um. Sie schreibt zwar von großen Flüssen, dichten Wäldern und üppiger Natur, um zu betonen, wie anders die Umwelt vor zehntausend Jahren aussah, als die Malereien entstanden. Aber die Menschen und Tiere werden nicht genauer charakterisiert – nur das Mastodon wird als elefantenartig bezeichnet, weil sonst viele Leserinnen und Leser nicht wüssten, wie man es sich vorstellen soll. Man könnte die übrigen Beschreibungen ebenfalls anreichern, um die Dramatik zu steigern oder literarischer zu wirken, doch das ist im Journalismus verpönt. Hier ein negatives Beispiel, bevor wir im nächsten Abschnitt ausführlicher darauf eingehen: »Von ihren wilden Kämpfen, der gefährlichen Jagd, den ausgelassenen Feiern und ihrem ungezügelten Liebesleben erzählen sie in ihren Zeichnungen …« Diese Ergänzungen machen das Geschehen nicht greifbarer, sie liefern keine neuen Informationen, sie präzisieren nichts – sie verlängern bloß den Text.

Farbenfrohe Adjektive und luftige Metaphern

Verlieren Sie also keine Zeit mit überflüssigen Wörtern, schmücken Sie Ihre journalistischen Beiträge nicht unnötig aus, beschränken Sie sich auf das Wesentliche. Wenn Sie beispielsweise über ein Rennen von Solarautos berichten, dann steigen Sie nicht so übertrieben in Ihre Reportage ein wie in diesem Beispiel, das ich mir zur Warnung ausgedacht habe:

> Was für eine bittere Enttäuschung! Eigentlich strahlt die Sonne wie im Bilderbuch vom makellos blauen Himmel, doch der solarbetriebene Rennwagen Photon kann sich aus

eigener Kraft keinen Meter mehr bewegen. An einen Sieg bei dem Straßenrennen durch das sonnige Marokko ist jetzt vermutlich nicht mehr zu denken. Der Flitzer ist wie zu Eis erstarrt. Beim Qualifying hätte er mit der schnellsten Runde auf die Pole Position fahren sollen, doch nun müssen die Studierenden aus Aachen ihren verunfallten Photon auf den Anhänger des Werkstattwagens wuchten. Die Enttäuschung ist ihnen anzumerken, während sie mit dem geschrotteten Fahrzeug zurück zum Fahrerlager rollen.

An diesen Einstieg würden Redakteurinnen und Redakteure einige Änderungen vorschlagen:

- Jede Enttäuschung ist bitter, das muss man nicht ausdrücklich erwähnen.
- Dass keine Wolken am Himmel sind, kann man auch mit weniger blumigen Worten ausdrücken. Wichtig für den Text ist der Kontrast zwischen der verfügbaren Sonnenenergie und dem Solarauto, das diese Energie nicht nutzen kann. Der Rest sind sprachliche Girlanden.
- Marokko ist sonnig, aber dass die Sonne scheint, ist schon erwähnt worden. Also machen Sie aus dem sonnigen Marokko einfach Marokko.
- Vermutlich ist es warm in Marokko. Wie kann da ein Auto – auch wenn es nur metaphorisch gemeint ist – zu Eis erstarren? Diese Metapher ist schlecht gewählt.
- Was mit Photon passiert ist, wird mit dem steifen »verunfallt« und noch einmal mit dem umgangssprachlichen »geschrottet« beschrieben. Allerdings heißt es auch, an einen Sieg sei – »vermutlich« – nicht mehr zu denken. Wie beschädigt ist der Wagen eigentlich, hat das Team noch eine Chance?
- Der Text lässt offen, wie den Studierenden die Enttäuschung anzumerken ist. Hier wäre es anschaulicher, ihr

> Verhalten zu beschreiben, als die Interpretation vorwegzunehmen.

Eine bessere Version hat mein Kollege Rainer Kurlemann im November 2021 in den *VDI nachrichten* veröffentlicht. Seine Reportage beginnt mit diesem Absatz, in dem er vorläufig offenlässt, was es mit dem Unfall auf sich hat:

> Zwei Jahre Arbeit und dann diese Enttäuschung. Die Sonne scheint vom wolkenlosen Himmel, doch die Studierenden aus Aachen müssen ihr Solarfahrzeug auf den Anhänger des Werkstattwagens heben. Der Photon schafft es aus eigener Kraft nicht einen Meter weiter – geschweige denn bis ins Ziel. Beim Qualifying war die schnellste Runde angepeilt. Nun ist Stille statt Jubel. Es spricht kaum jemand, während der Werkstattwagen mit dem defekten Fahrzeug zurück zum Fahrerlager am Stadion in Agadir rollt.

Der Autor verzichtet auf einige der Adjektive, die ich in meinem Negativbeispiel verwendet habe. Er nutzt Adjektive nur, um zu sagen, dass der Himmel wolkenlos ist und das Fahrzeug defekt. Er verwendet schlichte Verben wie »scheinen« statt »strahlen« und »heben« statt »wuchten«, um nicht zu übertreiben. Und er verdeutlicht die Enttäuschung der Studierenden, indem er beschreibt, wie still sie auf der Rückfahrt sind.

Beim Formulieren achten Journalist:innen auf Abwechslung im Rhythmus der Sprache. Sie mischen lange und kurze Sätze, sie nutzen unterschiedliche Satzkonstruktionen, wie es Rainer Kurlemann auch getan hat: Kurz und ohne Verb, lang mit Nebensatz, mittellang mit Gedankenstrich, kurz, kurz, lang mit Nebensatz. Und Journalist:innen prüfen immer wieder, ob sie ihre Beobachtung nicht auch einfacher ausdrücken könnten. Wörter, die man eigentlich nicht braucht, erschweren das Verständnis und erhöhen das Risiko, dass die Leserinnen und Leser abdriften. Aber wenn die Details wichtig sind, dann nimmt man sich die Zeit, diese nachvollziehbar zu schildern. Schauen wir uns als Beispiel an, wie Rainer Kurlemann den Unfall des Solarrennwagens Photon beschreibt, dessen Form übrigens an einen Katamaran angelehnt ist:

> Das Team hat mit allem gerechnet, aber nicht mit den Resten eines Baumstammes, der durch den Asphalt der Straße gewachsen ist. Die Gärtner haben den Baum eine Handbreit über dem Asphalt abgesägt. Er ist wieder ausgetrieben und wirkt wie ein harmloses Büschel Gras. Doch als das linke Rad des Photons mit mehr als 100 Kilometer in der Stunde auf das harte Hindernis prallt, ist die Qualifyingrunde für Team Sonnenwagen beendet. Der Fahrer übersteht den Unfall unverletzt. Aber im linken Rumpf des Katamarans klafft ein großes Loch, die Radaufhängung ist abgerissen und – schlimmer noch – eine der beiden Batterien samt Behälter beschädigt. Zum Glück haben die Solarzellen nichts abbekommen, das haben die Aachener noch an der Unfallstelle als Erstes überprüft.

Manchmal bleiben Formulierungen stehen, bloß weil sie einem ans Herz gewachsen sind. **»Kill your darlings«**, lautet dann der Rat. Ja, die Beobachtung mag aufschlussreich sein – aber sie passt nicht zum Schwerpunkt des Artikels. Ja, die Pointe mag witzig sein – aber sie macht den Sachverhalt auch nicht leichter verständlich. Also aufheben für eine andere Gelegenheit.

In der zitierten Passage kann man nicht mehr viel streichen. Mit Rainer Kurlemann habe ich mich dennoch über drei Details unterhalten, die ich als Redakteur herausgenommen hätte. Und wie immer ist es aufschlussreich, beim Redigieren mit dem Autor zu sprechen, statt einfach in den Text einzugreifen. Aus meiner Erfahrung werden Texte besser, wenn man sich gemeinsam über die beste Formulierung unterhält. Hier das Ergebnis unserer Diskussion:

- Dass das Hindernis hart ist, muss man aus meiner Sicht nicht eigens erwähnen. Es ist ja klar, dass es sich um einen Baumstumpf handelt. Stimmt, sagt Rainer Kurlemann, aber ein schneller Leser könnte noch das harmlose Büschel Gras aus dem Satz zuvor im Kopf haben und irritiert sein – deshalb zur Sicherheit die kurze Wiederholung. Das sehe ich ein.
- Wenn die Solarzellen noch an der Unfallstelle überprüft werden, muss man aus meiner Sicht nicht herausstreichen, dass sie als Erstes überprüft werden – also noch vor der Radaufhängung. Doch, sagt Rainer Kurlemann, aber er gibt zu, dass er das hätte erläutern sollen: Die Teams haben jeweils nur einen Satz maßgeschneiderter Solarzellen. Wenn die etwas abbekommen, ist das Rennen zu Ende. Daher ist es den Studierenden wichtig, die Solarzellen wirklich als Allererstes zu überprüfen.
- Dass das Team mit allem gerechnet habe, wäre aus meiner Sicht ein letzter Kandidat fürs Kürzen, weil es wie eine Floskel klingt. Auch hier widerspricht der Autor: Die Solarautos sind pannenanfällig, und jedes Team muss entscheiden, wie viel es beim Qualifying für einen vorderen Startplatz riskiert. Ich schlage daher eine Alternative vor: »Für die schnellste Runde im Qualifying ist das Team volles Risiko gefahren. Es hat daher mit Pannen gerechnet, aber nicht mit den Resten eines Baumstammes, der durch den Asphalt der Straße gewachsen ist.« Rainer Kurlemann ist einverstanden.

Am Ende dieses Abschnitts möchte ich noch drei weitere Empfehlungen für das journalistische Schreiben geben. Sie sind allgemein gehalten und gelten auch für Nachrichten, aber umso mehr für erzählerische Texte, in denen Sie größere sprachliche Freiheiten haben:

(1) Formulieren Sie eigenständig und vermeiden Sie die Sprache aus den Pressemitteilungen. Das wird Ihnen leichter fallen, wenn Sie selbst recherchieren und Antworten auf Fragen finden, die in der Pressemitteilung nicht vorkommen.

(2) Formulieren Sie frisch und vermeiden Sie Floskeln, die sich mit der Zeit abgenutzt haben. Wenn man heute hört, man müsse auf Augenhöhe diskutieren oder den Einzelfall betrachten, wirkt das bloß dahergesagt. Das Gespür für Floskeln kommt mit der Erfahrung: Wenn Sie eine Floskel oft genug gehört oder gelesen haben, wird sie Ihnen abgenutzt erscheinen.

(3) Bringen Sie sich selbst nur dann ins Spiel, wenn Sie ein wichtiger Bestandteil der Geschichte sind. Ansonsten wirkt das aufdringlich und eitel. In vielen Redaktionen sind Ich-Artikel daher Ausnahmen.

Interviews und ihre Autorisierung

Pressekonferenzen und Tagungen eignen sich nicht so sehr für erzählerische Artikel. Nicht nur, weil sie nach dem immer gleichen Schema ablaufen, sondern weil Sie dort lauter unverbundene Aspekte geboten bekommen. Ein Statement folgt auf das andere. Alle Redner:innen haben sich Botschaften zurechtgelegt und gehen kaum aufeinander ein. Einen argumentativen Schlagabtausch erleben Sie bei solchen Veranstaltungen selten, viel wahrscheinlicher ist, dass in jedem Vortrag ein anderer interessanter Aspekt des Oberthemas der Konferenz beleuchtet wird. Es ist schwer, daraus eine spannende Geschichte zu stricken, weil die Inhalte nicht gut zueinanderpassen, daher rate ich Ihnen für den Einstieg ins journalistische Schreiben davon ab. Am Ende droht ein Artikel, in dem Sie von einem Thema ohne gescheite Überleitung zum nächsten springen. Nutzen Sie solche Veranstaltungen lieber, um sich in ein Thema einzuarbeiten und Kontakte zu knüpfen. Wenn dann eine Rednerin von einem spannenden Beispielprojekt berichtet, fragen Sie sie, ob Sie sich das einmal anschauen könnten. Der Besuch vor Ort verspricht eine bessere Geschichte.

Im Unterschied zu Pressemitteilungen, Gutachten, Studien und schriftlich beantworteten Recherchefragen sind Ihre Erlebnisse und Erinnerungen bei Vor-Ort-Recherchen flüchtig. Daher müssen Sie Vorkehrungen treffen, um die Informationen festzuhalten. Sie machen sich detaillierte Notizen, vielleicht auch ein paar Fotos, wenn das erlaubt ist. Vor allem bei Gesprächen ist wichtig, das Gesagte zu dokumentieren. Und hier beginnen die Schwierigkeiten, denn der Umgang mit Zitaten ist seit Jahren umstritten. Man könnte denken, dass es einfach ist: Gesagt ist gesagt. Doch so ist es nicht.

Eine Aufzeichnung des Gesprächs reicht nicht unbedingt aus, um ein Zitat zu belegen, wenn Sie ohne Wissen und Zustimmung Ihres Gesprächspartners aufzeichnen. Solche Aufnahmen können sogar strafbar sein, denn Paragraph 201 des Strafgesetzbuchs untersagt Aufnahmen des »nichtöffentlich gesprochenen Wort[s]« und auch deren Verbreitung, sofern die Aussagen nicht von »überragende[m] öffentlichen Interesse« sind. Verdeckte Recherchen sind nach dem Pressekodex nur in Ausnahmefällen erlaubt, »wenn damit Informationen von besonderem öffentlichen Interesse beschafft werden, die auf andere Weise nicht zugänglich sind«. Der Pressekodex ist die ethische Leitlinie für den **Deutschen Presserat**, der freiwilligen Selbstkontrolle der Printmedien, der über Beschwerden gegen die Berichterstattung in Zeitungen und Zeitschriften urteilt. Im Normalfall erklären Sie also Ihrem Gegenüber, wer Sie sind und was Sie vorhaben.

Doch selbst wenn Sie sich als Journalistin oder Journalist zu erkennen geben, Ihr Anliegen erläutern und fragen, ob Sie die Antworten aufzeichnen dürfen, sind Sie nicht aus dem Schneider. Denn Ihr Gesprächspartner hat womöglich eine andere Vorstellung von journalistischer Recherche als Sie. Daher lohnt es sich, dass wir genauer diskutieren, was üblich ist und was nicht.

In der journalistischen Praxis unterscheidet man drei Arten von Interviews, die man als »unter 1«, »unter 2« und »unter 3« bezeichnet. Die Ziffern beziehen sich auf drei Unterpunkte im Paragraphen 16 der Satzung der Bundespressekonferenz. Die **Bundespressekonferenz (BPK)** organisiert wöchentliche Pressekonferenzen in Berlin, die Sie sicher aus dem Fernsehen kennen: Da stehen Amtsträger:innen vor einer hellblauen Wand Rede und Antwort. Das Besondere der BPK ist, dass die Journalist:innen das Hausrecht haben: Sie laden die Politiker:innen ein, und sie legen die Reihenfolge der Fragen fest. Ganz anders als zum Beispiel im Weißen Haus, wo die Sprecher:innen des Präsidenten die Reporter:innen drannehmen. Die Pressekonferenzen der BPK finden üblicherweise »unter 1« statt: Dann sind alle Äußerungen zur freien Verwendung.

Wenn es die Gesprächspartner:innen wünschen und die Journalist:innen einwilligen, können die Gespräche aber auch »unter 2« laufen: Dann dürfen Journalist:innen zwar zitieren, aber nur ohne die Namen zu nennen. Das sind die ominösen »gut unterrichteten Kreise«, die Sie aus den Nachrichten vielleicht kennen. Und dann gibt es die ganz vertraulichen Gespräche – diejenigen »unter 3«. Aus diesen Gesprächen sollen Journalist:innen gar nicht zitieren. Sie tun es manchmal dennoch und riskieren damit, keine weiteren Interviews zu erhal-

Kurz vor der Sommerpause 2021 stellt sich die damalige Bundeskanzlerin Angela Merkel den Fragen der Journalist:innen in der Bundespressekonferenz. Sie wird begleitet von der stellvertretenden Regierungssprecherin Ulrike Demmer (links im Bild). Die Sitzung leitet die Journalistin Cornelia Buschow.

ten. Üblicherweise werden Absprachen in der Branche aber eingehalten. In vertraulichen Gesprächen können Journalist:innen auf ehrlichere Antworten und tiefere Einblicke hoffen, aber Ihre Gesprächspartner hoffen ebenso, den Journalist:innen ihre Ansichten besser zu verkaufen.

Doch lassen wir die Varianten »unter 2« und »unter 3« beiseite. Dieses Buch ist eine Einführung in das journalistische Schreiben und keine Anleitung, den nächsten Watergate-Skandal aufzudecken. Bleiben wir also bei Interviews, in denen Ihnen eine Expertin oder ein Experte die Zusammenhänge offen erklärt oder Ihnen erläutert, wie die Lage ihrer oder seiner Meinung nach einzuschätzen ist. Nehmen wir als Beispiel, dass Sie im Frühjahr 2020 einen Experten bitten, zwei Corona-Studien prominenter Virologen einzuschätzen: Zum einen scheint Christian Drosten von der Berliner Charité herausgefunden zu haben, dass Kinder so ansteckend sind wie

Erwachsene, was dafür spricht, die Schulen wegen der Infektionsgefahr geschlossen zu halten. Zum anderen hat Hendrik Streeck von der Universität Bonn die Menschen aus Gangelt im Landkreis Heinsberg untersucht, von denen sich viele bei einer Karnevalssitzung angesteckt hatten. Dabei hat er offenbar eine überraschend niedrige Sterblichkeit festgestellt, was eher für Lockerungen spricht. Ihr Experte kommentiert die Studien differenziert, aber kritisch – lesen Sie aufmerksam, um die Pointe zu verstehen:

> Die beiden Studien wurden sorgfältig und kompetent durchgeführt, vor allem wenn man den extremen Zeitdruck bedenkt. Die Berechnungen sind transparent, sie scheinen korrekt zu sein und ich habe keinen Zweifel, dass sie in gutem Glauben durchgeführt wurden. Aber ich komme in der statistischen Analyse beider Studien jeweils zu einem neutralen oder sogar anderslautenden Ergebnis als die Autoren. Mit der gebührenden Vorsicht, die bei einer Stichprobengröße von zwei Studien geboten ist, möchte ich anmerken, dass beide Studien mit einer bestimmten politischen Stoßrichtung versehen zu sein scheinen. In beiden Fällen stimmt diese Stoßrichtung mit der Haltung der Hauptautoren zur Covid-19-Politik überein. Vernünftige, aber nicht objektiv erzwungene Entscheidungen bei der statistischen Analyse haben zu Ergebnissen geführt, die mit den öffentlichen Standpunkten der Forscher übereinstimmen. Ich betone aber, dass ich keine Absicht unterstelle.

Das lässt Sie aufhorchen: Unter dem Lob versteckt sich die Beobachtung, dass die Studienergebnisse auffällig gut zu den politischen Positionen passen, die Drosten und Streeck in der Öffentlichkeit vertreten. Wurden hier etwa wissenschaftliche Ergebnisse politisch »nachbearbeitet«?

Ihrem Experten ist klar, dass Sie ihn zitieren möchten. Am Ende des Gesprächs überrascht er Sie dennoch mit der Bitte, Ihren Artikel vor der Veröffentlichung lesen zu dürfen. Das lehnen Sie ab, weil Ihnen Ihre journalistische Unabhängigkeit wichtig ist und Sie sich nicht von denen kontrollieren lassen möchten, über die Sie berichten. Stattdessen bieten Sie an, dass Sie ihm die wörtlichen Zitate noch einmal vorlegen. Ein solches Angebot ist im Journalismus durchaus üblich. Der Experte willigt ein, und Sie schicken ihm ein etwas abgewandeltes Zitat zu, das aus Ihrer Sicht seine Position zusammenfasst: »Die Studie scheint eine politische Stoßrichtung zu haben, die mit der Haltung Christian Drostens zur Covid-19-Politik übereinstimmt. Seine Entscheidungen bei der statistischen Analyse haben zu diesem Ergebnis geführt.« Der Experte antwortet sofort und schreibt, das habe er so nicht gesagt – und Sie reiben sich verwundert die Augen. Was ist passiert?

Knöpfen wir uns erst einmal die Frage vor, ob der Experte den Text lesen darf. Wissenschaftler:innen bieten manchmal an, den fertigen Artikel gegenzulesen, weil sie aus Erfahrung wissen, wie manche Details trotz gründlicher Recherche falsch sein können. In der Regel schauen sie nur auf die Fakten und merken zum Beispiel an, wenn man Fachbegriffe wie Prävalenz oder Inzidenz nicht richtig verwendet. Doch was, wenn sie auch politische Wünsche äußern – beispielsweise kritisieren, dass der Meinung eines Fachkollegen zu viel Raum gewährt wird? In solchen Fällen müssten die Journalist:innen standhaft bleiben und den Wunsch ablehnen. Doch wird ihnen das Publikum glauben, dass sie standhaft geblieben sind, wenn die Sache mit dem Gegenlesen später einmal herauskommen sollte? Ich wäre da vorsichtig und würde nicht zu viel Vertrauen auf Seiten des Publikums voraussetzen. Wenn Sie sich mit den Zitaten Ihrer Expert:innen unsicher fühlen, möchte ich Ihnen andere Methoden ans Herz legen, um die fachlichen Details in Ihrem Artikel richtig hinzubekommen.

Methoden, um fachliche Details abzusichern:

- Wiederholen Sie im Gespräch mit eigenen Worten, was Sie gerade gehört haben. Konfrontieren Sie Ihren Gesprächspartner zumindest mit den wichtigsten Aussagen. In vielen Fällen wird die Antwort lauten: »Das stimmt noch nicht ganz. Schauen Sie, ich erkläre es Ihnen noch einmal ...« Und beim zweiten Versuch weiß Ihr Experte genauer, wo Ihr Verständnis hakt, und kann entsprechend nachsteuern. Haben Sie keine Angst, dumm dazustehen – Sie müssen fragen, um die Sache am Ende Ihrem Publikum erklären zu können.
- Bitten Sie die Expert:innen um Quellen für ihre Aussagen und blättern Sie darin. Finden Sie die Aussagen aus dem Interview wieder? Falls nicht, haben Sie die Aussagen vermutlich noch nicht ganz verstanden – ein guter Grund, um noch einmal Kontakt aufzunehmen.
- Schicken Sie Ihren Gesprächspartnern nicht den fertigen Text, sondern ein Protokoll des Interviews mit den wichtigsten Aussagen, die Sie möglicherweise zitieren werden. Holen Sie ein wenig aus und beschreiben Sie auch den Kontext der wörtlichen Zitate. So kann Ihr Gegenüber besser beurteilen, ob Sie ihn richtig verstanden haben. Manchmal ergänzen die Expert:innen das Protokoll noch um einige interessante Details.

Nun aber zu dem fraglichen Zitat. Warum steht der Experte nicht zu seiner Meinung? Vielleicht ist er selbst überrascht, wie hart der Vorwurf klingt, wenn man ihn auf zwei Sätze verdichtet und die lobenden Worte (»sorgfältig, kompetent, korrekt«) weglässt. Vielleicht hat er aber auch Angst, dass Sie in Ihrem Artikel den Virologen Christian Drosten angreifen werden und er als Ihr Kronzeuge dienen soll, obwohl er doch nur die Statistik einer Studie kritisiert hat. Wie reagieren Sie? Stehen Sie zu Ihrem Wort und schwächen das Zitat ab? Oder bleiben Sie bei der ursprünglichen Version, denn gesagt ist gesagt? Für beide Entscheidungen gibt es gute Gründe, aber ich neige dazu, dass ein Experte nur mit einer Meinung zitiert werden sollte, die er tatsächlich vertritt. Wem ist geholfen, wenn er sich gleich nach der Veröffentlichung Ihres Artikels von seinen Zitaten distanziert? Dann haben Sie möglicherweise eine öffentliche Debatte angezettelt, die darauf beruht, dass sich ein Experte unklar ausgedrückt hat. Sie könnten die Kritik auch zuspitzen, ohne die Aussage zu verengen:

> Das Ergebnis der Studie hänge von »vernünftigen, aber nicht objektiv erzwungenen Entscheidungen bei der statistischen Analyse« ab, schreibt der Kritiker. Er selbst treffe die Entscheidungen anders und komme daher zu einem anderen Ergebnis. Und er ergänzt, dass die Studie »mit einer bestimmten politischen Stoßrichtung versehen zu sein« scheine, die mit der Haltung des Hauptautors Christian Drosten übereinstimme. Er wolle aber keine Absicht unterstellen.

Das Beispiel ist von einem Fall inspiriert, in dem sich der Experte tatsächlich von der Berichterstattung distanzierte. Doch die Dinge lagen anders als in unserem Beispiel. Die *BILD*-Zeitung hatte die Expertenmeinung, die ich oben in etwas gekürzter Form zitiert habe, im Netz gefunden. Ein Statistiker hatte die Berechnungen von Christian Drosten und Hendrik Streeck deutlich kritisiert – und *BILD* zitierte ihn und drei Kollegen am 25. Mai 2020 unter der Überschrift »Fragwürdige Methoden: Drosten-Studie über ansteckende Kinder grob falsch«. Die vier Wissenschaftler hat *BILD* nicht befragt, die Zitate wurden also auch nicht autorisiert – sie waren ja schon veröffentlicht. Allerdings erklärte der Statistiker in einem Interview mit *Spiegel Online*, dass er seine Kritik für ein wissenschaftliches Publikum formuliert habe und nicht für die breite

Öffentlichkeit. Zum Vorwurf, dass Christian Drosten herausbekommen habe, was aus politischen Gründen herauskommen sollte, sagte er:

> Wenn man diesen Satz allein nimmt, liest er sich schräg, das stimmt. Aber wissenschaftsintern kommuniziert man so. Da habe ich schon ganz andere Sachen um die Ohren gehauen bekommen. Ich habe den Text auf der Plattform Arxiv.org veröffentlicht, normalerweise schaut dort kein Nichtwissenschaftler hin. Hätte ich gewusst, dass »Bild« diesen Satz liest, hätte ich ihn bestimmt nicht geschrieben. (Aus: »Ich will nicht Teil einer Kampagne sein«, Interview von Alexander Kühn am 26. Mai 2020)

Die *BILD*-Zeitung ist für ihren Artikel übrigens vom Presserat gerügt worden und hat diese Rüge unter der Onlineversion des Artikels veröffentlicht. Der Presserat wirft ihr mangelnde Sorgfalt vor: Unter anderem hätten die vier zitierten Kritiker nicht gesagt, dass die Drosten-Studie grob falsch sei.

Ganz anders als Zitate werden im deutschen Journalismus die Interviews behandelt, die im Wortlaut veröffentlicht werden – also als Abfolge von Fragen und Antworten. Sie werden aus Tradition dem Interviewten zur **Autorisierung** vorgelegt, obwohl der Pressekodex das nicht fordert. Dort steht unter der Ziffer 2.4: »Ein Wortlautinterview ist auf jeden Fall journalistisch korrekt, wenn es das Gesagte richtig wiedergibt.« Doch Ihre Gesprächspartner werden weiterhin erwarten, dass sie das fertige Interview lesen und bearbeiten dürfen, weil sie es so gewohnt sind. Diese Autorisierung hat zur Folge, dass sich beide Seiten einige Freiheiten herausnehmen: Die Journalist:innen kürzen, stellen um, verdichten und formulieren manchmal sogar neu. Die Interviewten oder ihre Sprecher:innen halten wiederum dagegen und ersetzen manchmal knackige Aussagen durch weichgespülte Formulierungen. Am Ende haben die publizierten Interviews bisweilen nur noch wenig mit dem tatsächlich geführten Gespräch zu tun.

Sie merken, dass ich kein Freund von Autorisierungen bin. Aber das Für und Wider möchte ich hier nicht vertiefen, da in diesem Kapitel die Zitate für Features und Reportagen im Vordergrund stehen. Und ich habe Ihnen bereits einige Vorschläge gemacht, was Sie mit Ihren Gesprächspartner:innen dazu vereinbaren können. Im nächsten Abschnitt wenden wir uns der Frage zu, wie nahe sie ihren Protagonist:innen kommen sollten – nah genug, um die Details zu sehen, aber nicht so nah, dass Sie nicht mehr unvoreingenommen berichten können.

Vorab möchte ich Ihnen aber noch ein paar Ratschläge zusammenstellen, die Sie in Interviews beachten sollten:

- Stellen Sie offene Fragen, wenn Sie Ihre Gesprächspartner zum Reden bringen möchten. Also lieber »was halten Sie von X?« als »ist X Ihrer Meinung nach akzeptabel?«, denn die zweite Version kann man mit Ja oder Nein beantworten, während man bei der ersten Version zu einer ausführlicheren Begründung eingeladen wird.
- Mit medienerfahrenen Gesprächspartnern können Sie gleich zur Sache kommen, bei anderen kann es helfen, erst einmal über Unverfängliches zu plaudern, um miteinander warm zu werden. Erläutern Sie, was Sie mit dem Interview vorhaben – welche Rolle es später in Ihrer Berichterstattung spielen soll.
- Liefern Sie Ihren Gesprächspartnern nicht nur die Stichworte. Haken Sie nach, wenn Sie etwas nicht verstehen. Scheuen Sie sich nicht, auch heikle Punkte anzusprechen. Sie geben Ihren Gesprächspartnern damit die Möglichkeit, sich zu erklären oder zu rechtfertigen.

- Geben Sie Ihren Gesprächspartnern etwas Zeit. Springen Sie nicht gleich zur nächsten Frage, wenn die Pause unangenehm wird. Vielleicht hilft es, die Frage noch einmal in einer anderen Formulierung zu stellen? Geben Sie lieber keine Beispielantworten vor, um Ihren Gesprächspartner nicht in eine bestimmte Richtung zu lenken.
- Manchmal kommen die spannendsten Details, wenn der offizielle Teil des Interviews beendet ist und Sie die Aufnahme gestoppt haben. Wenn die Anspannung sinkt, kommt mancher Gesprächspartner erst in Fahrt.

Herausforderungen: Distanz wahren

Obwohl Sie Menschen bei der Recherche nahekommen, bleiben Sie skeptisch und lassen sich nicht vereinnahmen.

Vor einiger Zeit durfte ich zu einem Workshop zum kreativen Schreiben einen Artikel mitbringen, der dann in großer Runde diskutiert wurde. Es war ein Porträt über einen Ingenieur und Manager, der schon an Hunderten Patentanmeldungen beteiligt gewesen war. Für eine Entwicklung hatte er mit Kollegen sogar den Deutschen Zukunftspreis des Bundespräsidenten bekommen. Der Dozent fragte mich, ob mich der Erfinder beeindruckt habe. Als ich Ja antwortete, riet er mir: »Dann schreib das doch! Ich möchte ihn auch gut finden dürfen.«

Wenn ich das Porträt heute lese, verstehe ich, was der Dozent meinte. Ich halte mich im Text an meine Beobachtungen, bleibe nüchtern und distanziert. Neben den Patenten und dem großen Preis erwähne ich kaum etwas ausdrücklich Positives. Ich beschreibe den Ingenieur als sorgfältig und gewissenhaft, doch im Großen und Ganzen lasse ich ihn selbst sprechen. Ich zitiere seine Grundsätze, mit denen er den Innovationsgeist fördern möchte: dass man die Teams immer wieder neu zusammensetzen sollte, damit sie sich nicht zu sehr einspielen, und dass die Entwicklung in der Werkstatt stattfinde und nicht im Büro. Das wirkt auf mich bescheiden und effizient; er ordnet alles dem Ziel unter, die unvermeidlichen technischen Hürden in der Entwicklung neuer Produkte zu meistern. Ich finde, so wird seine Denk- und Arbeitsweise am besten deutlich.

Aber das »bescheiden und effizient« steht nicht im Text. Darauf werden die Leserinnen und Leser selbst kommen, dachte ich mir damals wohl. Und falls sie einen anderen Eindruck gewinnen – sagen wir, dass der Ingenieur kleinkariert auf sie wirkt –, dann ist diese Ansicht ihr gutes Recht. Ich will ihnen keine bestimmte Interpretation vorschreiben. Dennoch ist mein damaliger journalistischer Ansatz nicht ohne Probleme, das muss ich zugeben, denn beim Wiederlesen des Artikels frage ich mich selbst, wie ich es gemeint habe. An einer Stelle im Text erwähne ich zum Beispiel, dass der Ingenieur zu einer beruflichen Entscheidung sagt, sie sei ihm leichtgefallen. Und ich kommentiere sogleich: »… aber das sagt er bei jeder Entscheidung«. Danach zähle ich im Stakkato-Stil einige dieser Entscheidungen auf – mein Gesprächspartner kann sie alle mit wenigen Worten begründen. Was wollte ich dem Publikum damit sagen? Wollte ich unterstreichen, wie entscheidungsfreudig er ist, oder wollte ich andeuten, dass ich ihm nicht ganz glaube, weil es zu glatt wirkt? Ich habe nichts dazu geschrieben und das Publikum mit dieser Frage alleingelassen.

Kurzum: Man soll sich zwar als Journalist nicht in den Vordergrund der Geschichte drängen, aber sich ganz herauszunehmen und mit wissenschaftlicher Präzision die Beobachtungen aneinanderzureihen, verunsichert das Publikum. Gerade bei den persönlichen Beobachtungen braucht das Publikum mehr Informationen, um alles richtig einzuordnen. Dass der Ingenieur erfinderisch und erfolgreich ist, muss ich nicht eigens erwähnen. Dafür stehen die Patente und der Preis. Doch wenn er seine Studienwahl oder einen beruflichen Wechsel begründet – sind seine Ausführungen plausibel? Ja, hätte ich schreiben sollen. Ich habe mehrfach nachgehakt, aber keine Risse in der Fassade entdeckt. Es wirkte, als habe er sich tatsächlich auf alle Fragen vorher eine Antwort überlegt.

Und ich lasse in meinem Artikel noch eine andere Frage offen: Warum habe ich den Erfinder überhaupt porträtiert? Die Antwort scheint auf der Hand zu liegen: weil ich wissen wollte, wie er scheinbar mühelos ein technisches Problem nach dem anderen löst. Deshalb verwende ich etwa die Hälfte des Artikels darauf, Erfolgsbeispiele aus seinem Berufsleben nachzuerzählen und seine Überlegungen zu den Erfolgsfaktoren darzustellen. Doch die Ausgangsfrage, wie er zu so vielen Erfindungen kommt, habe ich im Artikel gar nicht erwähnt. Ich bin von meiner Recherche mit einer Fülle an technischen Beispielen, persönlichen Beobachtungen und Zitaten zurückgekehrt und habe sie zu einem Bild zusammengesetzt. Doch ich habe keinen Schluss aus meiner Recherche gezogen und letztlich keine Botschaft formuliert. Ich glaube, dass der Dozent das einfordern wollte.

Schauen wir uns nun an einem Beispiel von Eva Wolfangel an, wie man die Balance findet zwischen Nähe und Distanz: zwischen Einfühlung und Abstraktion, zwischen persönlicher Geschichte und höherer Bedeutung. In ihrem Artikel, der im April 2017 in der *Stuttgarter Zeitung* erschienen ist, porträtiert sie eine 33-jährige Physikerin und Teamleiterin aus Stuttgart, die sich für den Job als erste deutsche Astronautin bewirbt. Wir besprechen zunächst die Zutaten, die man braucht, damit die Geschichte aufgeht: eine interessante Protagonistin in einer Situation, in der man sie gut kennenlernen kann. Dann schauen wir uns an, wie die Autorin die Bedeutung des Einzelfalls herausstreicht, damit das Publikum auch versteht, warum es den Artikel lesen soll. Am Ende betrachten wir noch, aus welchen Textblöcken die Geschichte zusammengesetzt ist, welche Funktion die Blöcke jeweils erfüllen und wie sie verknüpft werden.

Die Nahaufnahme

Die Hauptdarstellerin des Porträts heißt Lisa Haas. Sie hat sich aus ursprünglich 480 Bewerberinnen in die Gruppe der letzten sechs vorgearbeitet. Sie bereitet sich nun auf das Finale vor, bei dem die beiden Siegerinnen gekürt werden. Der Artikel erscheint wenige Tage vor dem Finale. Da Haas aus Nürtingen stammt und in Stuttgart lebt, liegt es für die *Stuttgarter Zeitung* nahe, sie zu porträtieren statt eine ihrer fünf Konkurrentinnen. Für eine Regionalzeitung ist dieser Bezug zur Region wichtig. Doch abgesehen davon hat der Beitrag nicht viel mit Stuttgart zu tun. Er soll vielmehr zeigen, was es mit dem Projekt »Die Astronautin« auf sich hat – einer Initiative, die eine deutsche Astronautin ins All schicken will. Im Journalismus sagt man, die *Stuttgarter Zeitung* hat das nationale Thema einer deutschen Astronautin über das Porträt auf die lokale Ebene »heruntergebrochen«.

Für eine gute Geschichte wählen Sie die Protagonist:innen sorgfältig aus, ebenso die Szenen, in denen sie auftreten. Die Hauptfiguren müssen etwas Spannendes erleben oder erzählen, die Situationen müssen aussagekräftig sein. Vielleicht sind es nur wenige Sekunden aus einer stundenlangen Recherche, in denen etwas aufblitzt – dann konzentrieren Sie sich darauf und lassen den Rest beiseite. Wichtig ist, dass Sie an diesen Beispielen ihr eigentliches Thema behandeln können: Eva Wolfangel hat sich nicht nur für Lisa Haas interessiert, weil sie eine interessante Gesprächspartnerin ist und in einem ungewöhnlichen Wettbewerb steht, sondern vor allem, weil sie an ihrem Beispiel beschreiben kann, wie Frauen versuchen, in die Männerdomäne Raumfahrt vorzudringen. Als Autorin ist Wolfangel auf diese Recherche vorbereitet, da sie bereits den deutschen Astronauten Alexander Gerst bei seiner Ausbildung besucht und porträtiert hat. Sie kann die beiden Welten von Gerst und Haas also vergleichen und die Unterschiede herausarbeiten.

Da Astronautinnen und Astronauten im Rampenlicht stehen und immer auch Botschafter:innen ihres Berufsfelds sind, hatte Wolfangel keine Sorgen, dass Lisa Haas verschlossen sein könnte. Pressetermine gehören zum Pflichtprogramm der Bewerberinnen. Aber wie viel würde sie von sich preisgeben? Mehr, als in einem Hochglanzprospekt über sie stehen würde? Astronaut:innen betonen zum Beispiel in jedem zweiten Interview, wie zerbrechlich die Erde aus dem All wirkt – wie schön sie aussieht und wie schützenswert sie ist. Ich habe keinen Zweifel, dass das stimmt, aber das Zitat ist vorhersagbar und hat sich abgenutzt.

Auch in Wolfangels Porträt kommt ein solches Zitat vor, doch der Text geht darüber hinaus und zeigt auch die Seiten, die Lisa Haas als Individuum erkennen lassen. Sie hat sich der Journalistin gegenüber geöffnet. Die Geschichte soll sich zwar um das Projekt »Die Astronautin« drehen, doch es soll auch die Geschichte von Lisa Haas sein. Da die Autorin in ihrem Text beide Aspekte verknüpft, wechselt sie mehrmals hin und her: von der Nahaufnahme zur Totalen und wieder zurück. Neben den Hauptdarsteller:innen und den Szenen wählen Sie beim Schreiben also auch die Kameraperspektive aus: Mal schauen Sie aufs Detail, mal nehmen Sie das große Ganze in den Blick.

Bevor man einen erzählerischen Text fest in den Redaktionsplan aufnimmt, muss man also einige Fragen klären: Ist die Protagonistin eine interessante Gesprächspartnerin?

Wird sie persönliche Fragen beantworten? Werden Sie sie bei spannenden Erlebnissen beobachten können? Wenn Sie einer Redaktion als freie Mitarbeiterin oder freier Mitarbeiter eine Geschichte anbieten möchten, dürfen Sie mit diesen Fragen rechnen. Daher sollten Sie sich schon eingelesen haben und wissen, was über Ihre Protagonistin bekannt ist – vielleicht sogar schon mit ihr telefoniert haben. (Leider honorieren nicht alle Redaktionen diese wichtigen Vorarbeiten.) Aber auch wenn sie gut vorbereitet sind, planen Journalist:innen für ein Porträt oder eine Reportage mit umfangreichen erzählerischen Elementen meist mehr als ein Gespräch oder einen Besuch ein. Beim Schreiben merken sie oft, dass die Geschichte noch Lücken hat, weil ihnen Detailinformationen fehlen. Dann haken sie nach und fahren vielleicht sogar noch mal hin.

Schauen wir uns nun Beispiele aus dem Text an. Hier eine Passage, in der die Autorin Lisa Haas fragt, wieso sie sich für Physik, Technik und Raumfahrt interessiert:

> Welche Kräfte genau halten die Welt zusammen? Mit dieser Frage hat schon die kleine Lisa die Geduld ihrer Lehrer strapaziert. »Warum genau stoßen sich Elektronen ab?«, fragte sie schließlich einen Physiklehrer am Gymnasium, der eigentlich schon froh gewesen wäre, wenn sich alle Schüler diese Tatsache zumindest mal gemerkt hätten. Aber Lisa Haas wollte alles schon immer etwas genauer wissen, und ihre Freundinnen mussten sich daran gewöhnen, dass sie im gemeinsamen Urlaub am Strand Bücher über Quantenfeldtheorie verschlang.

Diese Passage zeigt an zwei Episoden das physikalische Interesse der Kandidatin. Fragen Sie im Interview nach solchen Beispielen: »Wann hat sich Ihr Interesse an der Physik zum ersten Mal gezeigt?« Mit dieser Passage hätte die Autorin in ihren Artikel einleiten können, weil er die Protagonistin gut vorstellt. Doch die Zeilen führen nicht direkt zum Thema Astronautin, daher beginnt die Autorin ihren Artikel anders: mit einer Szene an einer Kletterwand. Lisa Haas kann sich mit den Händen kaum noch halten, mit dem Fuß sucht sie einen neuen Tritt – und stürzt schließlich ab. Die Autorin nutzt diese Szene, um ihre Protagonistin als Kämpferin vorzustellen, die immer wieder aufsteht. Mit dieser Thematik setzt sie den Ton für die ganze Geschichte:

> Die Menschen um sie herum in der Tübinger Boulderhalle fluchen, wenn sie wie Haas aus der Wand fallen wie eine Tür, die schief in den Scharnieren hängt. Aber sie lacht. »Das ist Physik«, ruft sie begeistert, Gleichgewicht, Reibungskräfte, der Schwerpunkt und die verdammte Schwerkraft – »was man hier alles sehen kann!«

Sich in einer Boulderhalle zum Interview zu verabreden, hat einige Vorteile: Es ist mehr los als bei einem Termin in einem Besprechungszimmer, und man lernt die Protagonistin bei einem ihrer Hobbys kennen. Außerdem gebe es eine inhaltliche Verbindung zur Raumfahrt, erzählt mir Eva Wolfangel, die selbst gerne klettert: Auch dort will man hoch hinaus und muss man lange üben, um mit den physikalischen Rahmenbedingungen zurechtzukommen und nicht abzustürzen. Die Autorin nutzt diese Szene nicht nur für den Einstieg, sondern kehrt im Text mehrmals zum Klettern zurück: Sie beschreibt, wie Lisa Haas einer Mitkletterin Tipps gibt; sie lässt die Protagonistin sagen, dass man im Astronautentraining so viel Frustrationstoleranz brauche wie beim Klettern; sie fragt Lisa Haas, wie viel Risiko sie beim Klettern in den Bergen eingeht; und sie schließt den Artikel mit einer Szene an der Theke, an der sich ihre Gesprächspartnerin nach dem Training eine Limonade gönnt. Das Klettern hält also den Text zusammen –

alles andere sind Exkurse und Einschübe mit weiterführenden Informationen.

Bevor wir den Aufbau genauer studieren, wenden wir uns aber der Distanz zu. Wie bleibt man journalistisch unabhängig, wie behält man das große Ganze im Blick?

Die Totale

In der Geschichte geht es nicht nur um Lisa Haas, sie steht für etwas Größeres. Die Relevanz streicht die Autorin nicht nur dadurch heraus, dass sich die Protagonistin unter 480 Bewerberinnen in die Runde der letzten sechs vorgearbeitet hat. Sie stellt es als Versuch dar, in eine von Männern dominierte Welt vorzudringen und ein Vorbild zu sein für andere Frauen. Sie zitiert ihre Protagonistin so:

> »Wenn das Ganze allein dazu beiträgt, dass Mädchen das sehen und sich denken: Ich will auch Wissenschaftlerin werden, dann bin ich glücklich«, ruft sie aus. Wieso hat Deutschland 30 Jahre nach dem ersten Mann noch keine Frau ins All geschickt? »Es ist höchste Zeit«, sagt sie.

Doch das genügt noch nicht, um ein detailliertes Bild der Lage zu zeichnen, denn es sind noch Fragen zu klären. Wer wählt die Kandidatinnen eigentlich aus? Ein Personaldienstleister hat den Wettbewerb gestartet, nicht etwa das Deutsche Zentrum für Luft- und Raumfahrt (DLR) oder die Europäische Raumfahrtagentur (ESA). Haben die Kandidatinnen dann überhaupt eine Chance? Wolfangel gibt die Antwort nicht selbst, sondern überlässt das ihrer Protagonistin – und die Antwort sagt viel aus über den Kampfgeist:

> Wieso wählt die Esa ihre Astronautin nicht selbst aus, wenn sie eine bräuchte? Sie hat es nun mal nicht getan, ant-

> wortet Haas. Und das nächste Auswahlverfahren findet in ungewisser Zukunft statt. Es gibt zwei Optionen: warten und hoffen – oder selbst aktiv werden.

Nach dieser Motivation schwenkt die Autorin weg von ihrer Protagonistin und spricht mit der Organisatorin des Wettbewerbs. Die sucht noch private Sponsoren für die erste Phase des Trainings der beiden Siegerinnen, 50 000 Euro werden dafür benötigt. Am Ende wird die ganze Ausbildung mit dem anschließenden Flug sogar 30 bis 50 Millionen Euro kosten. Mit diesen Zahlen macht die Autorin deutlich: Auch wenn sich Lisa Haas schon weit vorgekämpft hat, steht das ganze Projekt noch am Anfang.

Die kritischen Fragen erlauben dem Publikum, die Lage besser einzuschätzen: Ist das Projekt sinnvoll, sollte man es unterstützen? Die Autorin hilft ihren Leser:innen dabei, sich eine Meinung zu bilden. Sie tritt gelegentlich einen Schritt zurück und verhindert damit, sich vom Enthusiasmus ihrer Protagonistin mitreißen zu lassen. Gleichzeitig zeigt sie ihre Sympathie für das Vorhaben, denn sie wirft die kritischen Fragen nur auf, zieht aber kein Fazit, schon gar kein negatives. Ihre Botschaft lautet: Lisa Haas und ihre Mitstreiterinnen haben zwar nur eine kleine Chance – aber die haben sie verdient. Und auch wenn Eva Wolfangel die ESA nur nebenbei erwähnt (und andere offizielle Stellen gar nicht), fragt man sich beim Lesen, warum die Initiative außerhalb des Raumfahrtgeschäfts operieren muss und nicht unterstützt wird – Anlass für eine neue Recherche und einen weiteren Artikel.

Die Überleitungen

Schauen wir uns zum Schluss an, wie Eva Wolfangel ihre Geschichte aufbaut. Sie stellt das Projekt »Die Astronautin« am Beispiel einer Kandidatin vor, sie ordnet das Projekt ein und beschreibt schließlich, wie sich die Protagonistin ihre Arbeit als Astronautin vorstellt. Die Spannung entsteht, wenn man die Protagonistin kennenlernt und mit ihr mitfiebert: Wird sie das Finale gewinnen?

In der folgenden Aufzählung beschreibe ich auch, wie die Autorin von einem Thema zum nächsten überleitet. Mal geht es fließend, so dass man es beim Lesen kaum bemerkt, dann wieder gibt es einen klaren Bruch, und die Autorin macht deutlich, dass sie nun etwas Neues anspricht. Letzteres macht sie, wenn sie kritische Fragen stellt oder zu einer Rückblende ausholt. Ansonsten versucht sie, ihr Publikum an die Hand zu nehmen und durch die Geschichte zu führen.

(1) Szene in der Kletterhalle: Lisa Haas stürzt ab und lacht darüber. Um von dieser Szene zu den Hintergrundinformationen überzuleiten, greift die Autorin das Stichwort »Schwerkraft« wieder auf: »Ja, die verdammte Schwerkraft. Was würde Lisa Haas geben, um ihr zu entkommen, und sei es nur für ein paar Tage!«
(2) Hintergrundinformation: Lisa Haas möchte als Astronautin ins All und hat sich im Auswahlverfahren bis zum Finale durchgekämpft. Die Autorin referiert diese Informationen nicht nur, sondern lässt Lisa Haas auch kommentieren: »Da sind so viele tolle Frauen, die haben alle etwas Besonderes in ihrem Leben gemacht!«
(3) Frage zur Motivation der Protagonistin: Warum ins All? Hier bricht die Autorin mit der Euphorie und wendet unvermittelt ein: »Weltraumtourismus nennen viele Kritiker diesen Kurzzeitaufenthalt im All verächtlich.« Lisa Haas darf im Text also nicht begeistert weitererzählen, sondern muss sich nun rechtfertigen. Sie nennt beispielhaft eine offene Forschungsfrage, die sie als Astronautin klären möchte, und verweist auf die Möglichkeit, ein Vorbild für Mädchen zu sein. Als sie am Ende dieser Passage

aber betont, dass es höchste Zeit für eine deutsche Astronautin sei, ist die Euphorie in den Text zurückgekehrt.

Damit ist die Einführung zu Ende: Die Leserinnen und Leser haben die Protagonistin kennengelernt und erfahren, worum es geht. Nun will es die Autorin genauer wissen und setzt noch einmal mit einer kritischen Frage an: »Aber es gibt auch diese anderen Fragen, die Zweifel am Wettbewerb …«

(4) Kritische Fragen zum Projekt, die sich vermutlich auch den Leser:innen aufdrängen: Warum bewirbt sich Lisa Haas nicht auf dem normalen Weg für ein Astronautentraining? Und wie finanziert sich das Training, wenn es nicht aus öffentlichen Mitteln gefördert wird? Die Autorin lässt Lisa Haas die Antworten geben. Es wird deutlich, dass für das Projekt ein unerschütterlicher Optimismus und ein langer Atem nötig sind.
(5) Persönliche Vorgeschichte: Daher wendet sich die Autorin der Frage zu, warum Lisa Haas unbedingt Astronautin werden will. Als Überleitung formuliert sie eine These, der das Publikum wohl zustimmen kann, weil es die Protagonistin inzwischen ein wenig kennt: »Lisa Haas kann nicht anders, als daran zu glauben. Es ist ihre vorerst einzige Chance, um ihren Kindheitstraum zu verwirklichen.« Die Protagonistin schildert daraufhin ihr fachliches Interesse und erzählt, dass sie schon als kleines Kind ins All fliegen wollte.

Nun liegen alle Informationen vor, das Publikum hat sich ein Bild von der Protagonistin und dem Projekt machen können. Die Geschichte steuert auf den Höhepunkt zu, der gar nicht Teil der Geschichte ist: das Finale des Wettbewerbs. Der Artikel kann nur einen spekulativen Ausblick bieten: Was wäre, wenn Lisa Haas die Auswahl gewinnt und ihr Training als Astronautin beginnen darf – und was, wenn sie nicht ausgewählt werden sollte und in ihren Alltag zurückkehren muss?

(6) Auf den Rückblick folgt der Ausblick: Was steht nun an? Die Autorin läutet diesen Abschnitt ein, indem sie andeutet, dass noch viel vor Lisa Haas liegt, selbst wenn sie erfolgreich sein sollte: »Aber bis dahin steht harte Arbeit an, jahrelanges Training ganz anderer Art als hier in der Boulderhalle.« Es folgt eine Szene aus der Boulderhalle und ein weiterer Exkurs, den ich hier überspringe. Dann kommen die fünf Konkurrentinnen zur Sprache. »Alles so harmonisch?«, fragt die Autorin direkt im Text und lässt Lisa Haas antworten: »Wir sind ein Team, wir werden keine Ellbogen ausfahren.« Die Autorin erklärt, warum das so sein muss: weil Astronautinnen und Astronauten in Stress- oder Notsituationen nicht fliehen können, sondern aufeinander angewiesen sind. Sie fügt hinzu, dass Lisa Haas keine Draufgängerin ist und beim Bergsteigen gefährliche Situationen vermeidet.

(7) Noch mehr Ausblick: Was sagt eigentlich die Familie dazu? Als Überleitung nutzt die Autorin die Tatsache, dass Lisa Haas mit ihrem Mann in die Berge reist. Die beiden Söhne bleiben dann zu Hause. Mit dieser Information kann die Autorin überleiten: »Sollte sie am Mittwoch für das Astronautentraining ausgewählt werden, wird sie die Kinder einige Zeit nur alle paar Wochen sehen können.« Anschließend erklärt sie das Betreuungskonzept für die Jungs. Andere Autor:innen würden diese Information vielleicht weglassen, Eva Wolfangel war es hingegen wichtig zu zeigen, dass Mütter nicht auf ihre Träume und ihre Karriere verzichten müssen.

(8) Dann macht die Autorin einen harten Schnitt, um zum Schluss zu kommen: »Nach dem Training sitzt Haas mit einer Limonade an der Theke, die Hände weiß vor Kalk,

die Muskeln der Unterarme brennen, den Kopf voller Pläne.« Es bleibt die Frage, was geschieht, wenn Lisa Haas nicht gewinnt? Hier greift die Autorin noch einmal die Sprache der Eingangsszene auf: »Die ersten beiden Tage werden hart werden, aber spätestens zwei Tage später, spätestens am Freitag also, wird sie sich mit der Schwerkraft arrangiert haben.«

Möglichkeiten: Komplexität zulassen

Sie zweifeln an den Geschichten, in denen alles zusammenpasst. Denn die Wirklichkeit hat Ecken und Kanten.

Nach dem Wahlsieg Donald Trumps im November 2016 hat sich die US-amerikanische Journalistin Amanda Ripley gefragt, was sie und ihre Kolleginnen und Kollegen gegen die zunehmende Polarisierung in ihrem Land tun können. Es ist zwar nicht die Aufgabe von Journalist:innen, zwischen den Konfliktparteien zu vermitteln, und schon gar nicht, die Konflikte zu vermeiden, denn eine Demokratie lebt von ihren politischen Auseinandersetzungen. Es ging Ripley also darum, produktiver über Konflikte zu berichten. Man könnte sogar sagen, dass sie die Konflikte endlich angehen wollte, weil die Konfliktparteien derzeit oft in einer Art »Stellungskrieg« verharren. Sie hatte den Eindruck, dass sie viele ihrer Mitmenschen nicht mehr verstand – und ihrem Publikum daher die politischen Auseinandersetzungen auch nicht mehr richtig erklären konnte. So kann die öffentliche Debatte in ein Wir-gegen-die-anderen abrutschen, in dem sich die beiden Lager nur noch gegenseitig die Schuld zuschieben.

Also bildete sich Ripley weiter und sprach mit Menschen, die sich professionell mit Konflikten auseinandersetzen: mit Anwält:innen, Mediator:innen, Psycholog:innen und Priester:innen. Am Ende fasste sie ihre Erkenntnisse im Slogan **»Complicate the narratives!«** zusammen. Sie ermunterte ihre Kolleginnen und Kollegen, besser zuzuhören, um anschließend komplexere Geschichten erzählen zu können, in denen die Protagonist:innen nicht nur als Vertreter:innen einer bestimmten politischen Position dargestellt werden, sondern als ganze Menschen mit gemischten Gefühlen und teils widersprüchlichen Ansichten.

Später führt Ripley den Gedanken in ihrem Buch *High Conflict* (2021) fort. Dort erzählt sie unter anderem die Geschichte des Anwalts und Mediators Gary Friedman, der sich darauf spezialisiert hat, bei Scheidungen zu vermitteln. Über ihren Protagonisten vermittelt Ripley, mit welchen Strategien man Verständnis wecken kann. Eine von Friedmans Strategien besteht darin, mit eigenen Worten zu wiederholen, was ihm gerade gesagt worden ist. Oft schütteln die Mandant:innen den Kopf, wenn Friedman ihnen ihre Aussage zurückspiegelt, und sie bekommen dann eine neue Chance, sich zu erklären. Das kann eine Weile hin- und hergehen, aber irgendwann hat Friedman den entscheidenden Punkt erfasst. Ein zäher Prozess, gibt Friedman zu, aber er ist notwendig. Denn solange sich seine Mandant:innen nicht verstanden fühlen, sind sie nicht wirklich bereit zu verhandeln, sondern kehren immer wieder zu ihrer Ausgangsposition zurück.

Ich finde, das könnte auch ein sinnvoller Ansatz in journalistischen Interviews sein. Journalist:innen haken zwar nach, wenn sie etwas nicht verstehen oder wenn sie den Eindruck haben, dass ihr Gesprächspartner den Fragen ausweicht. Doch wenn sie ein knackiges Zitat bekommen, sind Journalist:innen schnell zufrieden. Nur selten prüfen sie, ob sie das Zitat auch so verstehen, wie es gemeint ist.

Ripley nutzt Friedman noch zu einem zweiten Zweck in ihrem Buch: Seine Geschichte ist durchaus komplex und verdeutlicht ihre These, dass die Komplexität die Sache interessanter und zugänglicher macht. Denn mit seiner umfangreichen Erfahrung als Mediator ist Gary Friedman in die Kommunalpolitik gegangen. Er hat sich zum Vorsitzenden des Rats seiner Heimatgemeinde wählen lassen – und ist dort trotz der guten Voraussetzungen gescheitert. Ripley erzählt, wie der Streit mit seinen Vorgängern eskaliert, die er als »alte Garde« bezeichnet, und wie mühsam ihn seine Frau und seine Kinder davon überzeugen müssen, dass er sich verrannt hat. Ripley beschreibt dazu zahlreiche Episoden aus der Kommunalpolitik: öffentliche Sitzungen, private Treffen, offene Briefe und zufällige Gespräche auf der Straße. Sie versucht herauszufinden, wie sich Gary Friedman so verschätzen konnte, obwohl er doch ein Experte für Zuhören und Verstehen ist. Es ist ein ganzes Bündel an kleineren und größeren Ursachen, zum Beispiel diesen:

- Um mehr Menschen zur Mitarbeit in der Kommunalpolitik anzuregen, gründet Gary Friedman mehr als ein Dutzend Arbeitsgruppen. Die »alte Garde« kritisiert das als bürokratisch. Friedman ist schockiert, dass ihm seine guten Absichten nicht abgenommen werden.
- Damit die öffentlichen Sitzungen nicht wie früher bis in die Nacht dauern, führt Gary Friedman eine Drei-Minuten-Regel ein: Länger dürfen die Redebeiträge nicht sein. In seinen Mediationen funktioniert diese Regel sehr gut, doch Ripley beschreibt Szenen, in denen Friedman mit der Drei-Minuten-Regel seine Kritiker abwürgt. »Sorry, deine Zeit ist um.«
- Um gesetzeskonform zu bleiben, verdoppelt Gray Friedman die Wassergebühren praktisch über Nacht. Die Gemeinde hatte in den Jahren zuvor die deutlich gestiegenen Wasserkosten aus anderen Budgets bezahlt, was aber nicht erlaubt war. Die »alte Garde« nutzt die plötzliche Erhöhung, um Friedman mangelnde Kompetenz in Sachen Wasser

vorzuwerfen. Auch diese Kritik nimmt er persönlich: Man scheint seinen Einsatz im Ehrenamt nicht zu würdigen.

Am Ende kam es Friedman so vor, als sei er im Krieg mit der Gemeinde. Ripley zitiert ihn so:

> Obwohl er die Mechanismen kannte, ließ sich Gary die Schuld zuschieben. »Ich wurde defensiv«, gab er mir gegenüber zu, als die Sache schon einige Zeit zurücklag. »Ich wurde aggressiv. Ich ging strategisch vor.«

Sich ausgeschlossen zu fühlen, ist schwer zu ertragen. Kein Wunder, dass Friedman am Ende nicht mehr souverän die Sitzungen leitete, sondern sich mit seinen Nachbarn stritt. Aber hatte nicht er von Anfang an die Gemeinde in zwei Gruppen aufgeteilt: in die Anhänger der »alten Garde« und seine eigenen Leute? Hatte er es dadurch nicht zu einem Konflikt zwischen »denen« und »uns« gemacht? Er war Partei geworden und hätte selbst einen Mediator gebraucht. Ripley empfiehlt, dieses Schwarz-Weiß-Denken zu vermeiden, wo es nur geht. In politischen Debatten sollte es möglichst mehr als nur ein Dafür und ein Dagegen geben, die Gruppen sollten offen und beweglich bleiben – am besten sollten sich Menschen mehr als nur einer Gruppe zugehörig fühlen.

Das ist eine Gemeinschaftsaufgabe für alle, die an politischen Diskussionen beteiligt sind. Als Journalist:in sind Sie nicht dafür verantwortlich, dass die öffentliche Auseinandersetzung zu guten Ergebnissen kommt. Doch Sie stehen auch nicht unbeteiligt daneben, denn die Debatte wird zu einem guten Teil in journalistischen Publikationen ausgetragen. In Ihrer Verantwortung liegt es, dass Ihre Leserinnen und Leser verstehen, was um sie herum geschieht. Sie können ihnen erklären, warum manche Landsleute gegen ein Tempolimit auf den Autobahnen sind oder warum manche Landsleute mehr

Die Spaltung der US-amerikanischen Gesellschaft lässt auch deutsche Journalist:innen aufhorchen: Was können sie beitragen, um der Polarisierung entgegenzuwirken?

Geflüchtete aus Syrien und Afghanistan aufnehmen möchten. Sie können Ihren Leser:innen beim Verstehen helfen, indem Sie Menschen so vorstellen, dass man zu ihnen eine Beziehung aufbauen kann, auch wenn man in einzelnen Punkten ganz anderer Meinung ist. Stellen Sie Ihre Protagonist:innen also mit mehreren Facetten vor, lautet die Empfehlung von Amanda Ripley: nicht nur als Feministin, sondern auch als Gesangslehrerin, Motorradfahrerin und Münchnerin. Nicht nur als Pfarrer, sondern auch als Exsoldat, Judomeister und Karnevalist. Interessieren Sie sich für die ganze Person, und sehen Sie in ihr nicht nur die Vertreter:in einer Organisation oder Bewegung.

Als Journalist lerne ich aus Gary Friedmans Geschichte nicht nur eine Strategie zum besseren Zuhören, sondern auch, dass Zuhören schwierig wird, wenn man selbst Partei ist. Wie parteiisch bin ich eigentlich, frage ich mich, und wo höre ich nicht mehr richtig zu? Ich werde am Ende dieses Kapitels auf diese Frage zurückkommen. Vorher möchte ich noch weiter für Komplexität in journalistischen Beiträgen werben.

Komplexität zuzulassen, klingt auf den ersten Blick nach mehr Arbeit. Sie müssen mehr Material für Ihre Geschichte verarbeiten und haben größere Schwierigkeiten, alles in eine verständliche Form zu bringen. Und doch kann die Komplexität den journalistischen Alltag erleichtern. Denn in den Redaktionen spürt man den Druck, möglichst runde Geschichten zu schreiben. Die Wirklichkeit ist aber oft sperrig und lässt sich nicht immer elegant in einem Artikel verpacken – da ist die Versuchung groß, ein paar überstehende Teile abzusägen, um die Geschichte besser erzählen zu können. Das müssen keine empörenden Fälschungen sein; ich werde gleich einige Beispiele diskutieren. Aber sie kratzen doch am Ruf des Journalismus, der sich der Wahrhaftigkeit verschrieben hat. Wenn man hingegen statt der Eleganz die Komplexität zum Ideal der Geschichte erhebt, erspart man sich diesen Ärger, weil es okay ist, wenn die Protagonist:in nicht mustergültig dem Typ entspricht, den man beschreiben möchte.

Um nicht missverstanden zu werden: Es geht nicht darum, komplizierte und unverdauliche Texte zu schreiben. Es geht vielmehr darum, allzu glatt gebügelte Texte zu vermeiden, in denen alle Details so genau zueinanderpassen, dass es kaum wahr sein kann. Schauen wir uns als Erstes einen prominenten Fall dieser Art an.

Vorsicht beim Verdichten von Szenen

Im Dezember 2018 gab *Der Spiegel* bekannt, dass Claas Relotius, einer seiner bekannten und preisgekrönten Reporter, mehrere Reportagen gefälscht hatte. Ein freiberuflicher Mitarbeiter, Juan Moreno, hatte die Fälschungen aufgedeckt, als er mit Relotius an einem Artikel zusammenarbeiten musste. Mehrere Jahre war das den verantwortlichen Redakteuren in der *Spiegel*-Zentrale nicht aufgefallen, auch die interne Faktenkontrolle hatte Relotius immer geschickt umgangen. Eine Kommission hat den Fall aufgearbeitet und widmet sich in ihrem Bericht der internen Kontrolle und Fehlerkultur beim *Spiegel*, aber auch der Reportage als »anfälliger Stilform«. Sie schreibt:

> Relotius hat die Form der erzählerischen Reportage zu scheinbarer Meisterschaft gebracht. Er lieferte in Serie buchstäblich unglaubliche, märchenhafte Geschichten und erzählte unfassbare Schicksale. Glänzend geschrieben, außergewöhnliche Story, passendes Weltbild, preisverdächtig. Die Geschichten von Relotius passten offenbar in vielerlei Hinsicht perfekt in die Erwartungshaltung der Redaktion. Anders ist es nicht zu erklären, dass die kritische Distanz zu Autor und Text [...] verloren ging. Die Frage »Kann das sein?« hat niemand gestellt.

Die Kommission kritisiert in ihrem Bericht, dass in der Journalismusausbildung zu viel Wert auf gut gestrickte Geschichten gelegt werde. Das verführe dazu, die Wirklichkeit ein klein wenig zu verformen, und diese Manipulationen werden auch nicht von allen Reporterinnen und Reportern abgelehnt.

Nehmen wir zum Beispiel an, Sie verabreden sich im Frühjahr 2022 mit einer ukrainischen Journalistin zu einem Online-Interview. Sie filmt sich mit ihrem Handy und trägt einen Helm und eine schusssichere Weste. Sie erzählt Ihnen, dass sie gerade in einem umkämpften Gebiet recherchiert habe. Im Hintergrund hören Sie plötzlich Einschläge, die Journalistin muss die Verbindung trennen und sich in Sicherheit bringen. Drei Stunden später führen Sie das Gespräch fort, die Ukrainerin ist inzwischen unverletzt in ihre Wohnung zurückgekehrt. Die beiden Gespräche beeindrucken Sie sehr; Sie haben das Gefühl, nah an der Front zu sein. Wie weit dürfen Sie nun gehen, um das Erlebte Ihrem Publikum nahezubringen? Da stellen sich Fragen wie diese:

(1) Dürfen Sie die beiden Gespräche zu einem verbinden? Sie würden dann so tun, als habe die Journalistin das ganze Gespräch aus einer gefährlichen Lage heraus geführt.
(2) Nehmen wir an, die Ukrainerin zitiert zustimmend einen Kollegen mit einer interessanten Analyse der Lage. Dürfen Sie dieses Zitat Ihrer Gesprächspartnerin zuschreiben? Sie würden dann so tun, als habe sie es selbst gesagt, und würden sich ersparen, eine weitere Person in den Artikel einzuführen.
(3) Dürfen Sie schreiben, dass Raketeneinschläge zu hören waren? Es hörte sich so an, Ihre Gesprächspartnerin hatte denselben Eindruck, und es wäre so nah an der Front auch nicht unerwartet. Sie haben aber keine Möglichkeit, das zu überprüfen.
(4) Nehmen wir an, die Ukrainerin hat Ihnen eine dramatische Szene von der Front so detailliert geschildert, dass Sie diese Szene nun in Ihrem Artikel beschreiben können, als seien Sie dabei gewesen. Wie deutlich müssen Sie machen, dass Sie die Geschichte nicht selbst erlebt haben?
(5) Nehmen wir an, die Ukrainerin verurteilt das Vorgehen der russischen Invasoren scharf, kritisiert aber auch eine einzelne Maßnahme der ukrainischen Armee. Dürfen Sie diese spezielle Kritik weglassen, weil sie in Ihrem Artikel zu weit führen würde?

Hier wird der zentrale Unterschied zwischen Reportagen und Romanen deutlich: In der Fiktion erschaffen Sie sich die Figuren so, wie es für die Geschichte am besten ist. Sie kennen alle Details, weil Sie sich die Geschichte ausgedacht haben. Im Journalismus beschreiben Sie hingegen die Wirklichkeit – und zwar möglichst so, wie sie ist. Manche Werkzeuge der

Schriftsteller:innen sind daher im Journalismus ungeeignet. Vielmehr sollten Journalist:innen lernen, mit der sperrigen Realität umzugehen.

Ich würde daher die ersten zwei Fragen mit Nein beantworten, und wenn ich die vermeintlichen Raketeneinschläge im Text erwähne, würde ich meine Unsicherheit zur Sprache bringen. Noch deutlicher würde ich im vierten Fall werden, damit niemand im Publikum auf die Idee kommt, ich sei selbst an der Front gewesen. In den USA unterscheiden Journalist:innen sogar, ob sie eine Aussage am Telefon gehört oder per E-Mail geschickt bekommen haben, und erwähnen das in ihren Artikeln. Diese Präzision ist aus meiner Sicht ein Vorbild. Im deutschen Journalismus liest man in beiden Fällen unterschiedslos: »sagt Müller«. Die Antwort auf die letzte Frage hängt meiner Meinung nach vom Schwerpunkt des Artikels ab. Wenn ich die Bewertung der Kriegsführung in den Mittelpunkt des Artikels stelle, dann erwähne ich auch, dass die ukrainische Journalistin die Streitkräfte ihres Landes nicht über jeden Zweifel erhaben sieht. Doch wenn die Kritik an der ukrainischen Armee nur ein Randaspekt sein sollte, dürfte ich ihn auch weglassen, ohne das Bild zu verfälschen. Ich sollte die Kritik aber nicht allein deswegen verwerfen, weil sie das sonst so klare Weltbild der Protagonistin verkompliziert.

Vielleicht hilft eine Analogie dabei, diesen Punkt zu verdeutlichen: Mich erinnert diese Diskussion an eine Debatte aus dem Zeitalter der großen Entdeckungsreisen. Wie sollten die Forscher:innen die Tiere und Pflanzen zeichnen, die sie als erste Europäer:innen zu Gesicht bekamen? Die einen zeichneten alles, wie es vor ihnen lag: Wenn eine Raupe das Blatt der Blume angefressen hatte, dann war das eben so. Sie wollten die für sie neue Welt dokumentieren, wie sie sie erlebten – ein durchaus journalistischer Ansatz. Andere hingegen zeichneten die Blume, wie sie aussehen würde, wenn sie ungestört gewachsen wäre. Auch das hat seinen Sinn: So kann man den

Kolleg:innen in Europa zeigen, worauf es bei der Pflanze ankommt. Dass manchmal eine Raupe einen Teil davon frisst, gehört nicht zum Wesen der Blume. Doch das ist kein journalistischer, sondern ein wissenschaftlicher Ansatz. Um diese Perspektive in Ihre Artikel einfließen zu lassen, sprechen Sie mit Expert:innen, die sich damit auskennen. Sie helfen Ihnen dabei, das Wesen der Pflanze zu verstehen, über die Sie berichten.

Kehren wir zurück zu unserem Fall: Sie sprechen mit der ukrainischen Journalistin nicht nur, um ihre persönliche Sicht auf den Krieg zu erfahren, sondern um Ihrem Publikum etwas über den Krieg zu berichten. Sie möchten einen konkreten Fall (die Erfahrungen der Journalistin) nutzen, um etwas Allgemeines verständlich zu machen. Doch Sie sollten der Versuchung widerstehen, die Journalistin zu einer noch typischeren oder noch eindrücklicheren Figur zu machen, als sie tatsächlich ist. Beschreiben Sie stattdessen ihre Ecken und Kanten: wo sie sich unsicher ist, wo sie sich scheinbar in Widersprüche verstrickt, wo sie etwas sagt oder tut, das nicht zu Ihrer Vorstellung von ukrainischen Journalist:innen zu passen scheint. Sprechen Sie Ihre Gesprächspartnerin darauf an und versuchen Sie, ihre Antworten zu verstehen. Am Ende wird Ihre Geschichte vielleicht komplizierter, vermutlich aber auch reichhaltiger und glaubwürdiger – und in jedem Fall richtiger.

Um einzuordnen, was Ihnen Ihre Protagonistin erzählt, ziehen Sie weitere Quellen heran. Wie typisch die Erfahrungen der Journalistin sind, können Ihnen andere erläutern. Was lässt sich zum Beispiel über die Stadt herausfinden, aus der die Journalistin berichtet hat? Gibt es offizielle Aussagen über die Kämpfe an diesem Abschnitt der Front? Was berichten andere Medien, und was sagen die Nichtregierungsorganisationen und Militärexpert:innen? Das alles können weitere Fakten in Ihrer Geschichte sein.

Die Kommission, die die Fälschungen beim *Spiegel* untersucht hat, kommt zu einem ähnlichen Fazit. Sie empfiehlt unter anderem:

> Der Text muss in Dramaturgie und Ablauf die Wirklichkeit wiedergeben. Wesentliches darf nicht weggelassen werden. In Texten geht es zuerst immer um Tatsachen, nicht um deren Überhöhung oder Interpretation. Fakten schlagen die vermeintlich literarische Qualität.

Vorsicht beim Auswählen der Details

Wenn es also nicht darum gehen soll, eine möglichst runde Geschichte zu erzählen – an welchem Ideal sollte man sich stattdessen orientieren? Meine Empfehlung wäre, ein angemessenes Bild der Lage zu zeichnen. Das heißt: Welche Szenen Sie benötigen und welche Details Sie für Ihren Artikel auswählen, sollte sich an Ihrem Thema orientieren und nicht am Ideal eines guten Artikels. Wenn Sie Ihr Publikum über einen interessanten und relevanten Vorgang informieren möchten, sollten Sie sich fragen, was diesem Zweck dient. Natürlich wollen Sie Ihre Leserinnen und Leser auch ein wenig unterhalten, aber die Spannung kommt erst an zweiter Stelle. Was bedeutet das für die Schreibpraxis?

Nehmen wir als Beispiel eine Reportage des US-amerikanischen Journalisten Nathaniel Rich, die in einem ins Deutsche übersetzten Sammelband *Die zweite Schöpfung. Wie der Mensch die Natur für immer verändert* (2022) erschienen ist – ein Buch, das ich zufällig lese, während ich diesen Abschnitt schreibe. In dieser Geschichte beschreibt Rich, wie sich New Orleans erholte, nachdem es im August 2005 vom Hurrikan Katrina fast vollständig überflutet worden war. Er hat sie 2012 im *New York Times Magazine* veröffentlicht.

Rich hätte diese Geschichte am Beispiel eines Flutopfers oder eines Helfers erzählen können: Er hätte zum Beispiel Enri Jacques zur Hauptfigur machen können, den er bei seiner Recherche kennenlernt. Jacques hatte vor dem Sturm ein Haus in New Orleans, in das er auch Jahre später noch nicht zurückkehren kann. Doch er hilft dabei, im Lower Ninth Ward die Gärten der verlassenen Häuser von Schutt und Gestrüpp zu befreien – eine wahre Sisyphus-Arbeit. Dieses Stadtviertel ist so stark zerstört worden wie kaum ein anderes. Auf den fruchtbaren Böden ist seitdem ein Dschungel gewachsen, und er wächst nach der Rodung schnell wieder nach.

Hätte Rich diesen Zugang zum Thema gewählt, dann hätte ihn interessiert, warum Jacques sein eigenes Haus nicht retten kann. Sollten ihn Stadt oder Staat unterstützen? Möchte er das überhaupt? Rich hätte dann auch genauer erläutert, wie Jacques den Sturm überlebte und wie er sich seitdem schlägt. Er scheint einiges durchgemacht zu haben: Im Artikel erwähnt Rich, dass er seinen aktuellen Job durch den Tipp seines Bewährungshelfers gefunden habe. Wenn Rich die Geschichte des problematischen Wiederaufbaus am Beispiel von Enri Jacques erzählt hätte, dann wären diese persönlichen Details interessant gewesen, um sich in dessen Lage hineindenken und -fühlen zu können. Die Leserinnen und Leser würden dadurch viel lernen und könnten anschließend besser abschätzen, was im Lower Ninth Ward gut oder schlecht läuft.

Doch Rich, der selbst in New Orleans lebt, hat einen anderen Zugang gewählt. Ich vermute, dass ihm die Geschichte des Wiederaufbaus suspekt war, weil zur Zeit seiner Recherche niemand einen Plan für den Lower Ninth Ward zu haben schien. Statt also den endlosen Kampf gegen die Natur zu beschreiben, trägt Rich die Perspektiven verschiedener Menschen zusammen, ohne eine Person in den Vordergrund zu stellen. Er lässt die Alteingesessenen zu Wort kommen und auch die Neuankömmlinge, die sich für die Zerstörung und den Aufbau interessieren. Er zitiert Anwohner:innen, die sich über Klapperschlangen und Alligatoren beschweren, und begleitet einen Ornithologen, der in den zugewucherten Gärten nach Vogelarten Ausschau hält, die es in New Orleans vor Katrina nicht gab. Aus Sicht der Ökologie ist die Stadt eine interessante Fallstudie darüber, wie sich die Natur ihren Platz zurückerobert. Sie schafft dabei nicht unbedingt ein stabiles Gleichgewicht. Rich zitiert einen Ökologen, der sagt: »Es ist eine bizarre Mischung, wie man sie in der Natur sonst nirgends antreffen würde. Eine Frankenstein'sche Artengemeinschaft.« Aus diesen Puzzleteilen entsteht im Lauf des Artikels ein facettenreiches Bild des Lower Ninth Ward.

Außerdem widmet sich Rich den Touristen, die sich den Stadtteil aus Reisebussen anschauen. Er zitiert einen Bewohner, der sich beschwert, er wolle nicht unter dem Mikroskop betrachtet werden. Und er schildert diese eindrückliche Szene eines Aufeinanderprallens zweier Welten:

> Die Tür öffnete mit einem Zischen, und der Junge stieg ein. Im Bus trat eine Stille ein wie nach dem Zerplatzen eines Luftballons. Der Junge hielt eine Schachtel selbst gemachte Pralinen in der Hand. »Drei Stück für zehn Dollar«, sagte er. »Die sind für einen guten Zweck.« Die 42 Fahrgäste erstarrten und mieden jeglichen Blickkontakt. »Wollen Sie einen Dollar spenden? Irgendwer?« Schweigen. »Zum Ersten, zum Zweiten ... zum Dritten! An den Mann in der schwarzen Jacke!« Der Mann in der schwarzen Jacke zuckte heftig zusammen. »Nein? Also gut. Zum Ersten, zum Zweiten ... zum Dritten! An die Frau hier in der ersten Reihe!« Niemand bot dem Jungen Geld an. Nach einer weiteren quälend langen Pause öffnete sich die Tür mit pneumatischem Seufzen, der Junge stieg aus, und der Bus kehrte ins French Quarter zurück.

Einige Zeilen später nennt Rich ein Busunternehmen, das für jeden Touristen 25 Dollar an ein Aufbauprojekt des Stadtviertels spendet. Macht das die Bustouren moralisch vertretbar? Rich lässt das im Artikel offen. In einem Online-Interview mit seiner Kollegin Rachel Nolan von der *New York Times* zu seinem Artikel sagt er zu den Bustouren bloß: »Das ist eine komplizierte Angelegenheit.« Aber nach meinem Eindruck hat er das Problem so gut beschrieben, dass er das weitere Nachdenken seinen Leser:innen überlassen darf. Sie erfahren genug, um sich selbst eine Meinung zu bilden.

Auch die Frage, ob sich das Roden und Aufräumen der verlassenen Grundstücke lohnt, lässt Rich in dem Artikel unbeantwortet. Seine Reportage erinnert daher weniger an einen dramatischen Film über die Helden des Wiederaufbaus als vielmehr an einen Dokumentarfilm über ein weitgehend verlassenes Stadtviertel, dem noch niemand richtig helfen konnte. Er führt sein Publikum durchs Viertel und spricht mit allen Leuten, die dort etwas zu tun haben. Sie alle kommentieren die Lage aus ihrer jeweiligen Perspektive heraus, so dass man nach dem Lesen eine Ahnung davon hat, wie es dort aussieht.

Mit diesem Beispiel möchte ich Ihnen zeigen, dass Sie die Wahl haben, wie Sie Ihre Geschichte erzählen. Es kann eine Heldengeschichte sein, in der die Hauptfigur eine Herausforderung meistert. Doch es darf auch eine Sammlung szenischer Eindrücke sein, wie sie Nathaniel Rich zusammenträgt. Wenn Sie sich entschieden haben, bleiben Sie bei Ihrem Schwerpunkt und achten darauf, Ihr Bild facettenreich und fair zu zeichnen.

Ein letzter Punkt: Wenn Sie bei der Arbeit an einer Geschichte auf einen Widerspruch stoßen, den Sie auch mit hartnäckiger Recherche nicht aufklären können, dann dürfen Sie das im Text erwähnen – vielleicht sogar zum Schwerpunkt des Artikels machen. Ich hoffe, das mindert ebenfalls die Versuchung, die Realität so zu bearbeiten, dass sie sich ohne Schwierigkeiten erzählen lässt.

Vorsicht bei der Vogelperspektive

In der Lehrredaktion unseres Studiengangs frage ich die Studierenden immer, was sie von ihrer Recherche erwarten. Haben sie schon eine mögliche Geschichte im Kopf, weil sie sich auf ihr Thema vorbereitet haben? Manche wehren sich und antworten, dass sie offen seien und sich überraschen lassen wollten. Ich bin nicht sicher, ob das ganz ehrlich ist – und ich bin auch nicht sicher, ob das so sinnvoll ist. Wie will man überrascht werden, wenn man keine Erwartungen hat? Wer mit einem leeren Notizbuch in die Recherche geht, wird alle Informationen gleichwertig aufnehmen und kaum entscheiden können, was davon berichtenswert ist und wann es sich lohnt nachzufragen. Lassen Sie uns die Frage, wie offen man an eine Recherche herangehen muss, genauer betrachten.

Natürlich sollte ich mich als Journalist meinen Gesprächspartnern unbefangen nähern, sogar wenn sie etwas verbrochen haben oder Werte vertreten, die ich abstoßend finde. Sie sollten die Möglichkeit bekommen, ihre Position darzulegen. Doch unbefangen zu sein heißt nicht seine Haltung aufzugeben. Wenn ich Belege für das Fehlverhalten meines Gesprächspartners habe, dann sollte ich ihn damit konfrontieren und mich nicht mit Ausreden zufriedengeben. Ebenso klar ist, dass ich bei der Recherche nicht nur nach Belegen für meine fixe Idee suchen sollte. Ich gehe nicht los, um eine Geschichte zu recherchieren, die ich mir schon vorab ausgedacht habe. Bei einer umfassenden Recherche suche ich auch gezielt nach Fakten, die meine Erwartungen durchkreuzen könnten.

Wo aber läuft die Grenze zwischen Erwartungen und fixen Ideen, zwischen Offenheit für Neues und Gleichgültigkeit? Ich glaube, die Antwort beginnt mit dem Eingeständnis, dass man seine Werte, Überzeugungen und Vorurteile für die journalistische Arbeit nicht einfach ausblenden kann.

Niemand geht völlig unbefangen in eine Recherche. Wir sind alle auf die eine oder andere Weise in der Gesellschaft verankert und ein Teil von ihr. Wir können daher nicht zwischen Konfliktparteien moderieren, wie es Gary Friedman in seinem Hauptberuf als Mediator tut, sondern wir müssen uns mit ähnlichen Schwierigkeiten auseinandersetzen, die er in seinem Ehrenamt als Kommunalpolitiker erlebte: Auch Journalist:innen sind Partei und werden als parteiisch wahrgenommen.

Wenn man sich das klarmacht, sich selbst prüft und aufspürt, wo man Partei ist, dann hat man die Möglichkeit, professionell gegenzusteuern. Zum Schluss dieses Kapitels möchte ich vier Strategien ansprechen, um sich eine möglichst große Unbefangenheit zu bewahren.

Vier Strategien, um möglichst unbefangen zu bleiben:

(1) Die erste Strategie liegt auf der Hand: Wenn ich wirklich befangen bin, sollte ich das Thema an eine Kollegin oder einen Kollegen abgeben.

(2) Die zweite Strategie ist auf den letzten Seiten schon angedeutet worden: Den Gesprächspartnern mit Respekt begegnen, ihnen die Möglichkeit geben, sich zu erklären, und mit Interesse zuhören. Der Respekt gebietet es, kritisch nachzufragen, wenn einem etwas fragwürdig vorkommt. Mit dieser Strategie nehmen Sie sich etwas zurück und öffnen vielleicht sogar die Tür zum gegenseitigen Verständnis.

(3) Die dritte Strategie ist, die Leserinnen und Leser über die eigene Befangenheit zu unterrichten. Das ist ehrlich und hilft dem Publikum, Ihren Artikel einzuordnen. Manche Journalist:innen tun das in einem Hinweis am Ende des Artikels, andere sprechen es im Artikel selbst an – auch wenn Sie dafür das unbeliebte »ich« verwenden müssen. Wenn Sie zum Beispiel über Ernährung schreiben, könnte

es Ihre Leserinnen und Leser interessieren, wie Sie sich selbst ernähren.

(4) Die vierte Strategie ist, andere Meinungen zu zitieren, um die Vielfalt der Perspektiven abzubilden. Auch damit schwindet der Einfluss Ihrer persönlichen Vorurteile. Doch hier muss ich etwas ausholen, denn diese Empfehlung kann auch falsch ausgelegt werden. Es geht nicht darum, bloß irgendwelche Kritiker:innen zu zitieren. Es geht um einen echten Austausch zwischen den Konfliktparteien.

Zu der vierten Strategie möchte ich ein weiteres Beispiel von Nathaniel Rich besprechen. In dieser Geschichte geht es um »die Neuerfindung des Essens«, genauer gesagt um die kalifornische Firma Eat Just, die aus Bohnenprotein einen Ei-Ersatz herstellt oder Chicken Nuggets mit Fleischzellen aus dem Reagenzglas. Die Chicken Nuggets sind Ende 2020 in Singapur für den Markt zugelassen und in Restaurants verkauft worden – als erste Variante von Laborfleisch weltweit.

Es gibt viele gute Gründe für diese Forschungsrichtung, Alternativen zur Fleischproduktion sind dringend gefragt: Derzeit halten wir Hühner, Schweine und Rinder meist unter abstoßenden Bedingungen, wir produzieren dabei eine Menge Treibhausgase – und dieses System wird vermutlich dabei versagen, die zehn oder elf Milliarden Menschen zu ernähren, die wir in einigen Jahrzehnten sein werden. Und doch sollte man die Entwicklung von Fleischalternativen auch kritisch begleiten: Verspricht sie uns womöglich eine allzu verführerische Lösung, die uns die eigentlich nötige Umstellung auf eine weitgehend vegetarische Ernährungsweise erspart?

In der Geschichte von Nathaniel Rich spielt diese Frage keine Rolle. Er stellt drei Personen vor, die alle eine Zukunft mit Ersatzprodukten für möglich halten. Da ist einmal der Gründer und Chef der Firma Eat Just, der im Artikel sagt:

»Um den Übergang von der heutigen Aufzucht und Haltung von Tieren zu schaffen, muss Laborfleisch mehr als eine Wahlmöglichkeit auf der Speisekarte sein. Es muss das *Einzige* sein, was dort steht.«

Dann gibt es die Hauptperson der Geschichte, den ehemaligen Koch Nate Park, der heute als Produktentwickler bei Eat Just arbeitet. Er soll dafür sorgen, dass die Chicken Nuggets aus dem Labor schmecken. Über ihn schreibt Rich:

»Ich halte mich für einen Durchschnittsmenschen«, sagte er. »Meine Stärke ist, dass ich weiß, was der Durchschnittsbürger gern isst.« Sein Ziel war, den Verzehr von Hühnerfleisch aus dem Labor zu einer reibungslosen Erfahrung zu machen und das Produkt so zu gestalten, dass es sich von anderen bei Walmart verkauften Hühnchenprodukten nicht unterschied – abgesehen davon, dass es etwas besser schmeckte.

Das Schlusswort bekommt Nate Parks Vater Henry, der Fleischer war und seinen Sohn in das Geschäft eingeführt hat. Er bezweifelt, dass seine Kunden in Central Illinois das Laborfleisch als Fleisch akzeptieren werden. Doch Rich zitiert seine Vision am Ende des Artikels so:

»Sie werden es als das betrachten, was es ist: ein weiterentwickeltes Protein. Die folgenden Generationen werden es nicht mal seltsam finden. Weißt du, was man irgendwann seltsam finden wird? Dass die Leute ihre eigenen Hühner hatten und sie geschlachtet haben. Bald wird niemand mehr glauben, dass es das wirklich mal gab.«

Die drei Statements erzeugen zusammen ein klares Bild: Es wird irgendwann möglich sein, den Geschmack und das Esserlebnis von Fleischprodukten nachzuahmen, und dann werden die Verbraucher:innen umschwenken, weil es günstiger ist und besser schmeckt – und vielleicht auch, weil es ihnen ein besseres Gewissen ermöglicht. Ich kann das gut nachvollziehen, doch als Redakteur habe ich auch Bedenken. Vielleicht sind deutsche Journalist:innen etwas zurückhaltender als US-amerikanische, wenn es um Unternehmen geht, weil sie mehr Angst haben, Werbung für ein Produkt zu machen – jedenfalls hätte ich mir in dieser Geschichte eine unabhängige Einschätzung gewünscht: Ist die Vision realistisch, ist sie wünschenswert? Geht es wirklich nur um Geschmack und Marketing, oder verbergen sich noch andere Herausforderungen in dieser Entwicklung?

Ich würde aber nicht so weit gehen und fordern, dass auch Kritiker:innen zu Wort kommen müssen, die das Laborfleisch als unnatürlich oder ekelhaft ablehnen. Solche Kritiker:innen sind in den Sozialen Medien zu finden – die lautesten findet man naturgemäß am schnellsten. Doch zwei Meinungen aufeinanderprallen zu lassen, bringt den Leser:innen noch nicht viel. Damit sie sich eine Meinung bilden können, müssen sie die Argumente kennenlernen. Ist der Ekel in der Bevölkerung weit verbreitet, und lässt er sich überwinden? Journalist:innen sollten daher in ihren Geschichten darauf achten, dass Einwand und Verteidigung klar werden, damit man alle Seiten versteht. Es geht, wie gesagt, um einen echten Austausch.

Wenn Sie so gründlich recherchieren, kann es sein, dass Sie sich am Ende selbst auf eine Seite schlagen, weil Ihnen die Argumente dieser Seite viel schlüssiger erscheinen. In solchen Fällen müssen Sie sich aus meiner Sicht nicht zurückhalten und so tun, als seien Sie weiterhin neutral. Objektivität im Journalismus bedeutet nicht, niemandem recht zu geben. Sie dürfen und sollen die Fakten prüfen – und sagen, was nun stimmt und was nicht, sofern Sie das durch Ihre Recherche klären können. Es kann auch sein, dass Sie sich einer Seite näher fühlen, weil Sie deren Werte teilen – zum Beispiel, weil Sie sich selbst vegan ernähren. Dann wären Sie voreingenommen, aber auch hier würde ich Ihnen nicht raten, so zu tun, als seien Sie neutral.

Dieser Punkt ist im Journalismus umstritten. Viele Journalist:innen finden, dass sie nicht Partei ergreifen dürfen, weil sie damit ihre journalistische Unabhängigkeit gefährden würden. In den USA hat der Journalismusforscher Jay Rosen aus New York diese Haltung als »view from nowhere« bezeichnet, was man mit »Vogelperspektive« übersetzen könnte. Hier nehmen Journalist:innen für sich in Anspruch, die Welt von oben zu betrachten – ganz objektiv und ohne Teil des irdischen Treibens zu sein. Rosen kritisiert das als unnötig: Man werde nicht unabhängiger oder objektiver, indem man seine Werte verschleiere. Um unabhängig und objektiv zu sein, müsse man sein Themengebiet beherrschen, umfassend recherchieren, die Fakten prüfen und Ungereimtheiten nachgehen – also das journalistische Handwerk ausüben.

In Deutschland wird in diesem Zusammenhang ein Zitat des 1995 verstorbenen Tagesthemen-Moderators Hanns Joachim Friedrichs diskutiert: »Einen guten Journalisten erkennt man daran, dass er sich nicht gemein macht mit einer Sache, auch nicht mit einer guten Sache.« Ich würde dem Zitat zustimmen. Ich bin zum Beispiel Mitglied bei amnesty international, und ich würde keinen Artikel über diese Organisation oder den Kampf für die Menschenrechte schreiben. Denn würde ich hier dieselben kritischen Maßstäbe anlegen wie in anderen Artikeln? Und selbst wenn mir das gelänge, würde es mir mein Publikum glauben? Mit diesen Fragen möchte ich mich lieber nicht beschäftigen und melde daher rechtzeitig meine Befangenheit an. Aber ich würde mich und das Publikum belügen, wenn ich so täte, als stünde ich den Menschenrechten neutral gegenüber.

Man könnte denken, dass es bei dem Friedrichs-Zitat darauf ankommt, was mit »gemein machen« gemeint ist. Doch ich glaube, dass die Linie recht klar gezogen wird. Wenn ich einem Verein beitrete, dann erkläre ich mit meiner Unterschrift, dass ich mit den Zielen seiner Satzung übereinstimme. Ich bin dann in bestimmten Punkten festgelegt und nicht mehr so offen für neue Argumente, wie ich es als Journalist sein sollte. Hinterfragen müssen wir vielmehr, was mit »einer Sache« gemeint ist. Ich denke hier vor allem an Parteien, Vereine und politische Bewegungen wie Fridays for Future. Mit ihnen sollten sich Journalist:innen nicht gemein machen. Doch manchmal wird die »Sache« sehr weit gefasst, und es wird behauptet, dass sich Journalist:innen auch nicht zu sozialer Gerechtigkeit oder zur Notwendigkeit von Klimaschutz bekennen dürften. Das finde ich falsch.

Um bei der Recherche offen zu sein für Neues, sollten Sie sich also überlegen, mit welchen Erwartungen Sie an die Geschichte herangehen. Damit legen Sie sich nicht fest, Sie sensibilisieren sich vielmehr für die heiklen Punkte. Prüfen Sie dann Ihre Erwartungen, indem Sie Ihre Gesprächspartner darauf ansprechen – am besten Gesprächspartner mit unterschiedlichen Perspektiven auf das Thema. Wenn Sie zum Beispiel über die Firma Eat Just berichten, sollten Sie sich fragen, was Sie von der kalifornischen Start-up-Szene halten. Eat Just ist ein »Einhorn« auf dem Kapitalmarkt, weil es mehr als eine Milliarde US-Dollar wert ist. Was halten Sie von diesen Bewertungen? Und natürlich spielt Ihre Einstellung zur Massentierhaltung eine Rolle. Wenn Sie mit Ihren Werten und Erwartungen transparent und professionell umgehen, wird auch das die Komplexität Ihrer Geschichte erhöhen. Aber das ist in Ordnung, denn die Wahrheit ist nicht immer einfach.

Kommentieren

Grundlagen: Eine Diskussion anregen

In einem guten Meinungsbeitrag bauen Sie ein argumentatives Gerüst – und laden Ihr Publikum ein, die Stabilität zu testen.

Stellen Sie sich vor, ein Konflikt spaltet Ihre Stadt. Gegner und Befürworter stehen sich unversöhnlich gegenüber, manche Freunde und Nachbarn sprechen nicht mehr miteinander, weil sie eine andere Ansicht als die eigene nicht mehr ertragen können. In diesem aufgeheizten Klima veröffentlichen Sie einen Meinungsbeitrag in der Lokalzeitung, in dem Sie sich auf eine Seite schlagen. Die Folgen können Sie sich leicht ausmalen: Die einen applaudieren, die anderen protestieren – und einige werden Sie fragen, ob es wirklich nötig war, Öl ins Feuer zu gießen. Die Argumente pro und contra seien doch bekannt, was bringe es, wenn sich die Lokalredaktion auch noch positioniert? Sollte sie nicht vielmehr das Geschehen unparteiisch verfolgen und möglichst objektiv beschreiben?

So war es im Sommer 2010 auf dem Höhepunkt der Proteste gegen das Projekt »Stuttgart 21«. Zehntausende demonstrierten gegen den unterirdischen Bahnhof. Und am 1. September veröffentlichte die *Stuttgarter Zeitung*, bei der ich damals arbeitete, einen Leitartikel mit der Aussage: »Wir sehen Stuttgart 21 positiv.« Der **Leitartikel** ist in einer Zeitung oder einem Magazin der wichtigste Kommentar – einer, in dem die Redaktion Farbe bekennt. Er wird zwar von einer Person geschrieben, die darin ihre eigene Meinung vertritt und dafür mit ihrem Namen zeichnet, und doch schreibt sie auch für ihre Kolleginnen und Kollegen. Bei der *Stuttgarter Zeitung* steht der Leitartikel sogar auf der Titelseite, um seine Bedeutung zu unterstreichen.

Die Reaktionen konnte man damals am 3,20 Meter hohen Zaun besichtigen, der die Baustelle am Bahnhof umgab. Das Haus der Geschichte Baden-Württemberg, das den Bauzaun heute verwahrt, nennt ihn einen »Ort, wo die protestierenden Menschen ihren Zorn, ihre Wut, ihre Trauer, ihre Sorgen loswerden konnten, nachdem sie den Eindruck hatten, von den ›Regierenden‹ nicht angehört zu werden«. Ein Plakat am Zaun forderte zum Beispiel: »Wir bitten die Presse um Wahrheit in der Berichterstattung!« Auf einem anderen stand, dass der Verlag, zu dem die *Stuttgarter Zeitung* gehört, bei der Landesbank Baden-Württemberg hoch verschuldet sei – und es wurde angedeutet, dass die Redaktion vielleicht schon deshalb das Projekt der Landesregierung positiv sehen müsse.

Solche Vorwürfe bekommt man als Journalist:in immer wieder zu hören. Es gibt Leser:innen, die daran zweifeln, dass man wirklich glaubt, was man geschrieben hat. Sie sehen den Kommentar nicht als Angebot einer begründeten politischen Einschätzung, die man akzeptieren oder ablehnen kann, sondern als Versuch der Manipulation. Sie werfen den Journalist:innen vor, aus unlauteren Motiven Werbung für eine bestimmte Sache zu machen.

Ich will nicht bestreiten, dass von außen manchmal versucht wird, Einfluss auf die Berichterstattung zu nehmen. Ein Anzeigenkunde kann zum Beispiel damit drohen, seinen Auftrag zu stornieren, der Oberbürgermeister kann einen Freund in der Verlagsleitung anrufen und sich beschweren. Diesem Druck sollten Redaktion und Verlag gemeinsam standhalten, auch wenn sich Journalist:innen mit berechtigter Kritik natürlich auseinandersetzen müssen. Ich glaube, die skeptischen Leser:innen wären angenehm überrascht, wenn sie erleben würden, wie offen in Redaktionskonferenzen diskutiert wird. Ich habe in meinen 15 Jahren in verschiedenen Redaktionen eine Reihe von Leitartikeln geschrieben, und kein einziges Mal wurde ich angewiesen, eine bestimmte An-

Der Bauzaun um den Stuttgarter Bahnhof war von Juli bis Dezember 2010 für wenige, aber entscheidende Monate ein Ort, an dem Bürger:innen kreativ ihren Protest ausdrückten.

sicht zu vertreten oder gar meine Meinung zu ändern. Redigiert wurden meine Artikel nur, um sie verständlicher und besser lesbar zu machen. Einmal bat mich ein Chef augenzwinkernd, in meinem Artikel nicht die Revolution auszurufen. Ein anderer Chef rief mich abends an und sagte: »Hätte ich gewusst, was Sie schreiben werden, hätte ich für den Leitartikel ein anderes Thema gewählt.« Er war aber nicht mit meiner Meinung unzufrieden, er fand den Artikel einfach langweilig.

Aber zurück zum Leitartikel zu »Stuttgart 21« und der Frage, wie sinnvoll er war. Schauen wir uns den Text genauer an. Unter der Überschrift »Die Zeitung muss Stellung beziehen« argumentierte der stellvertretende Chefredakteur Michael Maurer, dass das Projekt zwar die Stadt spalte, aber die Redaktion – nachdem sie alle Seiten beleuchtet habe – den Leser:innen eine klare Einschätzung liefern müsse. Und dann folgt diese Einschätzung von ihm:

> Die Stuttgarter Zeitung hat schon lange eine klare Haltung zu Stuttgart 21: Wir sehen das Vorhaben positiv, weil wir in dem Ausbau der Schieneninfrastruktur eine große Chance für die Stadt, für die Region und das Land sehen. Zu dieser generellen Einschätzung, die in einer großen und selbstbewussten Redaktion natürlich fast ebenso kontrovers diskutiert wird wie in der Stadt, steht die Stuttgarter Zeitung unverändert. Gleichwohl sehen wir das Projekt in Einzelpunkten kritisch, etwa wenn es um eine der Ungereimtheiten in der Planung oder um nebulöse Kostenschätzungen geht.

Viele Kolleginnen und Kollegen waren in der Redaktionskonferenz aufgebracht, sie hätten sich eine andere Haltung ihrer Redaktion gewünscht. Aber dass eine Redaktion zum wichtigsten Thema der Stadt Stellung beziehen muss – daran würden wohl die meisten festhalten. Zu den Aufgaben des Journalismus zählen nicht nur das hartnäckige Recherchieren und das verständliche Informieren, sondern auch das pointierte Kommentieren. Zahlenmäßig überwiegen die berichtenden und erzählenden Artikel deutlich, und die Kommentare sind auch vergleichsweise kurz: Manche sind nur 1500 Zeichen lang, ein Leitartikel bringt es vielleicht auf 4000 Zeichen. Dennoch gehen die Artikel nicht unter, sondern werden aufmerksam gelesen: An ihnen kann man sich reiben, im besten Fall sogar die eigene Position schärfen. Wenn die Leser:innen nach der Lektüre sagen, dass sie jetzt wissen, warum sie anderer Meinung sind, dann hat der Kommentar seinen Zweck erfüllt. Er will die Leser:innen zwar überzeugen, aber er muss es nicht – es genügt, wenn er sie zum Nachdenken anregt.

Dennoch kann man sich fragen, ob eine Redaktion ihre neutrale Position als kritische Berichterstatterin aufgibt, wenn sie Meinungsbeiträge veröffentlicht. Vielleicht ist das noch akzeptabel, wenn es um ethische Grundsatzfragen geht, könnte man argumentieren, denn bei diesen Grundsatzfragen fühlen sich viele Menschen hin- und hergerissen und suchen nach Orientierung. Denken Sie an die Sterbehilfe oder die Forschung an Embryonen, die nach einer künstlichen Befruchtung übrig bleiben. Doch wenn man sich in einem politischen Konflikt nur noch fragt, wer sich durchsetzen wird, helfen Meinungsbeiträge nicht mehr weiter, könnte man das Argument fortführen. Auf diesen Einwand hat Michael Maurer in seinem Leitartikel vom 1. September 2010 so geantwortet: »Eine Zeitung ... muss Einordnung bieten, nicht Beliebigkeit.« Ich bin auch dieser Meinung, wenn auch mit einer Einschränkung; lassen Sie mich diese Position erläutern.

Am Ende des vorangegangenen Kapitels haben wir schon besprochen, dass Journalist:innen zwar nicht in diplomatischer Mission unterwegs sind und keine Konflikte schlichten müssen, aber durchaus dazu beitragen können, dass sie produktiv ausgetragen werden. Daran will ich hier anknüpfen. Warum sollten Journalist:innen überhaupt das Publikum mit ihrer Meinung behelligen? Würde es nicht genügen, wenn sie ihr Publikum so gründlich und verständlich informieren, dass es sich selbst eine Meinung bilden kann?

Wenn es um fachliche Einschätzungen geht, kann man getrost Ja antworten. Nehmen wir als Beispiel die Frage, wie viele Züge der neue Stuttgarter Bahnhof in einer Stunde abwickeln kann. Dazu gibt es Simulationen, deren Ergebnisse Journalist:innen zitieren können – wie auch die Kritik an der Aussagekraft der Simulationen. Derart komplexe Fragen können zwar nicht in einem einzigen Artikel beantwortet werden, dazu wird vielmehr eine kontinuierliche Berichterstattung benötigt, wie sie die *Stuttgarter Zeitung* liefert. Zu solchen Themen braucht es keine Kommentare, sondern in erster Linie Klarheit. Doch sobald es um die Frage geht, welche Schlussfolgerung aus der Simulation zu ziehen ist, reicht es nicht aus, mit Fakten zu operieren. Dann kommen Werte ins Spiel, und die lassen sich in einem Kommentar besser verarbeiten. Ein optimistisches Simulationsergebnis rechtfertigt noch nicht den Bau des Bahnhofs, ein pessimistisches beendet nicht gleich das Projekt. Das Ergebnis fließt vielmehr in die politische Abwägung ein – und darum geht es in einem Kommentar.

Die Redaktion bildet die politische Debatte in ihrer Berichterstattung ab, indem sie beide Seiten mit ihren Argumenten fair darstellt. Sie prüft auch die öffentlichen Behauptungen und weist darauf hin, wenn sie Fehler enthalten. Das führt unweigerlich ins Klein-Klein, so dass die Redaktion hin und wieder einen Schritt zurücktritt, um die großen Fragen in den Blick zu nehmen. Zu diesem Zweck könnte die Redaktion einen Befürworter und einen Gegner von »Stuttgart 21« zu Gastbeiträgen einladen, und die *Stuttgarter Zeitung* hat das auch getan. Doch am 31. August 2010 entschied sich die Redaktion, die Gesamtschau selbst vorzunehmen. Ein Kommentar kann der öffentlichen Debatte sogar weiterhelfen, wenn sie so polarisiert ist wie damals bei »Stuttgart 21«. Es stand die Frage im Raum, ob die Proteste Gründe geliefert haben, um das Bahnhofsprojekt neu zu bewerten – und diese Frage finde ich legitim. Hier sagt der Kommentator der *Stuttgarter Zeitung*, dass er zwar »Ungereimtheiten« sehe, aber kein entscheidendes Gegenargument. Und er bringt weitere Werte ins Spiel: etwa die »große Chance für die Stadt«.

Okay, könnten Sie an dieser Stelle einwenden, vielleicht ist ein journalistischer Kommentar weniger vorhersagbar als das Für und Wider von Befürwortern und Gegnern. Doch nach dem Kommentar sind die Journalist:innen nicht mehr unparteiisch, sondern haben sich positioniert. Wie können sie anschließend noch unbefangen und fair berichten? Ich würde Ihnen teilweise zustimmen und antworten: Wenn Journalist:innen von einer Sache überzeugt sind, müssen sie sich besondere Mühe geben, um weiterhin fair und ausgewogen über die Gegenseite zu berichten – und sie sollten dieses Bemühen ihrem Publikum auch erläutern. Doch ihr oberstes Ziel war nicht, leidenschaftslos zu bleiben, sondern die Fakten unbefangen zu klären. Wenn die Fakten aus ihrer Sicht eine klare Sprache sprechen, ist es keine journalistische Tugend, dies zu verschweigen. Unabhängig zu sein bedeutet nicht, keine Meinung zu haben. Journalist:innen sollten sich vielmehr von niemandem vereinnahmen lassen und immer offen sein für neue Argumente.

Doch an einem anderen Aspekt stoße ich mich – und diese Einschätzung ist zugegebenermaßen im Rückblick einfacher: Ich frage mich, ob wirklich die ganze Redaktion Stellung beziehen muss. Ich sehe keinen guten Grund dafür außer dem, dass es die redaktionelle Ehre bisher gefordert hat, sich bei allen wichtigen Themen in dieser Weise zu positionieren. Wenn sich die Redaktion nicht einig ist, kann sie meines Erachtens ihren internen Streit auch nach außen sichtbar machen. Warum sollten zwei gegensätzliche Leitartikel zum selben Thema nicht erlaubt sein? Zwar sollte die Redaktion in ihren Konferenzen weiterhin um Meinungen ringen, die gut begründet sind und die Debatte anregen. Und manchmal wird die Chefredaktion entscheiden müssen, welche von zwei Meinungen interessanter ist für das Publikum. Doch gerade in Situationen, in denen man die andere Seite eines politischen Konflikts kaum noch versteht, kann es sinnvoll sein, aus diesem Schema auszubrechen und beide Seiten über zwei Kommentare, die sich aufeinander beziehen, wieder in einen Dialog zu bringen.

Das war ein kurzer Ritt durch ein schwieriges Terrain. Ich erwarte nicht, dass Sie mir in dieser Argumentation folgen, doch ich hoffe, dass klar geworden ist, was Journalist:innen mit Kommentaren erreichen wollen. Sie möchten zeigen, wie man sich in einer Wertfrage entscheiden kann. Das sind oft politische Abwägungen: Muss die Ministerin zurücktreten?

Dürfen wir Waffen liefern? Ist die Asylpolitik gescheitert? Aber natürlich nicht nur, auch Fragen wie diese sind gute Anlässe für Meinungsbeiträge: Lohnt sich der Film? Ist das Handy seinen Preis wert? Welcher Tarif ist für mich der beste? Zu solchen Fragen machen Journalist:innen in ihren Meinungsbeiträgen ein Angebot, das über die reine Nachricht hinausgeht: Sie formulieren ein schlüssiges Argument, das die Leser:innen überzeugen kann, aber vor allem zum Nachdenken anregen soll.

Auf diese Weise können Kommentare verschiedene Funktionen erfüllen:

- **Orientierung geben:** Der Meinungsbeitrag schlägt eine Schneise durch das Dickicht der Argumente. Manchmal ist die Debatte schon so verworren, dass es sich lohnt, die wichtigen von den weniger wichtigen Aspekten zu trennen und die Knackpunkte zu benennen, auf die es ankommt.
- **Überraschen:** Der Meinungsbeitrag führt ein bisher unbeachtetes Argument in die Debatte ein oder beschreibt eine bisher vernachlässigte Sichtweise auf das Thema.
- **Herausfordern:** Der Meinungsbeitrag wendet sich gegen den Mainstream und fragt provozierend: »Hat die Gegenseite nicht zumindest teilweise recht?«
- **Farbe bekennen:** Der Meinungsbeitrag sagt etwas, das endlich einmal gesagt werden muss. Er setzt vielleicht ein Thema, das mehr Aufmerksamkeit verdient, oder er klagt einen unerträglichen Missstand an.

In Meinungsbeiträgen dürfen Sie viel freier formulieren als in Meldungen und Berichten. Sie dürfen dort Ihre Meinung erläutern, was großen Spaß machen, Ihnen aber auch viel Kritik einbringen kann. Sie dürfen auch entscheiden, wie deftig es wird: Manche Kommentator:innen vertreten kraftvoll einen

Standpunkt, andere nähern sich ihm abwägend an. Einige sind bissig oder empört, andere bringen der Gegenseite viel Verständnis entgegen. Sie dürfen wählen, was zu Ihrem Thema, Ihrer These und auch zu Ihrem Stil passt. Es zählt, was am besten geeignet ist, um Ihr Publikum zu überzeugen oder ihm zumindest Ihre Position verständlich zu machen.

Nur eins sollten Sie nicht sein: unschlüssig. Wenn Sie Ihre Sätze mit »könnte« oder »dürfte« formulieren oder noch ein »wohl« einfügen, weil Sie sich nicht ganz sicher sind, dann wird Ihr Text dem Publikum vermutlich nicht weiterhelfen. Auch ein »ob die neue Regelung Früchte trägt, wird sich zeigen« erhellt den Sachverhalt nicht weiter. Wenn Sie zu einer drängenden Frage keine Meinung haben, sollten Sie keinen Kommentar schreiben. Im nächsten Abschnitt »Einen Standpunkt vertreten« werden wir besprechen, was Sie tun können, falls sich die Redaktion dennoch einen Kommentar von Ihnen wünscht. Aber erst einmal bleiben wir bei dem Fall, dass Sie eine Meinung haben, und besprechen, wie Sie diese Meinung auf den Punkt bringen. Um die typischen journalistischen Handgriffe zu beschreiben, möchte ich zwei ganz unterschiedliche Beispiele vorstellen und analysieren.

Laut und leise kommentieren

Für einen Kommentar brauchen Sie als Erstes einen Anlass: Sie kommentieren ein mehr oder weniger aktuelles Thema, das auch Ihre Leserinnen und Leser beschäftigt. Den Anlass müssen Sie im Text erwähnen, vielleicht auch erläutern. Doch oft können Sie das knapp halten. Sagen wir, eine politische Entscheidung ist getroffen worden, und Sie möchten erklären, warum Sie die Entscheidung richtig oder falsch finden. Hier dürften zwei Sätze zum Anlass genügen, wenn lange über die Entscheidung diskutiert worden ist und praktisch alle Leser:innen im Bilde sind.

Manchmal sind die Details aber nicht allgemein bekannt, und Sie müssen ein wenig ausholen, um den Anlass verständlich zu machen. Das ist in Ordnung – Sie sollten nur nicht vor lauter Erklären vergessen, Ihre Meinung zu präsentieren. Im zweiten Beispiel, das wir gleich besprechen werden, muss der Autor ausholen: Es geht um den ersten Nachweis von Gravitationswellen, und er kann nicht erwarten, dass sein Publikum weiß, worum es geht. Im ersten Artikel kann die Autorin hingegen schneller auf Ihre These kommen, weil ihr Thema Pflege allen geläufig ist. Ihr Text ist ein Beispiel für einen wütenden Kommentar. Carina Frey hat ihn auf der Website *RiffReporter.de* veröffentlicht, im Dezember 2021, also am Ende des zweiten Pandemiejahrs.

Oft beginnen Journalist:innen gleich mit ihrer These: Der politische Streit sei ein Trauerspiel, der Minister habe im Krisenmanagement versagt, der Regierung fehle der Mut für echte Reformen. Es ist kein Zufall, dass diese Beispiele alle negativ sind, denn Kritik fällt leichter als Lob. Und nicht wenige Journalist:innen würden sagen, dass die Kritik zu ihrem Kerngeschäft gehört. Wenn alles gut liefe, bräuchte man den unabhängigen Journalismus nicht so dringend. Der Kommentar von Carina Frey ist ein Beispiel für diese kritische Stimme, die in der politischen Debatte benötigt wird: Sie will ein Problem auf die politische Tagesordnung setzen, das ihrer Ansicht nach zu lange ignoriert worden ist. Sie will die Verantwortlichen benennen und auch bessere Alternativen vorschlagen.

Um das vernachlässigte Problem gleich zu Beginn deutlich zu machen, steigt sie nicht mit ihrer These ein, sondern führt ihrem Publikum vor, wie wenig präsent das Thema ist. Sie beginnt mit dem bereits Vertrauten: In der Pandemie sei deutlich geworden, dass wir mehr Pflegekräfte brauchen und dafür auch die Arbeitsbedingungen in den Pflegeheimen und Krankenhäusern verbessern müssen. Vier Sätze lang darf ihr Publikum glauben, dass eines der üblichen Plädoyers für eine Aufwertung der Pflegeberufe folgen wird. Doch dann konfrontiert Carina Frey ihre Leserinnen und Leser mit dem eigentlichen Thema ihres Kommentars, als wollte sie sagen: Seht ihr, euch fällt auch nicht auf, dass in dieser politischen Debatte etwas fehlt!

> Endlich, könnte man meinen, kommen die Probleme auf den Tisch. Aber das ist nur die halbe Wahrheit, denn ein Bereich wird weiter ignoriert: die häusliche Pflege. Dabei ist häusliche Pflege kein Nischenthema: 3,3 Millionen Pflegebedürftige leben zu Hause. Acht von zehn Menschen, die Hilfe und Unterstützung im Alltag brauchen, werden von Angehörigen versorgt.

Dann beschreibt die Autorin, wie sich die Angehörigen von pflegebedürftigen Menschen selbst zurücknehmen müssen und in der Pflege sogar finanzielle Risiken eingehen. Und sie beschreibt, dass während der Corona-Pandemie viele Einrichtungen geschlossen blieben, so dass die Angehörigen noch mehr zu tun hatten als ohnehin schon. Das Thema ist in den vergangenen Monaten also noch drängender geworden. Sie fragt sarkastisch:

> Was tut der Staat? Er stockte den eh schon geringen Anspruch auf Freistellung von der Arbeit mit Lohnfortzahlung minimal von 10 auf 20 Tage auf. Aber Achtung: wer vor der Pandemie schon mal für die Pflege eines Angehörigen zu Hause blieb, bekommt diese Tage abgezogen. 20 Tage – X, bei inzwischen fast zwei Jahren Pandemie. Das muss man sich mal vorstellen!

In einem Kommentar haben Sie die Wahl, ob Sie mehrere Argumente vorbringen oder sich auf eins konzentrieren. Sie dürfen entscheiden, ob Sie sich mit den Argumenten der Gegenseite befassen oder nur Ihre eigenen aufzählen. Und Sie können den Tonfall sachlich halten oder emotional werden. In diesem Fall hat sich Carina Frey dazu entschieden, ihre Empörung auszudrücken und an das Verantwortungsbewusstsein der Verantwortlichen zu appellieren. Sie sieht keine Argumente auf der Gegenseite und hält ihre Position für alternativlos: Wer seine Angehörigen pflegt, muss vom Staat angemessen unterstützt werden – und angemessen heißt besser als bisher. Sie konzentriert sich daher darauf zu erklären, wie diese Unterstützung aussehen müsste. Und sie erklärt es, indem sie die bisherigen Versäumnisse aufzählt; würde man diese Versäumnisse beseitigen, wäre viel gewonnen, so ihre Botschaft. Hier eines der Argumente als Beispiel:

> Die Ständige Impfkommission [Stiko] empfahl im Oktober zwar, Pflegebedürftige und Pflegende zu boostern. Sie meinte aber nur Menschen, die in Einrichtungen leben oder dort arbeiten. Pflegebedürftige zu Hause und pflegende Angehörige wurden mit keinem Wort erwähnt. Nochmal: acht von zehn Pflegebedürftigen werden von Angehörigen versorgt! Aber diese Menschen waren der Stiko nicht einen Satz wert.

In dieser Passage sehen Sie, dass Sie in Kommentaren freier formulieren dürfen als in einer Nachricht. Einen Satz zu wiederholen, wäre in einer Nachricht ein Fehler, da Sie dem Publikum nicht zweimal dieselbe Information präsentieren sollten. Aber in einem Kommentar kann die Wiederholung ein Stilmittel sein: Beim Lesen spürt man das Entsetzen der Autorin – als könne sie es immer noch nicht fassen. Ob man das Ausrufezeichen braucht, ist aber Geschmackssache.

An den bisher zitierten Passagen können Sie auch erkennen, dass sich die Autorin nicht allein auf eine Expertise stützt und diese – zustimmend – dem Publikum erläutert. Journalistische Kommentare haben im Idealfall eine eigene Schöpfungshöhe: Die Autorin greift zwar auf bereits veröffentlichte Fakten und Meinungen zurück, zitiert womöglich auch Studien oder Stellungnahmen, aber sie baut sich daraus ihr eigenes argumentatives Gerüst. Kommentare, in denen man sich wesentlich auf die Arbeit anderer stützt und bloß als persönliches Element ein »Recht hat sie!« oder ein »Ist es nicht schrecklich?!« hinzufügt, bringen die öffentliche Debatte nicht voran.

Im Unterschied zu einer Nachricht, die mit den am wenigsten wichtigen Aspekten aufhört, für die gerade noch Platz ist, enden Kommentare oft mit einer Zusammenfassung oder einem Ausblick. Carina Frey erwähnt, dass die Regierung einige gute Maßnahmen in ihrem Koalitionsvertrag vereinbart hat, und sie pocht darauf, dass diese Vorschläge nun umgesetzt werden. Und dann bringt sie ein letztes Argument, warum der Staat eine besondere Verantwortung für die pflegenden Angehörigen hat: Sie sind nicht organisiert und können ihre Anliegen nicht wirksam öffentlich vertreten.

> Pflegende Angehörige haben keine Lobby, sie können sich nicht mit Abgeordneten zum Abendessen treffen, Kampagnen führen, durch die Talkshows ziehen. Sie haben keine Zeit, denn sie kümmern sich um einen Menschen, der sie braucht. Wer das tut, sollte nicht auch noch um Unterstützung kämpfen müssen.

Obwohl ein Text wie dieser klar als Meinungsbeitrag zu erkennen ist und nicht als sachlicher Bericht missverstanden werden kann, achten Redaktionen seit einigen Jahren peinlich genau darauf, alle Arten von Meinungsbeiträgen zu kennzeichnen. Oft steht in der Überschrift oder im Vorspann, dass es sich um einen Kommentar handelt (oder eine Glosse, ein

Essay usw.). Zu groß ist der Ärger, wenn Leser:innen den Eindruck bekommen, ihnen werde unter dem Deckmantel objektiver Berichterstattung eine bestimmte Sichtweise auf die Dinge untergejubelt. Auf das »Ich« wird in Kommentaren aber weiterhin verzichtet, sofern man keine persönliche Erfahrung in die Argumentation einbringt. Es ist nicht nötig, eine These als eigene zu bezeichnen – man formuliert sie einfach. Carina Frey schreibt also nicht: »Ich finde, wer das tut, sollte nicht auch noch um Unterstützung kämpfen müssen.« Sie lässt das »ich finde« einfach weg.

Wenden wir uns einem anderen Beispiel zu. Rainer Klüting hat diesen Text im Februar 2016 als Leitartikel in der *Stuttgarter Zeitung* veröffentlicht. In den Tagen zuvor hatte es schon Gerüchte gegeben, dass dem Observatorium Ligo eine besondere Beobachtung gelungen sei: Es hat zum ersten Mal Gravitationswellen registriert. Die Entdeckung lag damals schon einige Monate zurück – so lange hatte es gedauert, die Messdaten zu überprüfen. Gravitationswellen entstehen zum Beispiel, wenn zwei Sterne zusammenstoßen. Kurz bevor sie verschmelzen, umkreisen sie einander mit großer Geschwindigkeit und bringen dabei den Raum zum Schwingen. Diese Schwingungen breiten sich dann mit Lichtgeschwindigkeit im Weltall aus. Wenn eine solche Welle durch die Erde rauscht, dann staucht und streckt sich der Raum um uns herum ein klein wenig. Der Effekt ist so winzig, dass Albert Einstein nicht glaubte, ihn jemals messen zu können, als er ihn 1916 vorhersagte. Aber das macht die Tatsache, dass kosmische Großereignisse den Raum zum Wackeln bringen, nicht weniger erstaunlich. Wobei Wackeln vielleicht übertrieben formuliert ist, Rainer Klüting spricht in seinem Kommentar von einem Kräuseln.

Ein Leitartikel wendet sich an ein breites Publikum und nicht nur an diejenigen, die sich für Physik interessieren. Der Autor hat zwar parallel dazu einen Bericht für die Zeitung geschrieben, in dem er erklärt, wie die Physikerinnen und Physiker vorgegangen sind und wie die Forschung nun weitergehen wird. Diese Informationen kann er aber nicht voraussetzen – der Kommentar muss auch für sich genommen verständlich sein. Es kann schließlich sein, dass sich einige Leserinnen und Leser nur für die Meinung interessieren und nicht für die technischen Details der Entdeckung. Daher streicht der Autor als Erstes die Bedeutung der Entdeckung heraus und erwähnt Albert Einstein – den kennen die meisten, und er steht für wissenschaftliche Höchstleistungen. Dass die Physik dahinter kompliziert ist, deutet er an, indem er Fachbegriffe nennt und gleich sagt, dass man sie nicht verstehen muss, um die Bedeutung der Entdeckung zu erfassen:

> Es ist fast genau hundert Jahre her, dass Albert Einstein zu der Erkenntnis kam, ein Lichtstrahl könne sich biegen und der Weltraum sich kräuseln. Er brauchte dazu Papier, Bleistift und die Hilfe seines treuen Schulfreundes Marcel Grossmann, ohne den er an einigen damals hochinnovativen Methoden der Mathematik gescheitert wäre. Nach der Veröffentlichung der Allgemeinen Relativitätstheorie dauerte es drei Jahre, bis die Ablenkung des Lichts durch die Schwerkraft der Sonne bestätigt war. Und es dauerte hundert Jahre und brauchte ein viele Millionen Dollar teures Messgerät, betrieben von 59 Institutionen in elf Ländern, bis am 14. September 2015 das Ligo genannte Observatorium das Kräuseln der Raumzeit erlauschte, die Gravitationswellen. Allein diese ein Jahrhundert überspannende Geschichte macht einen großen Teil der Faszination aus, die von dem jüngsten Ergebnis internationaler Großforschung ausgeht. Man braucht keine Kenntnis von Riemann-Tensoren und Quadrupolwellen, um zu verstehen, dass eine solche Erkenntnis etwas Fundamentales am Weltbild der Naturwissenschaften verändert.

Dem Chefredakteur war es damals wichtig, den Nachweis der Gravitationswellen mit einem Leitartikel zu würdigen. Wenn nach hundert Jahren eine Theorie von Albert Einstein bestätigt wird, möchte er vom Wissenschaftsredakteur wissen, was er davon halten soll. Viele Redaktionen setzen darauf, dass nicht nur wenige Führungskräfte ihre Meinung in der Zeitung oder auf der Website verbreiten dürfen, sondern die Kolleginnen und Kollegen kommentieren, die sich auskennen. Manchmal gibt es Streit, wenn sich zwei oder drei Autoren für denselben Kommentar bewerben. Aber meist gibt es eine klare Kandidatin oder einen klaren Kandidaten – und oft genug auch eine Chance für junge Mitarbeiter:innen, sich zu versuchen.

Rainer Klüting beschreibt seinen Kommentar als »wertende Einordnung«. Er stellt sich Leser:innen vor, die von der Entdeckung gehört haben und sich nun fragen, ob sich der ganze Aufwand gelohnt hat. Diese Frage wird der Grundlagenforschung oft gestellt. Das Observatorium Ligo hat viele Millionen Euro gekostet, und die Einrichtung ist nur dazu da, Gravitationswellen nachzuweisen, damit man das Universum besser versteht. Sind solche Erkenntnisse die Investitionen wert? »Diese Fragen zu beantworten, verlangt Einordnung und Wertung«, schreibt mir Rainer Klüting. »Deshalb sind die Antworten besser in einem kommentierenden Text aufgehoben.« Wichtig ist ihm aber, dass der Kommentar nicht einfach den Bericht verlängert, denn er hat ein anderes Ziel: Er will nicht die Neuigkeit erklären, sondern dem Publikum eine Möglichkeit aufzeigen, wie man zu der Neuigkeit stehen kann.

In der Wissenschaft gibt es eine Standardantwort auf die skeptischen Fragen: Die Grundlagenforschung führe zu weiteren Innovationen. Der Autor zitiert die These und schwächt sie sogleich ab; er will den Erfolg dieser Forschung nicht daran messen, wie viele nützliche Produkte dabei erfunden werden. Ihm geht es um die Erkenntnis selbst.

> Schließlich entsteht im Zuge der Grundlagenforschung oft Neues, das später der Wirtschaft zugutekommt, seien es neuartige supraleitende Magnete oder Lasertechnik ungeahnter Präzision. Der Laser selbst, vielseitig anwendbares Werkzeug, stammt aus der Grundlagenforschung. Aber seien wir ehrlich: das ist nur ein Hilfsargument. So abstrakte Dinge wie die Biegsamkeit der Raumzeit oder exotische Elementarteilchen zu erforschen, muss man wollen. Und dieser Wille ist da, nicht nur unter Naturwissenschaftlern. Ist es vorstellbar, dass eines Tages nicht weitergeforscht wird, trotz offener Fragen?

Der Autor wirft seine These dem Publikum nicht ins Gesicht, er formuliert zurückhaltend. Seine These kommt als rhetorische Frage daher: »Ist es vorstellbar …?« Das mag zunächst schwach wirken, aber es steckt mehr dahinter. Sie können die Frage auch als suggestive Frage lesen, dann bekommt sie mehr Wucht: »Sind Sie etwa nicht daran interessiert, wenn sich das naturwissenschaftliche Weltbild fundamental ändert?« Diese rhetorische Strategie ist nicht ohne Risiko. Rainer Klüting setzt darauf, dass seine Leserinnen und Leser ihm gleich zustimmen, anstatt mit den Schultern zu zucken und zu antworten: »Nein, das juckt mich nicht.«

Wenn mehr Platz zur Verfügung gestanden hätte, hätte der Autor noch betonen können, dass die Grundlagenforschung nicht immer so erfolgreich ist wie im Fall der Gravitationswellen. Das liegt in der Natur der Sache: Man forscht ja gerade, weil man nicht mit Sicherheit weiß, was herauskommen wird. Das Risiko des Scheiterns gehört zur Wissenschaft ebenso dazu wie die Hoffnung auf neue Erkenntnisse. Daher ist nicht garantiert, dass die vielen Millionen, die man investiert hat, auch zu grandiosen Entdeckungen führen. Auch aus diesem Grund muss man es wollen.

Wert- und Sachaussagen unterscheiden

Auch wenn klar zu sein scheint, wie sich subjektive Kommentare von möglichst objektiven Nachrichten unterscheiden, lohnt es, diesen Unterschied genauer zu besprechen. In beiden Textsorten dürfen wertende und sachliche Aussagen vorkommen, aber nicht in derselben Weise: In einer Nachricht stehen die Sachaussagen im Vordergrund, aber Sie dürfen auch Wertaussagen zitieren, wenn zum Beispiel die Zitatgeber einflussreiche Personen sind oder wenn Sie finden, dass die Aussage ein interessantes Argument in die Debatte bringt. In den Wertaussagen geht es typischerweise darum, welche Schlüsse man aus den Fakten ziehen sollte. Es wird aufgedeckt, dass der Bürgermeister etwas Falsches getan hat – muss er nun zurücktreten? Oder es wird ermittelt, dass die Inflation sprunghaft ansteigt – sollten nun die Verbraucher:innen entlastet werden? Hier zitieren Sie die Meinungen anderer in Ihrer Nachricht. In einem Kommentar dürfen Sie hingegen selbst werten, begründen Ihre Einschätzung aber auch mit Fakten.

Es ist klar, dass die Aussage »die Inflation betrug im Mai 5,5 Prozent« eine Sachaussage ist. Und es ist ebenso klar, dass die Aussage »eine Inflation von 5,5 Prozent ist viel zu hoch« die Situation bewertet. Aber nun schauen Sie sich bitte diese Liste an. Welche Aussagen daraus sind Ihrer Ansicht nach wertend, und warum sind sie es?

(1) Endlich ist es so weit: Das verbilligte ÖPNV-Ticket kommt.
(2) Die Leihfahrräder sind ein Beitrag zum Klimaschutz.
(3) Der Kandidat ist bei der Anhörung durchgefallen.

Ich zähle diese Beispiele auf, weil die Unterscheidung nicht so einfach ist, wie man zunächst denken mag. In allen drei Sätzen vermischen sich Sach- und Wertaussagen. Gehen wir die Beispiele der Reihe nach durch:

(1) Hier fällt die Unterscheidung noch leicht: Dass das verbilligte Ticket kommt, ist eine Sachaussage, die vermutlich durch eine Pressemitteilung der Verkehrsbetriebe belegt ist. Der Zusatz mit »endlich« ist hingegen eine Wertung, mit der kommentiert wird, dass es länger gedauert hat, als nötig oder wünschenswert war. Wenn der Satz in einer Meldung stehen soll, würde ich das »endlich« streichen. Es sei denn, Sie können sicher sein, dass das Publikum mit Ihnen seufzt: Endlich ist die Pandemie vorbei, endlich ist der Sommer da, endlich ist die Serie der Heimniederlagen beendet.

(2) Hier können Menschen unterschiedlicher Meinung sein: Für die einen sind die Leihfahrräder ein ernsthafter Beitrag, für die anderen vielleicht nur ein Tropfen auf den heißen Stein. Das spricht für eine Wertung. Doch diese Aussage kann man versachlichen, wenn man sich darauf einigt, was als Beitrag zum Klimaschutz zählen darf. Vielleicht kommen Sie auf eine Definition wie diese: »Eine Maßnahme zählt als Beitrag zum Klimaschutz, wenn sie die Treibhausgase im Vergleich zur aktuellen Situation verringert.« Dann könnten Sie die Aussage prüfen – zumindest im Prinzip –, und es ist damit eine Sachaussage, die wahr oder falsch sein kann. (Wenn der Satz behaupten würde, dass die Fahrräder einen substanziellen Beitrag zum Klimaschutz leisten, müssten Sie die Kriterien verschärfen.) Für die Frage, ob es eine Sachaussage ist, spielt es keine Rolle, wie präzise die Kriterien definiert werden. Unpräzise Formulierungen bieten einen gewissen Interpretationsspielraum, doch sie machen aus einer Sachaussage keine reine Wertaussage.

(3) Das gilt auch für die Aussage zum Kandidaten. Der Satz klingt wie ein Fazit, wie eine Benotung der Anhörung: mangelhaft oder ungenügend. Doch das ist nicht die einzige Sichtweise. Ich finde, diese Aussage kann auch ob-

jektiv falsch sein: Wenn der Kandidat bloß kritisiert worden ist, wäre es übertrieben zu sagen, er sei durchgefallen. Daher ist der Satz ebenfalls keine reine Wertaussage. Wenn der Kandidat anschließend aber nicht ins Amt gewählt wird, obwohl er der einzige Kandidat war, kann man hingegen mit Fug und Recht behaupten, er sei durchgefallen.

Ich reite auf dieser Unterscheidung herum, weil Sach- und Wertaussagen in der öffentlichen Debatte oft vermischt werden. Dann wird so getan, als seien die Fakten Ansichtssache. Wenn jemand behauptet, dass die Corona-Pandemie eine ernste Bedrohung gewesen sei, und jemand anderes widerspricht, dann treffen zwei unterschiedliche Wertungen aufeinander. Aber darüber sollten Journalist:innen nicht die Fakten aus den Augen verlieren: Für die Schwere einer Pandemie gibt es Indikatoren, die man – mehr oder weniger präzise – bestimmen kann.

Der Soziologe Alexander Bogner aus Wien hält aber einen anderen Fall für deutlich problematischer: wenn mit Sachaussagen politische Entscheidungen erzwungen werden sollen. Wenn man zum Beispiel in der Corona-Pandemie argumentierte: »Die Infektionszahlen steigen, also müssen wir die Schulen, Geschäfte und Restaurants schließen.« In dieser Argumentation fehlt die Abwägung der Werte: Warum ist es wichtiger, das exponentielle Wachstum der Infektionszahlen zu bremsen, als die Schulen, Geschäfte und Restaurants offen zu halten? Das muss man diskutieren, denn das ergibt sich nicht zwangsläufig aus den epidemiologischen Fakten.

Dass die Fakten vermeintlich alternativlos seien, bringe Menschen sogar dazu, diese rundheraus abzulehnen, argumentiert Alexander Bogner in seinem Buch *Die Epistemisierung des Politischen* (2021). Wenn Menschen »alternative Fakten« vorbringen, wertet er das als eine Art der intellektuellen

Die Proteste der sogenannten Corona-Leugner und Querdenker richteten sich nicht nur gegen die Regierungen, sondern – wie in diesem Fall im Juni 2022 in München – auch gegen die Medien.

Notwehr. Diese Menschen können oder wollen ihre Meinung nicht mit fundierten Fakten begründen, daher greifen sie zu anderen Mitteln: »Ein Ausweg besteht offensichtlich darin, gegen die etablierte Faktenwelt zu opponieren.« Die politische Debatte sollte man daher nicht vorschnell auf Sachfragen verengen, die sich wissenschaftlich klären lassen, denn damit treibe man Menschen in die Arme von Verschwörungstheoretiker:innen, argumentiert Bogner.

Ich kann das Argument nachvollziehen, aber wenn ich den Journalismus im Blick habe, fällt mir eine andere Dynamik deutlicher auf: In der politischen Debatte geht es meist um Machtfragen und Wertkonflikte, obwohl man manches, was diskutiert wird, versuchen könnte sachlich zu klären. Wenn man auf eine Klärung verzichtet, kann man sich lange streiten, ohne voranzukommen. Ich möchte Sie daher ermuntern, immer wieder zu fragen, wer in der Debatte recht hat. Bei vielen Fragen lässt sich das nicht sagen: »Wir dürfen nicht zulassen, dass jeden Tag 300 Menschen an Corona sterben« oder »Wir vernachlässigen die geistige und soziale Entwicklung der Kinder zu sehr« sind keine Aussagen, mit denen man recht haben kann. Es sind dennoch gewichtige Argumente in der politischen Debatte, die gegeneinander abgewogen werden müssen. Die Aussagen »Wir kommen auch ohne Lockdown durch den Winter« oder »Ohne Impfpflicht geht es nicht« enthalten hingegen faktische Behauptungen, die man journalistisch überprüfen könnte, indem man mit Expert:innen spricht. Dazu muss man die Aussagen freilich präzisieren, etwa so: »Auch ohne Lockdown werden die Krankenhäuser im Winter nicht an ihre Kapazitätsgrenze kommen« oder »Mit einer Impfpflicht können wir die Impfquote um zehn Prozentpunkte erhöhen, was es wiederum erlauben würde, auf Kontaktbeschränkungen zu verzichten«.

Kehren wir nun aber zurück zu den praktischen Fragen der journalistischen Arbeit: Wie belegen Sie Ihre Meinung mit Fakten? Gehen Sie dabei so vor wie in einer Meldung, indem Sie zitieren und die Quellen angeben? Die Antwort lautet: Jein, und ich erläutere sie im folgenden Abschnitt.

Analysieren und argumentieren

In den beiden Kommentaren, die wir besprochen haben, kommen keine wörtlichen Zitate vor. Das ist in Kommentaren nicht ungewöhnlich, da sie anders geschrieben werden als Meldungen. In den Kommentaren werden auch nur wenige Quellen genannt – auch das ist anders, als Sie es von nachrichtlichen Beiträgen gewohnt sind. Das liegt zum einen daran, dass die Kommentator:innen sich in ihrem Themengebiet überdurchschnittlich gut auskennen, und zum anderen daran, dass sie sich oft auf Fakten und Wertungen stützen, die schon einigermaßen bekannt sind. Schauen wir uns die Fakten im

Kommentar über die Erforschung der Gravitationswellen an. In dem Text behauptet der Autor Rainer Klüting:

- Die Gravitationswellen sind eine Folgerung aus der Allgemeinen Relativitätstheorie Albert Einsteins. Eine andere Folgerung daraus, nämlich dass Licht durch die Schwerkraft abgelenkt wird, wurde schon 1919 nachgewiesen.
- Die Gravitationswellen wurden hingegen erst am 14. September 2015 von einem Ligo genannten Observatorium gemessen, das viele Millionen Euro teuer ist und von 59 Institutionen in elf Ländern betrieben wird.
- Ligo ist kürzlich aufgerüstet worden, eine weitere Aufrüstung ist für 2018 geplant.
- Mit dem drei Milliarden Euro teuren Teilchenbeschleuniger LHC haben Physiker:innen bereits das Higgs-Teilchen nachgewiesen. Die USA haben ihren Beschleuniger Tevatron 2011 abgeschaltet, weil er in der Konkurrenz zum LHC nicht bestehen konnte.
- Supraleitende Magnete und Laser sind Entwicklungen, die ihren Ursprung in der Grundlagenforschung hatten.

Alle diese Fakten können Sie im Internet nachprüfen. Es gibt Beiträge von Journalist:innen und Physiker:innen dazu, einiges können Sie bei Wikipedia nachlesen. Es handelt sich also um bereits bekannte Informationen, wenn man von der eigentlichen Neuigkeit absieht: dem Nachweis der Gravitationswellen. Der Autor kann es sich daher in diesem Punkt einfach machen: Zur Neuigkeit gibt es bereits einen nachrichtlichen Artikel, in dem die Entdeckung der Gravitationswellen mit allen Fragen zum Wer?, Wann?, Wo?, Was?, Warum? erläutert wird. Darüber hinaus nutzt der Autor nur Informationen, die einem interessierten Publikum bereits bekannt sein könnten. Wenn er in einer Meldung seine Quellen nicht nennen würde, könnten die Leser:innen sich fragen, warum er sie verschweigt. Will er nicht, dass man seine Aussagen überprüft? In diesem Kommentar hingegen werden die Leser:innen denken: Der Autor kennt sich aus. (Umso peinlicher wäre es natürlich, wenn sich dann eine Angabe als falsch herausstellt.)

Im Kommentar zur häuslichen Pflege liegen die Dinge etwas anders, da die Autorin Carina Frey hier mehrere aktuelle Details zu einem Gesamtbild zusammenfügt. Um nicht alle Quellen ausdrücklich zu nennen, verlinkt sie diese in ihrem Online-Artikel. In den ersten Absätzen behauptet sie Folgendes:

- 3,3 Millionen Pflegebedürftige leben zu Hause. Acht von zehn werden von Angehörigen gepflegt. Diese Angabe hat die Autorin mit einem Datenblatt des Statistischen Bundesamts verlinkt, aus dem die Zahlen hervorgehen.
- Die Versorgung zu Hause war in der Corona-Pandemie erheblich erschwert. Hier verlinkt die Autorin auf einen ihrer früheren nachrichtlichen Artikel.
- Der Anspruch auf Freistellung von der Arbeit mit Lohnfortzahlung wurde geringfügig aufgestockt. Diese Angabe verlinkt die Autorin mit einer Mitteilung des Bundesfamilienministeriums.
- »Großkonzerne schickten ihre Mitarbeiter:innen monatelang auf Staatskosten in Kurzarbeit und schütteten gleichzeitig Gewinne aus.« Diese Aussage verlinkt die Autorin mit einem Artikel des *Handelsblatts*.

Dann aber folgt ein Absatz mit Behauptungen, die nicht belegt werden:

> Auf allen Kanälen wird gewarnt, wie gefährdet alte und kranke Menschen sind. Pflegeheime haben sich zu den traurigen Hotspots der Pandemie entwickelt, in Talkshows

wurden und werden die neusten Ideen zum Schutz der Bewohner:innen diskutiert: Mobile Impfteams, Boostern, Test- und Impfpflicht für Pflegekräfte! Zeitgleich erzählten pflegende Angehörige, dass sie nach langer Warterei am Impfbus abgewiesen wurden, weil sie die – da noch geltende Altersgrenze von 70 Jahren – knapp verfehlten.

Auch hier hätte die Autorin mühelos Quellen verlinken können (eine Talkshow, eine Straßenumfrage im Fernsehen), aber sie verzichtet darauf, weil sie damit rechnet, dass ihr alle Leser:innen zustimmen werden. Wenn wirklich auf allen Kanälen gewarnt worden ist, muss man nicht fünf Kanäle als Belege zitieren, sondern darf darauf hoffen, dass die Leser:innen die eine oder andere Warnung mitbekommen haben.

Die grundlegende Regel aus dem nachrichtlichen Geschäft gilt also auch bei Kommentaren: Je überraschender oder kontroverser eine Aussage ist – und je größer ihre Bedeutung für die Argumentation –, umso genauer muss sie belegt werden. Stellen Sie sich vor, Sie würden Ihren Kommentar vor Ihrem Publikum vorlesen. Wenn Sie den Eindruck haben, dass Ihre Leserinnen und Leser bei einer bestimmten Behauptung die Stirn runzeln würden, dann sollten Sie an dieser Stelle etwas ausführlicher werden, damit man Ihnen folgen kann.

Wenn Sie in Kommentaren einen Schritt zurücktreten und eine grundsätzliche Frage bearbeiten, spielen die aktuellen Details aus dem nachrichtlichen Geschehen manchmal keine tragende Rolle. Daher dürfen Sie auf entsprechende Quellenangaben verzichten. In anderen Fällen spielen die aktuellen Details durchaus eine entscheidende Rolle, werden aber schon in der begleitenden Nachricht diskutiert, so dass in Ihrem Kommentar ein knapper Hinweis auf die Nachricht genügt. Wenn Sie zum Beispiel den Rücktritt eines Ministers fordern, weil er einen Skandal verheimlicht hat, dann müssen Sie genau sagen, was er wann wusste. Doch woher man weiß, was er wann wusste, müssen Sie nicht noch einmal erläutern, wenn Sie auf eine Nachricht Ihrer Redaktion verweisen können. Und dann gibt es noch die Fälle, in denen Sie darauf vertrauen dürfen, dass man Ihnen als Kommentator:in einfach eine gewisse Expertise zugesteht.

Im nächsten Abschnitt werden wir jedoch eine besondere Form des Meinungsbeitrags besprechen, in der wörtliche Zitate häufig vorkommen: die Analyse. Außerdem schauen wir uns Rezensionen an, in denen Sie etwa Verbraucher:innen, Musikhörer:innen, Leser:innen oder Kino- und Theatergänger:innen Empfehlungen geben. Wir werden ausführlicher darüber sprechen, wie man seine These begründet und was man tun kann, wenn man sich zwischen den Alternativen nicht entscheiden kann.

Herausforderungen: Einen Standpunkt verteidigen

In hitzigen Auseinandersetzungen halten Sie an den Regeln der Fairness fest und überwachen Ihre Haltung selbstkritisch.

Als Student war ich eine Zeitlang Tutor des Logikkurses und habe mich mit der Frage beschäftigt, wann Argumente gültig sind. Sie sind es zum Beispiel, wenn sie diese Form haben:

> Angenommen, alle Fische können fliegen.
> Und angenommen, Peter ist ein Fisch.
> Dann kann Peter fliegen.

Das klingt zwar merkwürdig, aber unter der Annahme, dass die beiden Voraussetzungen stimmen, stimmt auch die Schlussfolgerung – also ist das Argument gültig. Es gibt auch ein parallel gestricktes Argument, das auf der Annahme basiert, dass Peter nicht fliegen kann. In diesem Fall kann er kein

Fisch sein. Man nennt die erste Art des Schlussfolgerns »modus ponens« und die zweite »modus tollens«, falls Sie das nachschlagen möchten.

Nach einem solchen Schema können Sie in einem Kommentar den Rücktritt des Oberbürgermeisters fordern. Ihr Argument hätte dann vielleicht diese Form:

Erste Prämisse: Wer wegen einer Straftat angeklagt wird, darf kein öffentliches Amt bekleiden.
Zweite Prämisse: Der Oberbürgermeister ist wegen Unfallflucht angeklagt.
Schlussfolgerung: Er muss zurücktreten.

Mit Ihrem Kommentar reagieren Sie auf die Nachricht, dass die Staatsanwaltschaft Anklage erhoben hat, daher dürfte die zweite Prämisse unstrittig sein. Aber um die erste müssen Sie sich in Ihrem Artikel kümmern, denn es stellen sich viele Fragen: Warum müssen Amtsträger wegen einer privaten Angelegenheit zurücktreten? Wie schwer muss das Vergehen sein, damit sie zurücktreten müssen? Vielleicht übertreibt es die Staatsanwaltschaft auch. Was, wenn der Oberbürgermeister am Ende freigesprochen wird? Und spielen seine Verdienste im Amt keine Rolle in der Bewertung der Lage?

Kommentare sind typischerweise kürzer als die Berichte zum selben Thema. Das zwingt Sie dazu, pointiert zu schreiben. Sie können einen Kommentar nicht angehen wie einen wissenschaftlichen Text: also erst die Begriffe klären (»eine Straftat liegt vor, wenn …«) und dann alle denkbaren Argumente vollständig aufzählen und bewerten. Vielmehr wählen Sie einen passenden Schwerpunkt aus und beschränken sich darauf. Hier einige Möglichkeiten:

- Der Oberbürgermeister verteidigt sich, es gehe nur um einen Rempler auf dem Parkplatz und er habe seine Visitenkarte unter den Scheibenwischer des beschädigten Autos geklemmt. Sie konzentrieren sich in Ihrem Kommentar darauf, dass der Oberbürgermeister als Leiter einer Verwaltung die Gesetze besonders gut kennen und darauf achten sollte, auf der sicheren Seite zu sein. Das hat er aber nicht getan, weil er sich nicht vergewissert hat, dass der Unfall rechtzeitig gemeldet wird.

- Der Oberbürgermeister deutet an, dass ihn ein SUV-Fahrer angezeigt habe, der ihn wegen seiner fahrradfreundlichen Politik hasse. Sie halten das für ein billiges Ablenkungsmanöver und schreiben, dass es unter der Würde eines Oberbürgermeisters sei.
- Der Oberbürgermeister ist in der Stadt beliebt, und viele fordern, in seinem Fall ein Auge zuzudrücken. Sie erläutern in Ihrem Kommentar, dass Prinzipien einzuhalten seien, auch wenn es schwerfällt.

Diese drei Beispiele setzen voraus, dass Sie sich Ihrer Sache sicher sind. Aber was, wenn Sie zweifeln – zum Beispiel, weil Sie die Geschichte mit dem SUV-Fahrer nicht einschätzen können? Sie haben schon mehrere Kontaktpersonen angerufen, und niemand konnte Ihnen etwas Hilfreiches sagen. Lassen Sie zu, dass jemand anderes in der Redaktion den Kommentar schreibt und Ihnen damit Ihr Thema wegnimmt, oder schreiben Sie einen unschlüssigen Kommentar, der in der nächsten Redaktionskonferenz kritisiert wird?

In solchen Fällen sollten Sie sich daran erinnern, dass der Journalismus viele Möglichkeiten bietet. Im ersten Schritt überlegen Sie mit Ihren Kolleg:innen, ob ein Kommentar überhaupt die angemessene Form ist, um mit dem Thema umzugehen. Vielleicht möchten Sie erst einmal mit dem Oberbürgermeister ein Interview über die SUV-Geschichte führen? In einem Interview würde sich der Oberbürgermeister festlegen, wie bei einer eidesstattlichen Aussage vor Gericht: Kommt heraus, dass ein Detail nicht stimmt, hat er die Öffentlichkeit angelogen. Das Interview könnte auch Reaktionen provozieren, vielleicht sogar den SUV-Fahrer aus der Reserve locken. Oder aber Sie halten sich an die Fakten und schreiben einen Bericht darüber, was man über den Fall weiß – und welche Fragen vorerst offenbleiben müssen.

Falls es aber ein Kommentar sein muss, weil in der öffentlichen Debatte schon viele Meinungen geäußert worden sind und Ihre Redaktion nicht still bleiben möchte, dann gibt es verschiedene Ansätze für den Kommentar. Hier drei Möglichkeiten:

- Sie stellen fest, dass Sie die SUV-Geschichte nicht beurteilen können, und diskutieren beide Möglichkeiten: Was, wenn die Geschichte stimmt, und was, wenn sie falsch sein sollte?
- Sie fordern rasche Aufklärung und benennen die Kriterien, die der Oberbürgermeister erfüllen müsste, um noch im Amt bleiben zu können.
- Sie spießen auf, wie sich alle das Maul über eine Geschichte zerreißen, die sie eigentlich gar nicht beurteilen können – und fordern einen souveränen Umgang mit dem Fall.

Und dann gibt es noch die meinungsstarken Alternativen zum Kommentar. Hier eine Übersicht mit kurzen Beschreibungen:

Meinungsstarke Alternativen zum Kommentar

- **Pro & Contra:** Sie stellen zwei Kommentare mit gegensätzlicher Ausrichtung nebeneinander, pro Rücktritt und contra Rücktritt. Das machen Redaktionen manchmal, um zu zeigen, wie kontrovers das Thema unter den Redakteur:innen diskutiert wird. Manchmal wählen sie aber diesen Ausweg bloß, weil sie sich nicht auf eine Autorin oder einen Autor einigen können. Ich würde diese Form nur einsetzen, wenn wirklich für beide Seiten gute Argumente sprechen.

- **Kolumne oder Blogbeitrag:** Wenn Sie eine eigene Rubrik haben oder als Gast in einer Rubrik schreiben dürfen, dürfen Sie das Thema persönlich angehen. Hier ist ausnahmsweise die Ich-Form üblich: Sie schildern Ihre Gedanken zum Fall. Kennen Sie den Oberbürgermeister persönlich und können aus dieser Erfahrung heraus etwas zum Fall beisteuern? Oder haben Sie sich umgehört und können die Stimmung im Gemeinderat, in der Stadtverwaltung oder gar in der Öffentlichkeit nachzeichnen? Hierzu würden Sie nicht nur Zitate aneinanderreihen, sondern aufzeigen, dass dem Oberbürgermeister der Wind ins Gesicht weht oder dass er von einer Welle der Sympathie getragen wird. In manchen Redaktionen würde ein solcher Artikel – in einem sachlichen Ton – vielleicht als Bericht durchgehen. Ich finde Stimmungen jedoch recht subjektiv, hier spielt die Auswahl und Gewichtung der Zitate eine besondere Rolle.
- **Essay:** Wenn sich der Fall ausweitet und eine Debatte über die fahrradfreundliche Stadt entbrennt, könnte auch die lange Form des Essays in Frage kommen. Hier haben Sie Platz, um eine differenzierte Haltung zu entwickeln. Oft sind Essays persönlich gehalten, und die Autor:innen arbeiten ihre eigenen Erfahrungen ein. Wenn Sie besonders gelungene Beispiele lesen möchten, suchen Sie nach preisgekrönten Artikeln. Schauen Sie beispielsweise auf den Websites des Reporter:innen-Preises oder des Theodor-Wolff-Preises nach.
- **Glosse:** In einer Glosse machen Sie sich über den Fall lustig. Ein wichtiges Werkzeug der Glossenschreiber:innen ist die Übertreibung: Sie könnten zum Beispiel absurde Situationen beschreiben, in denen der Oberbürgermeister künftig Dis-

kussionen aus dem Weg geht, indem er abhaut und seine Visitenkarte hinterlässt. Achten Sie darauf, die Glosse zu kennzeichnen, denn Ironie wird überraschend oft missverstanden.

- **Listicle:** Zehn Gründe, warum der OB gehen muss – manchmal kann dieses nicht mehr ganz so junge Format erfrischend sein. Es wirkt aber nicht richtig seriös oder zumindest spöttisch. Ich würde es erst einsetzen, wenn der Oberbürgermeister nach mehreren Skandalen immer noch im Amt ist und sich viele darüber wundern.

Zwei andere Formen von Meinungsbeiträgen möchte ich in diesem Abschnitt nun genauer besprechen: die Rezension und die Analyse. Zum Schluss gehe ich darauf ein, dass mit der Veröffentlichung die Arbeit nicht zu Ende ist: Dann fängt die Diskussion erst richtig an.

Die Rezension

Wer Konzerte kritisch rezensiert, kennt vermutlich die empörte Frage von Leser:innen: »Beim Konzert waren 40 000 Fans restlos begeistert – haben die sich alle geirrt?« Was soll man darauf antworten? Die Kritikerin ist kein Fan und beurteilt das Konzert nach anderen Kriterien. Welche Kriterien das sind, muss sie freilich in ihrer Rezension erläutern. Am Ende soll eine Rezension zwei Ziele erfüllen: Sie soll den Leser:innen einen möglichst lebendigen Eindruck vom Konzert geben und es zugleich bewerten – also sagen, wie es war. In ähnlicher Weise werden Bücher, Filme, Serien, Theaterinszenierungen und Musikalben rezensiert oder Restaurants und Küchengeräte getestet.

Manche Leser:innen nutzen diese Artikel zur Orientierung, welche Angebote sich lohnen und welche nicht. Andere verschaffen sich einen Überblick, um mitreden zu können, weil sie keine Zeit haben, sich alles selbst anzuschauen. Und wieder andere hoffen darauf, etwas zu lernen oder gut unterhalten zu werden. Man denke nur an Marcel Reich-Ranicki, dessen *Literarisches Quartett* im ZDF auch Menschen guckten, die die besprochenen Bücher nicht lesen wollten, ihm aber gerne beim Loben, Kritisieren und Streiten zusahen. Für den Fan, der sich wochenlang auf das Konzert gefreut hat, sind Rezensionen hingegen nicht gedacht – es sei denn, man möchte am nächsten Tag unbedingt seinen persönlichen Eindruck mit dem der Profikritikerin vergleichen.

Wie in einem Kommentar müssen Sie in einer Rezension erläutern, worum es geht – also den Anlass schildern oder die Geschichte des Romans anreißen. Wie in einem Kommentar sollten Sie nicht allzu viel Platz dafür einräumen, sondern Ihre Bewertung in den Vordergrund stellen. In dem Beispiel, das wir jetzt analysieren werden, geht es um die Inszenierung eines Theaterstücks über das Verhältnis von Marlene Dietrich und Edith Piaf – *Spatz und Engel*, geschrieben von Daniel Große Boymann und Thomas Kahry (2013). Mein früherer Kollege Tim Schleider hat im Januar 2022 die Premiere an der Stuttgarter Komödie im Marquardt in der *Stuttgarter Zeitung* rezensiert. Er stellt die beiden Figuren erst einmal vor: Dietrich als deutsche Schauspielerin, Piaf als französische Chanson-Sängerin. Und weil es nicht allen Leser:innen präsent sein dürfte, erläutert er, dass sich die Dietrich und die Piaf nach dem Zweiten Weltkrieg in New York kennengelernt haben – und dass ihr Verhältnis, nun ja, kompliziert war:

> Es spricht manches dafür, dass sie nicht nur gute Freundinnen wurden, sondern ein Liebespaar. Die Dietrich verhalf der Piaf zum Durchbruch in den USA, die Piaf schenkte der Dietrich das Recht auf eines ihrer wichtigsten Chansons, »La vie en rose«. Bei dieser Verbundenheit ist es später nicht

geblieben. 1950 treten die beiden am gleichen Abend nur wenige Kilometer voneinander entfernt auf; die Dietrich im Casino von Baden-Baden, die Piaf im Theater von Straßburg. Doch vor den Reportern zickt und ätzt man nur übereinander.

In manchen Rezensionen muss man aufpassen, dass man nicht zu viel von der Geschichte verrät – oder muss das Publikum vorher warnen, dass gespoilert wird. In diesem Fall geht es aber nicht um ein spannendes Stück mit überraschendem Ende, sondern darum, die Beziehung von zwei Promis auf die Bühne zu bringen und für das Publikum erlebbar zu machen. Daher kann der Autor gefahrlos alles erzählen, ohne künftigen Zuschauer:innen etwas vorwegzunehmen.

Nun aber zur Bewertung – und hier lässt Tim Schleider keinen Zweifel daran, dass es ihm gefallen hat. Er greift zwar nicht zum allerhöchsten Lob, sagen wir zu »grandios« oder »überwältigend«, aber bezeichnet die Darbietung doch als »hinreißend«. Dieses Mal ist er sich mit dem Publikum einig, denn das habe die Premiere bejubelt, berichtet er. Und was war so sehenswert an dem Abend? Schleider erklärt, dass das Stück von zwei Schauspielerinnen gelebt habe, die nicht nur die beiden Figuren gut verkörpert haben, sondern auch so mitreißend sangen, dass das Publikum bei den flotten Songs mitklatschte. Die Herausforderungen an die Schauspielerinnen macht der Autor in dieser Weise deutlich:

> Die Komödie im Marquardt hat zum Glück die beiden Stars zur Verfügung: Antje Rietz als Marlene Dietrich und Tina Podstawa als Edith Piaf. Hier die stets etwas bissige Diva, vor deren Zunge alle zittern – selbst Joseph Goebbels war ihr ja einst nicht gewachsen gewesen –, dort die aufbrausend-energische Proletin, die mit ihrem Gesang alle verzückt und die doch oft tief verzweifelt an ihren Schwächen,

> an Versagensangst. Regelrecht hingerissen folgt man Rietz und Podstawa bei ihrer Suche nach Nähe und ihrem Kampf um Abstand – und fühlt sich von den schlau in der Story positionierten Konzerteinlagen ebenso beglückt wie berührt.

Die Rezension hätte der Autor auch anders angehen können. Statt die an der Inszenierung beteiligten Personen einzeln zu würdigen – nach den Hauptdarstellerinnen lobt er zum Beispiel auch, dass auf der kleinen Bühne ganz unterschiedliche Räume geschaffen werden, in denen sich das Drama entfalten kann –, hätte er sich für einen anderen Schwerpunkt entscheiden können: Ihn hätte zum Beispiel interessieren können, wie realitätsgetreu die Darstellung ist oder ob sie uns mit Blick auf aktuelle Debatten etwas Neues sagt. Das wären typische Fragen für Theaterkritiken, aber bei dieser Rezension hat sich Tim Schleider für ein anderes Qualitätskriterium entschieden: Aus seiner Sicht ist die Inszenierung gelungen, weil die beiden Vorbilder und ihre komplizierte Beziehung glaubhaft dargestellt werden. Er konnte sich als Zuschauer einfühlen und fühlte sich gut unterhalten.

In der Passage sehen Sie, dass der Autor von der stilistischen Linie abweicht, die wir bisher in diesem Buch verfolgt haben, und viele Adjektive einsetzt: die bissige Diva, die aufbrausende Proletin, die schlau positionierten Konzerteinlagen. Bisher habe ich dafür geworben, dass Sie lieber einen bissigen Kommentar der Diva zitieren, als zu schreiben, dass sie bissig sei. Doch im Kulturteil einer Zeitung wird mehr interpretiert als etwa im Lokalteil. Das liegt daran, dass Sie in Rezensionen künstlerische Werke beschreiben, die sich alle anschauen können. Sie können sich mit Ihrem Publikum über den Film oder die Ausstellung austauschen. Wenn Sie hingegen als Reporter:in unterwegs sind, dann bekommen Sie einen exklusiven Einblick, und das Publikum muss Ihnen Ihre

Beobachtungen abnehmen. Daher bleiben Sie in Berichten und Reportagen nah an den überprüfbaren Fakten.

Unverändert bleibt bei Rezensionen hingegen die Regel, dass Sie präzise schreiben sollten, damit das Publikum versteht, was Sie meinen. Dass der Krimi spannend oder der Nachtisch im Restaurant lecker waren, macht Ihren Eindruck nicht anschaulich genug. Auch der Hinweis, dass eine Rockband ihren Fans ordentlich einheizte, lässt das Konzert erscheinen wie viele andere. Vielleicht haben Sie schon mal gehört, wie Sommelièren und Sommeliers über Wein sprechen? Sie beschränken sich nicht auf »fruchtigen« Rotwein und »spritzigen« Weißwein, sondern haben ein umfangreiches Vokabular, um genau zu sagen, wie der Wein schmeckt. Für eine Rezension müssen Sie sich zwar kein besonderes Theater- oder Literaturlatein zulegen, aber Sie sollten sich bemühen, Ihr Urteil genau zu begründen. Tim Schleider schreibt nicht einfach, dass ihm die Musik gefallen habe, sondern er hält fest: Klavier und Akkordeon »geben der Musik etwas Zartes, Fragiles, Melancholisches«.

Im Unterschied zu nachrichtlichen Beiträgen dürfen Kommentare – und daher auch Rezensionen – ein Schlusswort haben. Am Ende des Artikels dürfen Sie ein Fazit ziehen, falls Ihre Botschaft nicht schon überdeutlich geworden ist, und Sie dürfen einen Ausblick geben. Tim Schleider rahmt seine Rezension in eine Diskussion der Arbeitsbedingungen für Theaterleute mitten in der Omikron-Welle der Corona-Pandemie: Die Premiere des Stücks musste um eine Woche verschoben werden, schreibt er zu Beginn und endet mit der schwärmerischen Aussage: »Das kann nur Theater live: uns Zuschauer tief berühren.« Aber das müssen Sie nicht nachmachen. Wenn Sie schon früh im Text Ihre These verkündet haben, dann dürfen Sie einfach enden, wenn Sie Ihr Argument (oder Ihre Argumente) erläutert und verteidigt haben. Oft ist es übrigens sinnvoll, unter den Text eine Anmerkung zu stellen mit den wichtigsten Daten zum Werk, das Sie besprochen haben: Titel, Aufführungstermine, Preis und so weiter. Typischerweise macht das eine Redaktion immer nach demselben Schema; orientieren Sie sich einfach an bereits publizierten Artikeln.

In diesem Beispiel hat der Autor das Stück gelobt, aber in ähnlich deutlicher Art können Kritiker:innen ein Werk auch verreißen. Das kann die Künstler:innen hart treffen, auch wenn manche tapfer sagen mögen: »lieber schlechte Presse als gar keine«. Deshalb gilt hier, wie für alle Kommentare: Sprechen Sie die kritischen Punkte klar an, doch nur, wenn Sie sich Ihrer Sache auch sicher sind. Meinungsbeiträge sind nichts für Anfänger. Erst wenn Sie sich in dem Themengebiet auskennen, vor allem die Standards der Branche kennen, und wenn Sie ein Gespür für die Wirkung Ihrer Texte bekommen haben, sollten Sie sich an die harten Bewertungen trauen.

Die Analyse

Manchmal liegen die Dinge so kompliziert, dass kaum jemand durchblickt. Da hilft es, wenn Journalist:innen ihr Publikum Schritt für Schritt durch das Dickicht der Fakten führen. Beliebt sind in solchen Fällen Frage-Antwort-Stücke, in denen eine Redaktion im nachrichtlichen Stil die wichtigsten Fragen zu einem Thema beantwortet. Zum Beispiel könnte sie zu einer neuen Gebühr erklären, wer sie bezahlen muss, wofür sie eingesetzt werden soll, welche Ausnahmen es gibt und wohin man sich wenden muss, wenn man glaubt, die Gebühr nicht bezahlen zu müssen. Das ist übersichtlich, und durch die fett gedruckten Fragen sehen die Leser:innen sofort, wie der Artikel aufgebaut ist.

Manchmal steht aber nur eine Frage im Raum: Wie muss die Unternehmensführung umdenken, um mit der neuen Konkurrenz mithalten zu können? Welche Folgen hätte die Legalisierung von Cannabis? Wer profitiert vom neuen Steuerrecht, und wer zahlt drauf? In solchen Fällen bietet sich die Analyse an: ein ausführlicher Text, in dem Sie das Problem in seine Einzelteile zerlegen, um sie der Reihe nach anzuschauen. Nach einer Einleitung, in der Sie die Frage erläutern, gehen Sie zum Beispiel die Optionen durch, die der Firma vorgeschlagen worden sind, und tragen die wichtigsten Informationen dazu zusammen. Oder Sie unterteilen die Ausgangsfrage in Unterfragen, zum Beispiel in die Folgen der Legalisierung für den Cannabis-Konsum und die Folgen für den Cannabis-Markt. Oder Sie rechnen Beispielfälle zur Steuerlast durch. Am Ende müssen Sie die Ausgangsfrage nicht endgültig beantworten, doch Sie sollten zumindest alle verfügbaren Zutaten für eine Antwort zusammengetragen haben.

Manchmal ist es sinnvoll, dieses Aufdröseln der Fakten mit einer Portion Meinung zu kombinieren. Eine Redaktion kann zum Beispiel ihre Korrespondentin in Japan oder Argentinien bitten (falls sie dort noch eine Korrespondentin finanziert), die Regierungskrise in diesem Land für ein deutsches Publikum zusammenzufassen. Wenn die Autorin sich auf die groben Linien beschränkt und hierzu die wichtigsten Ereignisse mit ihrer professionellen Erfahrung einordnet, kann man viel daraus lernen. Sie könnte dann zum Beispiel schreiben: »Nach den Protesten schwenkte die Regierung um und verfolgt seitdem die Strategie …«, ohne diesen Umschwung im Detail zu belegen, weil sie in ihrem Beitrag aufzeigen möchte, wie das eine zum anderen führte. In manchen Redaktionen werden solche Artikel »Hintergrundberichte« genannt, obwohl damit nicht wirklich klar wird, dass es sich um einen Meinungsbeitrag handelt.

Die Fälle, die Sie analysieren, können ziemlich vertrackt sein. Stellen Sie sich einen Skandal vor, in dem über mehrere Monate immer wieder neue Details ans Licht kommen, Ermittlungsverfahren eingeleitet und Wohnungen durchsucht werden – und man sich nach einer Weile fragt: Wer steht nun eigentlich vor Gericht, und was wird ihnen zur Last gelegt? Die Arbeit an solchen Analysen ähnelt der des **investigativen Journalismus**, der Skandale aufdeckt und rekonstruiert. Die investigative Recherche erfordert Ausdauer und Hartnäckigkeit beim Durchwühlen der Akten und Überprüfen der Vorwürfe, auch wenn vielleicht ein überraschender Tipp von einem anonymen Insider am Anfang stand. Bei Analysen kann die Arbeit ganz ähnlich sein – nur dass typischerweise alle Dokumente frei verfügbar sind und die Expert:innen bereitwillig Auskunft geben. Bei langen, trockenen Gutachten macht sich zum Beispiel kaum jemand die Mühe, sie zu analysieren. Umso lohnender ist es, wenn Journalist:innen diese Herausforderung annehmen und ihrem Publikum helfen, sich eine fundierte Meinung zu bilden.

Ich will hier ein Beispiel diskutieren, in dem eine 232-seitige Stellungnahme des Deutschen Ethikrats zur Veränderung des menschlichen Erbguts untersucht wird. Die Stellungnahme erschien im Mai 2019, Rainer Kurlemann hat sie auf der Website *RiffReporter.de* analysiert. Er hätte sich darauf beschränken können, dem Publikum die Position des Ethikrats zu erläutern, indem er die wichtigsten Punkte herausarbeitet, sie mit Zitaten belegt und die zitierten Passagen vielleicht noch in eine Sprache ohne Fachjargon übersetzt. Doch das genügt ihm nicht; er bezeichnet seine Analyse im Vorspann als Kommentar. Schauen wir uns also zuerst an, welchen Mehrwert die Meinung des Autors bietet, und besprechen dann den Aufbau der Analyse.

Gleich in den ersten zwei Absätzen begegnet uns die erste Einschätzung von Rainer Kurlemann. Er findet, dass die Stellungnahme des Ethikrats nicht nur streitbar sei, sondern sogar mit einem Tabu breche: Der Ethikrat »schließt eine Veränderung des menschlichen Erbguts mit Hilfe der Gentechnik nicht mehr grundsätzlich aus«, auch wenn das Gremium Politik und Gesellschaft natürlich nur berät und keine Gesetze ändern kann. In einer berichtenden Analyse hätte der Autor hierzu die Urteile von Expert:innen zitiert, doch er kennt sich gut genug aus, um die Stellungnahme selbst einzuordnen.

Dieser Schwerpunkt der Analyse ist nicht offensichtlich. Der Ethikrat versteckt die Aussage im letzten Absatz seiner Pressemitteilung. Dort steht:

> In der Stellungnahe kommen die Ratsmitglieder zu sieben einstimmigen Empfehlungen, darunter die Forderung nach einem Anwendungsmoratorium, aber auch die Übereinkunft, dass die menschliche Keimbahn nicht kategorisch unantastbar sei.

Erst die letzten Wörter des langen Satzes formulieren den Sinneswandel: Eine genetische Veränderung vor der Geburt wird nicht mehr grundsätzlich ausgeschlossen. Rainer Kurlemann berichtet, dass ihm beim Lesen der Stellungnahme aufgefallen sei, wie ausführlich darin diskutiert wird, unter welchen Bedingungen gentechnische Eingriffe erlaubt sein sollten. Weil er regelmäßig über diese Themen berichtet, kannte er die Argumente schon, aber sie von dem bedeutendsten ethischen Beratungsgremium zu hören, hob die Debatte für ihn auf eine neue Stufe – Grund für einen genaueren Blick darauf.

In seiner Analyse präzisiert der Autor den Tabubruch zunächst, damit man ihn nicht überinterpretiert, denn es geht – vorerst – nur um die Prinzipien der Forschung und nicht gleich um praktische Konsequenzen. Die neuen Methoden, um das menschliche Erbgut vor der Geburt zu ändern, sind noch zu riskant für einen Einsatz, aber die Risiken für die Kinder wird man in den kommenden Jahren voraussichtlich verringern können. Um den Leser:innen zu verdeutlichen, wie nah der mögliche Einsatz schon ist, schreibt der Autor:

> Davon, das muss man klar sagen, ist die Forschung weit entfernt … Aber die Wissenschaft ist auf dem Weg dahin. Vor fünf Jahren hätten Experten noch gezweifelt, ob eine komplikationsfreie Genveränderung überhaupt möglich ist. Heute scheint dieser Schritt eher eine Frage der Zeit.

Der Autor erwähnt zwar den chinesischen Genetiker He Jiankui, der im November 2018 als Erster bekanntgab, das Erbgut von Babys verändert zu haben, und damit einen Sturm der Entrüstung auslöste, weil er weder die Sicherheit seines Eingriffs richtig geprüft noch dessen Konsequenzen bedacht hatte. Doch im Großen und Ganzen opfert der Autor den journalistischen Standard, alle Details sauber zu belegen, für ein anderes Ziel: Er möchte seinen Leserinnen und Lesern einen bedeutenden Sinneswandel des Ethikrats erläutern – und zwar so, dass die Bedeutung wirklich klar wird. Er zielt nicht auf die reißerische und irreführende Botschaft »Ethikrat macht den Weg frei für Designer-Babys«, sondern will seinem Publikum helfen, die tatsächliche Botschaft des Ethikrats zu verstehen, damit die öffentliche Debatte möglichst nicht in eine überflüssige Schaumschlägerei ausartet. Mit seiner eigenen Expertise kürzt er die Darstellung ab, um die wichtigsten Punkte herauszuarbeiten. So rückt er erst einmal ein Missverständnis zurecht:

> In einer ersten Reaktion haben viele Kritiker den Sinneswandel des Ethikrats als Freifahrtschein für die Wissenschaft interpretiert. Das ist falsch. Vielmehr steht dahinter der Appell, dass Gesellschaft und Politik endlich eine besondere Chance ergreifen. Die politischen Entscheider könnten Vorgaben für den Eingriff in die Keimbahn machen, noch bevor die Forscher mit der Entwicklung der Methoden fertig sind.

Und damit kommt der Autor zur Kernfrage seiner Analyse: Warum überhaupt die bisher strikte bioethische Position in Deutschland aufbrechen, um die gentechnischen Möglichkeiten differenzierter zu regulieren? Die Antwort: In der Bioethik hinkt die Gesetzgebung meist dem wissenschaftlichen Fortschritt hinterher, doch bei den neuen gentechnischen Methoden könnte es diesmal anders sein, wenn Öffentlichkeit und Politik die Anregung des Ethikrats aufnähmen. Der Autor schließt sich dieser Empfehlung des Ethikrats an und warnt davor, sich vor dem Thema »wegzuducken«.

Für diese These führt der Autor drei Argumente des Ethikrats an:

(1) Ein internationaler Standard in der Bioethik wäre wünschenswert. Denn wer es sich leisten kann, geht für eine Eizellspende oder Leihmutterschaft, die in Deutschland verboten sind, ins Ausland. Das ist auch bei den absehbaren neuen gentechnischen Angeboten zu erwarten. Bei dieser Gelegenheit fügt der Autor also noch eine Information ein, die manche Leser:innen überraschen mag: Ja, es gibt diesen Bioethik-Tourismus. Im Ausland haben sich sogar einzelne Kliniken darauf spezialisiert.
(2) Auch wenn innerhalb des Ethikrats umstritten bleibt, wie man die verschiedenen Anwendungsfälle ethisch beurteilen sollte, so ist eine pauschale Ablehnung der gentechnischen Methoden nicht mehr leicht zu rechtfertigen. Mit »Gott spielen« und »Frankenstein«, zwei Schlagworten aus oberflächlichen Debatten, haben die neuen Methoden nicht mehr viel gemein. Sie sind im Laboralltag angekommen, auch wenn sie bisher nicht am Menschen angewendet werden.
(3) Die Anwendungsfälle der Gentechnik sind sehr unterschiedlich und reichen von der Verhinderung unheilbarer, tödlicher Erkrankungen wie Mukoviszidose bis zur Er-

zeugung eines Designer-Babys mit einer bestimmten Augenfarbe. Man muss diese Fälle nicht gleich behandeln, sondern kann sie rechtlich unterschiedlich handhaben: die einen Eingriffe unter bestimmten Bedingungen erlauben und andere, die man abstoßend findet, verbieten.

Das Fazit von Rainer Kurlemann: »Es gibt also genug Stoff, über den man diskutieren kann.« Seine Analyse steigt nicht in die Diskussion der Anwendungsfälle ein und erläutert auch nicht das Für und Wider, das der Ethikrat in seiner Stellungnahme ausbreitet. Sie fokussiert sich auf eine vorgeschaltete Frage: Kann man nicht einfach alles lassen, wie es ist? Und sie begründet das Nein des Ethikrats. Zusammengefasst: Der Autor sieht eine Kehrtwende des wichtigen Beratungsgremiums, er findet sie nachvollziehbar, und er erklärt seinem Publikum, warum eine Neuregelung bioethischer Fragen nötig ist – ohne vorwegzunehmen, wie diese Fragen geregelt werden sollten. Auch wenn er am Ende also keine ethische Position zu den gentechnischen Eingriffen vertritt, ordnet er den Vorstoß des Ethikrats wertend ein.

Damit ist auch der Aufbau der Analyse deutlich geworden: In den ersten Absätzen stellen Sie normalerweise das Thema vor, erläutern den aktuellen Anlass und zeigen auf, wie viel von der Frage abhängt. Dann kommen Sie zur eigentlichen Analyse. In diesem Fall folgen die drei Argumente, mit denen der Ethikrat seinen Sinneswandel begründet. Wenn Sie hingegen den politischen Spielraum einer Regierung ausloten möchten, könnten hier drei Optionen folgen: vielleicht drei Anträge, die im Bundestag diskutiert werden? Falls es um die wirtschaftliche Ausrichtung eines IT-Unternehmens geht, könnten Sie hier auf die möglichen Zukäufe von Firmen, auf die Chancen neuer Technologien und die Erschließung neuer Märkte eingehen. Drei Gliederungspunkte sind eine typische Größe für einen mittellangen Zeitungs- oder Website-Artikel.

Analysen gehören klar zu den längeren Artikeln. Ich habe zwar geschrieben, dass man in solchen Beiträgen mit wertenden Einordnungen zügiger auf den Punkt kommen kann, dennoch haben Sie es als Autor:in üblicherweise mit einer ziemlichen Fülle an Material zu tun – es ist ja gerade das Ziel einer Analyse, in einem unübersichtlichen Feld etwas aufzuräumen. Und Sie benötigen einige Absätze, bis Ihre Leser:innen durchblicken und die Punkte erkennen, auf die es ankommt. Aber die Mühe lohnt sich, denn in wichtigen Themen Klarheit zu schaffen ist eine hilfreiche Ergänzung zum täglichen Geschäft der Nachrichten und Kommentare.

Das Diskussionsforum

Im redaktionellen Alltag kann man zuweilen den Eindruck bekommen, dass die hehren journalistischen Ziele, die wir in diesem Buch diskutieren, durch schnöde Statistiken ersetzt werden: Es zählt nicht, ob der Meinungsbeitrag Orientierung gibt oder beim Verständnis einer verworrenen Lage hilft, sondern ob er geteilt und kommentiert wird. Die leicht messbaren quantitativen Erfolgskriterien stechen die qualitativen Kriterien aus, weil man über die qualitativen Kriterien länger nachdenken und vielleicht auch mit Kolleg:innen diskutieren muss. Mit Klicks, Likes und Shares lässt sich hingegen schnell ein Ranking erstellen. Auch wenn die Redaktionsleitungen beteuern, dass diese Zahlen nicht alles sagen – auf sie wird regelmäßig geblickt. Und die Folgen sind auch allen klar: Wer in den Sozialen Medien mehr Aufmerksamkeit bekommen will, muss die Algorithmen bedienen – und die Algorithmen verlangen Posts, die bei den Nutzer:innen starke Reaktionen hervorrufen und dafür sorgen, dass die Nutzer:innen das Soziale Medium weiter nutzen.

Nun ist es nicht verkehrt, mit Meinungsbeiträgen das Publikum aufzurütteln und zum Mitdiskutieren anzuregen. Da-

Im Format *13 Fragen*, das Salwa Houmsi und Jo Schück bei ZDFkultur moderieren, suchen sechs Gäste aus zwei unterschiedlichen politischen Lagern einen Kompromiss. Wenn sie einer Äußerung der Gegenseite zustimmen, gehen sie einen Schritt aufeinander zu. Hören sie etwas, dem sie widersprechen, treten sie einen Schritt zurück.

her sind die Statistiken nicht verfehlt, doch sie erfassen nur die unmittelbare Reaktion. Ob sich hinter jedem Herzchen und Kotz-Smiley wirklich ein Gedanke oder gar ein Argument verbirgt, bleibt fraglich. Daher ist es sinnvoll, sich mit anderen, gründlicheren Arten des Austauschs zu befassen, denn um einen Austausch geht es ja: Sie präsentieren Ihre Meinung den Leserinnen und Lesern nicht als letztes Urteil, das keinen Widerspruch mehr erlaubt. Wer weiß, vielleicht können Sie am Ende sogar etwas von Ihrem Publikum lernen? Eine Diskussion auf Augenhöhe wird jedenfalls im Journalismus häufig eingefordert.

Doch ein Austausch kostet Zeit. Einige Redaktionen haben in den vergangenen Jahren die Foren unter ihren Online-Artikeln eingeschränkt oder abgeschafft. Von einem Verlag erwartet das Gesetz, dass die Kommentare sofort auf Beleidigungen und Hetze überprüft werden, und das erfordert Personal. Hier fragen sich die Verlagsleitungen, wie viel sie in die Moderation der Foren investieren wollen. Auch in den Sozialen Medien auf einzelne Kommentare und Posts zu reagieren, ist aufwendig und wird nach meinem Eindruck nur in ausgewählten Fällen gemacht. Was kann man tun, wenn man dennoch mit dem Publikum ins Gespräch kommen möchte – egal, ob nach der Veröffentlichung oder, was auch möglich ist, um Ideen zu sammeln, noch während der Recherche? Ich sehe drei Ansätze, die ich andeuten möchte.

Wie geht man mit Input des Publikums um?

- **Exemplarischer Austausch:** Sie bestimmen einzelne Gelegenheiten zum Austausch, organisieren etwa einen Live-Chat oder laden zu einer Diskussionsrunde in den Redaktionsräumen ein. Anschließend berichten Sie darüber oder lassen einzelne Teilnehmer:innen ihr jeweiliges Fazit in einem Video-Statement ziehen. So bekommen auch andere mit, was diskutiert worden ist.
- **Summarischer Austausch:** Es gibt inzwischen Software, die die Reaktionen des Publikums – Kommentare, Bewertungen und die Ergebnisse von Umfragen und Abstimmungen – für die Redaktion übersichtlich aufbereitet. So können Sie auf den gesammelten Eindruck Ihrer Leserinnen und Leser antworten.
- **Individueller Austausch:** Manche Journalist:innen sagen, das Zeitalter der Massenmedien gehe zu Ende. Sie fokussieren sich ohnehin auf kleinere Zielgruppen, mit denen sie sich enger austauschen können. Möglicherweise helfen die Werkzeuge der Künstlichen Intelligenz dabei, die Leserinnen und Leser individuell anzusprechen. Hier wird sich in den kommenden Jahren sicher einiges tun …

Diese Ansätze funktionieren aber nur, wenn Sie es ernst meinen und die Teilnahme einfach halten. Machen Sie also transparent, was Sie sich vom Austausch mit dem Publikum erhoffen und wie Sie den Input der Leserinnen und Leser in Ihre journalistische Arbeit aufnehmen werden. Erläutern Sie die Regeln des fairen Austauschs, den Sie sich vorstellen. Und fordern Sie von Ihren Leserinnen und Lesern nicht so viel, dass es sich für sie anfühlt, als würden sie Hausaufgaben erledigen. Wenn Sie zum Beispiel Erfahrungen mit einem verbilligten ÖPNV-Ticket sammeln wollen, dann fragen Sie nicht direkt nach einer differenzierten Bewertung, denn darüber müsste man erst einmal nachdenken. Fragen Sie lieber nach Erlebnissen mit dem Ticket und auch nach entgangenen Erlebnissen (»ich wollte mit dem Bus an den See, doch es fuhr kein Bus«). Hier haben alle etwas zu erzählen, und Sie werden ein buntes Bild an authentischen Eindrücken erhalten.

Möglichkeiten: Eine Brücke bauen

Sie arbeiten zwar die Unterschiede zwischen den Positionen heraus, werben aber auch für einen konstruktiven Streit.

Seit 1953 fragt das Allensbach-Institut regelmäßig: »Haben Sie das Gefühl, dass man heute in Deutschland seine politische Meinung frei sagen kann, oder ist es besser, vorsichtig zu sein?« Die Zustimmung zur gefühlten Meinungsfreiheit ist in den vergangenen Jahrzehnten zurückgegangen, lag aber bis zur letzten Befragung im Jahr 2011 immer deutlich über 50 Prozent. Im Frühjahr 2021 sagten dann nur noch 45 Prozent, dass sie sich politisch frei äußern könnten, und fast ebenso viele sagten, sie seien lieber vorsichtig. Das könnte an der *Political Correctness* liegen, an der sich viele stoßen, vermutet Thomas Petersen vom Allensbach-Institut in einem

Gastbeitrag in der *Frankfurter Allgemeinen Zeitung*. Und das Institut sieht auch mindestens einen Schuldigen, denn irgendjemand muss die *Political Correctness* ja durchsetzen:

> Wer im persönlichen Umfeld Zigeunerschnitzel bestellt, von Indianerhäuptlingen spricht und es sich erspart, im privaten Gespräch »Gendersternchen« mitzusprechen, wird kaum jemals auf den Unmut seiner Mitmenschen stoßen. Woher kommt also der Eindruck, man dürfe dies nicht tun? Dies ist nur erklärbar, wenn man die Rolle der Massenmedien in diesem Prozess mitberücksichtigt. Ohne sie könnte ein solcher öffentlicher Druck gegen die Einstellungen der Mehrheit nicht aufgebaut werden.

Das Argument finde ich nicht zwingend, denn es wird nicht erklärt, warum nicht auch die Behörden und Parlamente oder die Schulen und Hochschulen eine Rolle spielen könnten. Und wie passt dazu, dass viele Redaktionen gerne lautstarke, politisch inkorrekte Äußerungen zitieren und sich selbst mit dem Gendern schwertun? Ich kann außerdem die Verwunderung von Stefan Niggemeier im Portal *Übermedien.de* verstehen, der sich fragt, was es bedeutet, wenn rund die Hälfte der Befragten angibt, bei den Themen Juden und Hitler könne man sich den Mund verbrennen:

> Was würden die Deutschen *eigentlich* gern über das Dritte Reich sagen? »Aber die Autobahnen«? Welchen *Hot Take* über Rechtsextremismus verkneifen sie sich lieber?

Vielleicht ist es gar nicht so schlecht, wenn man nicht jeden Quatsch herausposaunt – wenn ungeschriebene Regeln einen davon abhalten. Trotzdem möchte ich zum Schluss dieses Kapitels besprechen, was Journalist:innen tun können, um das Diskussionsklima zu verbessern. Denn es ist klar, dass diese

Branche in der öffentlichen Debatte kräftig mitmischt und daher auch einen Teil der Verantwortung für die Folgen ihrer Publikationen trägt. Wenn ihre Berichterstattung tatsächlich dazu beitragen sollte, dass sich Menschen gegängelt fühlen, dann sollten sich Journalist:innen damit auseinandersetzen.

Was können Journalist:innen tun? Ich möchte drei Arten von Vorschlägen unterscheiden und sie am Ende dieses Kapitels diskutieren:

(1) Ein wichtiges Indiz für eine hochwertige öffentliche Debatte ist, dass die Beteiligten aufeinander eingehen – nicht unbedingt wohlwollend, aber argumentierend. Sprich: Sie nehmen einander ernst. Das sollte auch für die Debatten gelten, die sich in journalistischen Beiträgen widerspiegeln.

(2) Die Politik muss meist entscheiden, ohne dass sie genau weiß, was passieren wird. Es gibt zwar Simulationen und Prognosen, aber oft sind die Fakten ungewiss. Journalist:innen sollten diese Unsicherheiten vermitteln, auch wenn sich das Publikum klare Ansagen wünschen würde.

(3) Niemand wird gerne Opportunist genannt, aber in der heutigen dynamischen Welt muss man lernfähig sein. Diese Balance muss auch der Journalismus für sich finden.

Mit Gegenmeinungen umgehen

Als ich 2003 hauptberuflich Journalist wurde, hatte ich noch einen Karteikasten mit den Kontaktdaten meiner Gesprächspartner. Die Telefonnummern von Expert:innen waren damals viel wert; man konnte sonst lange danach suchen. Und der Kasten hatte einen weiteren Vorteil, der mir damals nicht bewusst war: Ich habe länger darüber nachgedacht, wessen Meinung ich gerne hören würde. Seither ist es einfach geworden, Menschen zu kontaktieren, und viele machen sogar von sich aus auf sich aufmerksam. Das kann einen dazu verleiten, immer die lautesten Kritiker:innen zu zitieren. Viele im Journalismus halten das für den richtigen Weg: Wer die extremen Personen und Positionen gegeneinanderstellt, zeigt dem Publikum das Spektrum der Möglichkeiten. Es erfährt auf diese Weise, welche Wahl es hat. Außerdem werden journalistische Beiträge mit zugespitzten Aussagen eher wahrgenommen als ruhige Überblicke. Doch ich halte diese Strategie für problematisch, weil sie den Dialog eher behindert, als dass sie ihn fördert. Wenn die Extreme einer Debatte immer weiter auseinanderdriften, kann es kontraproduktiv sein, sich weiterhin auf die extremen Positionen zu fokussieren. Die Mehrheit der Menschen wird ohnehin Positionen einnehmen, die näher an der Mitte liegen.

Um das Jahr 2010 herum haben viele gehofft, dass das Web 2.0 die öffentliche Debatte demokratisieren werde: Die Diskussion beschränkt sich nicht mehr auf wenige, privilegierte Teilnehmer:innen (darunter die Journalist:innen), sondern alle haben die Möglichkeit mitzureden. Doch von diesem Optimismus ist nicht viel übriggeblieben. Heute fragen wir uns, wie viel uns die Apps überhaupt von der Welt außerhalb unserer Filterblase zeigen. Und manche ziehen sich aus der digitalen Debatte zurück, weil dort oft Trolle den Ton angeben. Schöne neue Welt!

Als Journalist:in können Sie dagegenhalten und in Ihren Beiträgen einen möglichst produktiven Austausch einfangen. Schauen wir uns ein paar Beispiele an. Nehmen wir an, ein Politiker fordert, eine neue Stromtrasse zu bauen, um das Stromangebot und den Strombedarf im Netz besser ausgleichen zu können. Als Journalist:in suchen Sie nun nach Einwänden und finden diese:

(1) »Der Politiker will nur von seiner Dienstwagenaffäre ablenken.«

(2) »Die Partei des Politikers will ein ideologisch motiviertes Energiekonzept durchsetzen, das die Energiesicherheit des Landes gefährdet.«
(3) »Die Anwohner sind geschlossen gegen die neue Trasse.«
(4) »Für die Trasse müssten Bäume in einem Naturschutzgebiet gerodet werden.«

Kritik dieser Art kennen Sie sicher aus den Nachrichten. Mit welchen Einwänden würden Sie sich in einem Kommentar auseinandersetzen? Würden Sie sich mit der Frage beschäftigen, was die Motive hinter dem Vorschlag sind, oder würden Sie das Not-in-my-backyard-Phänomen diskutieren? Hier einige Gedanken dazu:

(1) Politische Vorschläge strategisch zu deuten, kann aufschlussreich sein. Es ist durchaus möglich, dass der Politiker gar kein inhaltliches Interesse an der Stromtrasse hat, sondern nach einem Thema sucht, mit dem er in seiner Partei oder in der Öffentlichkeit punkten kann. Aber seien Sie vorsichtig, denn solche Hintergedanken sind leicht unterstellt: Suchen Sie nach Belegen und geben Sie sich nicht mit dem Eindruck zufrieden, dass es so gewesen sein könnte. Manchmal verhindert die Gegenseite mit dieser Unterstellung, dass über das Für und Wider des Vorschlags ernsthaft diskutiert wird.
(2) Einen Vorschlag abzulehnen, bloß weil er aus der falschen Ecke kommt, ist nicht redlich. Mit diesem Einwand wird ein Wir-gegen-die-Denken gestärkt. Wenn Sie diesen Einwand zitieren, werden viele Ihrer Leser:innen denken: »Ach, schon wieder der übliche Streit … Das lohnt sich nicht zu lesen.«
(3) Dieser Einwand ruft nach einer genaueren Recherche, bevor Sie kommentieren, denn oft ist die Lage nicht so schwarz-weiß, wie sie hier dargestellt wird. Als Erstes

würde mich interessieren, ob der Einwand stimmt. Es wird sicher Proteste geben, doch wie viele stehen dahinter? Als Journalist:in können Sie die Anwohner auch selbst zu Wort kommen lassen. Als Zweites würde ich wissen wollen, welchen Ausgleich die Anwohner für die Hochspannungsleitung bekommen sollen. Ist mit ihnen überhaupt schon darüber verhandelt worden? Haben sie einen Gegenvorschlag gemacht?

(4) Bei diesem Einwand deutet sich eine interessante Debatte an. Möglicherweise steht man hier vor dem Problem, dass sich zwei Ziele gegenseitig ausschließen und man sich für eins entscheiden muss. Aber vielleicht hat man bloß noch nicht alle kreativen Lösungen geprüft? Als Journalist:in können Sie sich umhören: Wer setzt sich ernsthaft mit dem Problem auseinander? Hat jemand aus diesem Kreis einen Vorschlag? Gibt es andernorts einen vergleichbaren Fall, der schon gelöst worden ist und als Vorbild dienen kann?

Mit diesen Skizzen möchte ich andeuten, dass Sie beim Schreiben verschiedene Möglichkeiten haben, die Gegenseite einzuarbeiten. Wählen Sie die Einwände, die nicht nur einen Konflikt aufzeigen, sondern eine interessante Debatte versprechen. Mit anderen Worten: Journalismus lebt vom öffentlich ausgetragenen Streit, aber machen Sie es den Kontrahenten nicht zu einfach. Die Gegenseite für dumm erklären kann jeder. Fordern Sie Antworten auf die Argumente ein, die Sie entscheidend finden. Und vergessen Sie nicht die Perspektive der Betroffenen.

Es gibt in einer Debatte oft mehr als nur zwei Seiten. Der US-amerikanische Psychologe Peter Coleman sieht darin ein Kennzeichen der Herausforderungen des 21. Jahrhunderts: Migration, Gesundheit, Bildung oder die Klimakrise lassen sich kaum als Pro & Contra darstellen. Indem Journalist:innen aber zwei Seiten kontrastieren, drängen sie ihr Publikum dazu, sich auf eine dieser beiden Seiten zu schlagen. Und hat man das erst getan, fällt es einem schwerer, sich mit der Gegenseite auseinanderzusetzen. In einem Experiment an der Ludwig-Maximilians-Universität München hat Coleman das mit seiner Kollegin Katharina Kugler vorgeführt: Sie ließen jeweils zwei Personen mit unterschiedlichen politischen Ansichten über umstrittene Themen wie Abtreibung und Sterbehilfe diskutieren. Wenn sie ihren Proband:innen zu Beginn die Argumente für und gegen das Recht auf Abtreibung oder Sterbehilfe aufzählten, gelang es den beiden nur in der Hälfte der Fälle, sich auf einen gemeinsamen Text zum Thema zu einigen. Wenn Katharina Kugler und Peter Coleman das Thema aber nicht als Pro & Contra darstellten, sondern vielmehr als Geflecht von Fragen, die einzeln durchdacht und beantwortet werden können, gelang allen Zweierteams ein Statement. Weil das Briefing also auf eine Gegenüberstellung von zwei Positionen verzichtete, fiel es den Versuchspersonen leichter, eine differenzierte Position einzunehmen, die letztlich Kompromissmöglichkeiten bot.

Ich sehe in diesem Experiment einen Appell an den Journalismus, dem Publikum nicht nur die extremen Positionen zu präsentieren, sondern auch differenzierte Meinungen, die weniger klar voneinander zu unterscheiden sind. Das macht die Berichterstattung komplexer, aber sie erleichtert es dem Publikum, sich mit den politischen Positionen zu identifizieren. Im ersten Kapitel über das Berichten habe ich die Kritik des Netzwerks Klimajournalismus an den Triellen vor der Bundestagswahl 2021 zitiert: Dort sei nur diskutiert worden, wie viel der Klimaschutz koste und ob wir uns ihn leisten könnten. Ich habe im ersten Kapitel argumentiert, dass der Klimaschutz mehr ist als nur ein Etatposten im Bundeshaushalt und dass seine Ausgestaltung Antworten auf schwierige Fragen verlangt. Von Katharina Kugler und Peter Coleman bekommen wir nun einen Vorschlag, wie Journalist:innen diese Komplexität des Themas angehen sollten: mit dem Mut, die Fragen mit ihrem Publikum zu diskutieren.

Mit Unsicherheiten umgehen

Die Klimakrise, die Pandemie und der russische Überfall auf die Ukraine: Während ich dieses Buch schreibe, stöhnen Journalist:innen in ihren Beiträgen, eine dieser Krisen allein würde schon genügen. Alle drei Krisen zeigen jedoch, wie es um die globalen Herausforderungen im 21. Jahrhundert bestellt ist: Alles hängt mit allem zusammen. Kein Land kann sich vom globalen Geschehen abkoppeln, und sein Handeln hat wiederum Konsequenzen in anderen Regionen der Welt. Weil es so kompliziert ist, helfen einfache Rezepte nicht weiter. Die fernen Ziele sind zwar klar: den Temperaturanstieg möglichst bei 1,5 Grad stoppen, die meisten Menschen so immunisieren, dass das Virus zu einem »normalen« Virus wird, und Wladimir Putin nicht gewinnen lassen. Doch die Ziele legen nicht unsere nächsten Schritte fest, weil es viele Möglichkeiten gibt und viele davon auch unerwünschte Nebenwirkungen haben können. Aber eigentlich haben wir keine Zeit, um lange darüber nachzudenken.

Wer hier fordert, endlich Klartext zu reden, will die Probleme mit dem Holzhammer bearbeiten. Ich glaube, dass ein beherztes, aber umsichtiges Vorgehen besser wäre. Die Politik darf nicht ewig diskutieren, sondern muss auch handeln, sollte aber die Folgen ihres Handelns im Blick behalten und im Notfall zügig gegensteuern. Was das für den Journalismus bedeutet, möchte ich an einem Beispiel herausarbeiten, in dem Unsicherheiten sichtbar werden: dem CO_2-Budget.

Das Budget ist eine Erfindung aus der Wissenschaft, um die Erkenntnisse der Klimaforschung für Politik und Öffentlichkeit verständlicher zu machen. Wenn man festlegt, um

Historische CO_2-Emissionen und verbleibendes CO_2-Budget

Globale Erwärmung zwischen 1850 und 1900 sowie 2010 und 2019		Historisch kumulierte CO_2-Emissionen von 1850 bis 2019				
ungefähr 1,07 Grad Celsius		ungefähr 2390 Milliarden Tonnen CO_2				
Temperaturgrenze, die möglichst nicht überschritten werden soll (in Grad Celsius)	Noch zulässige globale Erwärmung ab heute (in Grad Celsius)	Geschätzte verbleibende CO_2-Budgets ab 2020 (in Milliarden Tonnen) für unterschiedliche Wahrscheinlichkeiten, mit denen die Temperaturgrenze eingehalten werden soll				
		17 %	33 %	50 %	67 %	83 %
1,5	0,43	900	650	500	400	300
1,7	0,63	1450	1050	850	700	550
2,0	0,93	2300	1700	1350	1150	900

Wenn der Temperaturanstieg mit einer Wahrscheinlichkeit von 67% bei 1,5 Grad gestoppt werden soll, darf die Menschheit nach Berechnungen des Weltklimarats ab 2020 nur noch 400 Milliarden Tonnen CO_2 ausstoßen. Das reicht bei derzeit 42 Milliarden Tonnen CO_2 pro Jahr bis zum Sommer 2029. Die Tabelle zeigt, unter welchen Bedingungen sich das verfügbare Budget erhöht. Will man den Temperaturanstieg zum Beispiel erst bei 2,0 Grad stoppen und akzeptiert man eine Erfolgswahrscheinlichkeit von nur 50%, dann bleiben 1350 Milliarden Tonnen. Das würde bei den gegenwärtigen Emissionen bis zur Mitte des Jahrhunderts reichen.

(Quelle: IPCC: Summary for Policymakers. In: Climate Change 2021: The Physical Science Basis. Contribution of Working Group I to the Sixth Assessment Report of the Intergovernmental Panel on Climate Change. Cambridge / New York 2021, S. 3–32, hier S. 29.)

wie viel die globale Durchschnittstemperatur in diesem Jahrhundert höchstens noch steigen darf, dann rechnen die Forscher:innen aus, wie viele Treibhausgase noch in die Luft gelangen dürfen. Da sich Kohlendioxid in der Atmosphäre über Jahrzehnte hält und sein Wärmeeffekt gut erforscht ist, lässt sich dieses Budget einigermaßen zuverlässig berechnen. Das

Mercator-Forschungsinstitut MCC zählt auf seiner Website herunter, wie viel Zeit uns weltweit noch bleibt, bevor unser CO_2-Budget aufgebraucht ist, sofern wir unsere Emissionen nicht drosseln. Während diese Zeilen im Sommer 2023 gedruckt werden, bleiben uns noch knapp sechs Jahre. Wenn wir den Temperaturanstieg wirklich auf 1,5 Grad begrenzen wollen, weil sonst die Korallenriffe absterben und einige Atolle untergehen werden, dann sollten wir unsere Emissionen bis zum Sommer 2029 auf null bringen. Einige Länder könnten sich damit etwas mehr Zeit lassen, wenn andere Länder das Ziel früher erreichen.

Doch die Lage ist noch etwas komplizierter, denn die sechs Jahre gelten für den Fall, dass wir die 1,5-Grad-Grenze mit einer Wahrscheinlichkeit von 2 zu 1 einhalten wollen. Erlauben wir uns hingegen mehr Risiko, das 1,5-Grad-Ziel zu verfehlen, vergrößert sich das Budget. Und es gibt noch eine zweite Möglichkeit, das Budget großzügiger zu berechnen: Wir könnten für wenige Jahrzehnte über 1,5 Grad gehen und dann die Atmosphäre abkühlen, um langfristig wieder unter die 1,5-Grad-Grenze zu kommen. Vielleicht können wir so die Korallenriffe und Atolle retten – das müsste man untersuchen. Am Ende wird auch hier eine Wahrscheinlichkeit stehen: Mit XX Prozent würde ein Staat wie die Marshallinseln, der nur wenig über dem Meeresspiegel liegt, dieses Realexperiment nicht überleben. Wir müssten mit den betroffenen Menschen besprechen, ob wir dieses Risiko eingehen wollen.

Wir müssen also lernen, mit Wahrscheinlichkeiten umzugehen. Doch wie macht man das in Meldungen und Kommentaren? Muss man in diesen kurzen Artikeln nicht auf das wissenschaftliche Kleingedruckte verzichten, um auf den Punkt zu kommen? Als Journalist:in könnten Sie argumentieren, dass die Botschaft auch ohne die Feinheiten klar ist: Ob wir nun in sechs, sieben, acht oder neun Jahren auf null

Emissionen kommen müssen, ist nicht so entscheidend – die Botschaft ist, dass wir einen dramatischen Rückgang brauchen, wenn wir unsere Klimaziele erreichen wollen. Also lassen Sie die Unsicherheiten weg. Ich würde Ihnen zugestehen, dass es nicht darauf ankommt, wann genau die CO_2-Uhr abläuft. Aber ich finde, dass Ihr Publikum dennoch erfahren sollte, wie es zu diesem Ablauftermin kommt und wovon er abhängt. Das sind schließlich die Stellschrauben, über die man politisch debattieren kann. Ich würde eine Erläuterung in dieser Art vorschlagen:

> Das der Menschheit noch zur Verfügung stehende CO_2-Budget wäre im Sommer 2029 aufgebraucht, wenn wir weiterhin so viel emittieren wie jetzt. Wenn wir die Emissionen drosseln, reicht das Budget länger. Wir könnten es weiter vergrößern, wenn wir ein höheres Risiko akzeptieren würden, die 1,5-Grad-Grenze zu überschreiten. Die aktuelle Berechnung des Mercator-Forschungsinstituts MCC beruht darauf, dass wir die Grenze mit einer Chance von 67 Prozent einhalten. Würden wir die Erfolgswahrscheinlichkeit zum Beispiel auf 50 Prozent senken, würde das CO_2-Budget 2,5 Jahre länger halten.

Es gibt noch einen zweiten Grund, die Zahlen ernst zu nehmen und nicht nur als ungefähre Zielmarke zu betrachten: Stellen Sie sich vor, in einem anderen journalistischen Beitrag wird ein anderes Datum genannt als in Ihrem. Dann fragt man sich doch, ob die Klimaforscher:innen wissen, was sie tun. Ihnen könnte dann unterstellt werden, sie würden je nach politischer Lage mal das eine sagen und mal das andere. Es gehört daher zur journalistischen Sorgfalt, die wissenschaftlichen Ergebnisse so darzustellen, wie sie gemeint sind. Wenn die Ergebnisse nicht als exakte Prognosen gemeint sind, sondern als mögliche Szenarien, die auf bestimmten

Annahmen beruhen, dann sollten Sie das in Ihren Artikeln auch so erklären.

Mit Fehlern umgehen

Auf dem Portal *Krautreporter.de* hat Theresa Bäuerlein im Oktober 2021 einen Kommentar gegen die starke Meinung geschrieben. Weniger Meinung sei ein Schlüssel für bessere Gespräche. Ich zitiere sie als ein Beispiel von vielen: Überall auf der Welt fragen sich Journalist:innen, wie man gewinnbringend diskutiert, und probieren neue Formate aus. Theresa Bäuerlein ist sich bewusst, dass sie in ihrem Kommentar selbst eine starke Meinung vertritt – sie will aber nicht darauf hinaus, dass man sich seine Meinungen verbieten sollte, sondern dass man gelassener mit ihnen umgeht und sie kritisch hinterfragt. Sie schreibt:

> Meinungen sind billig, deswegen hat jeder so viele davon. Wissen ist teuer, nämlich hart erarbeitet. Wer sagt: »Ich habe ein Recht auf meine Meinung«, will eigentlich sagen: »Ich darf alles behaupten, was ich will.«

Auch Journalist:innen wissen nicht alles. Sie können nicht alles auf einmal recherchieren, und manche Dinge sind tatsächlich vorerst unbekannt. Daher würde ich versuchen, dem Drang zu widerstehen, den Leser:innen mehr Gewissheit zu vermitteln, als man selbst hat. Dann fällt es auch leichter, hinterher einen Fehler zuzugeben, wenn das nötig werden sollte.

Stellen Sie sich vor, in einem Fluss in Ihrer Nähe schwimmen tote Fische an der Oberfläche. Außerdem bekommt ein Mädchen, das im Fluss gebadet hat, einen Ausschlag. Die zuständige Behörde hat aber eine Wasserprobe genommen und das Wasser für unbedenklich erklärt. Wie kommentieren Sie die Situation? Berufen Sie sich auf die Behörde und ermuntern Sie Ihre Leser:innen zu einem Bad im Fluss – schließlich brennt seit Tagen die Sonne vom Himmel und alle sehnen sich nach Abkühlung? Oder argumentieren Sie, dass man lieber vorsichtig bleiben sollte, bis die letzten Anzeichen einer eventuellen Verschmutzung verschwunden seien?

Im echten Leben haben Sie vielleicht noch etwas mehr Informationen zur Verfügung, weil Sie mit Umweltschützer:innen, Fischer:innen, Ärzt:innen und Biolog:innen der nahegelegenen Universität gesprochen haben. War das Fischsterben eine einmalige Sache? Könnte der Ausschlag des Mädchens eine andere Ursache haben? Aber trotz aufwendiger Recherche kann es sein, dass Sie den Fall nicht aufklären können. Und dann schreiben Sie vielleicht diesen Kommentar:

> Die Angler halten sich noch zurück, aber Kinder haben gestern wieder im Fluss gespielt. Recht so! Der Fluss gilt seit langem als Musterbeispiel für ein sauberes Gewässer, die zuständige Behörde hat das kürzlich erneut bestätigt. Lassen wir uns den Sommerspaß also nicht von ein paar Alarmisten verderben.

Wenn das Wasser am Ende doch verschmutzt sein sollte, wird es heißen, Ihr Kommentar sei schlecht gealtert. Ich würde mich daher nicht so weit aus dem Fenster lehnen. Ohne Ihre Meinung zu ändern, können Sie herausarbeiten, dass Sie auf der Grundlage des aktuellen Wissensstands abwägen, zum Beispiel so:

> Weder die toten Fische noch der Ausschlag eines Mädchens konnten bisher auf eine Verschmutzung des Flusses zurückgeführt werden. Eine Behörde braucht aber einen begründeten Verdacht, um ein Verbot auszusprechen. Daher bleibt das Baden erlaubt, und niemand sollte sich für ein

Bad im Fluss rechtfertigen müssen. Die Behörde sollte aber die Sorgen aufnehmen und den Fluss nun genauer überwachen als sonst.

Mit diesem Beispiel wird noch einmal deutlich, wie Fakten und Werte zusammenarbeiten, um einen Meinungsbeitrag zu fundieren. Meinung heißt nicht, die Fakten herunterzuspielen oder überzubewerten. Meinung heißt vielmehr, auf der Grundlage der Fakten die Werte abzuwägen. Wie groß das Risiko beim Baden ist, ist eine Sachfrage, die Sie als Journalist:in (mehr oder weniger gut) klären können. Wenn dann gefragt wird, ob das Risiko noch akzeptabel ist oder nicht mehr, sind Sie mit einem Kommentar an der richtigen Stelle.

Schluss: Journalistisches Marketing

Wenn Sie mit Ihrem Artikel kurz vor dem Ende der Abgabefrist fertig werden, dann sind Sie eigentlich zu spät. Denn Sie müssen sich auch noch um die »kleinen Texte« kümmern, und oft gibt es niemanden, der Ihnen diese Arbeit abnimmt. Mit den kleinen Texten sind nicht nur die Überschrift und die Zwischentitel gemeint, sondern auch die Bildunterschriften und die Metadaten des Artikels. Als **Metadaten** bezeichnet man alle zusätzlichen Angaben, die das Redaktionssystem benötigt, um mit Ihrem Artikel richtig umzugehen: In welches Ressort gehört er? Soll er sofort oder erst später publiziert werden? Ist er kostenpflichtig? Und mit welchen Teasern soll auf den verschiedenen Publikationskanälen für Ihren Artikel geworben werden?

Nehmen Sie diese Texte und Angaben ernst, denn anhand dieser kleinen Texte entscheiden Ihre Leser:innen, ob sie Ihren Artikel überhaupt lesen. Auf diese Texte fällt der Blick zuerst, die meisten Leser:innen werden sogar nur Ihre kleinen Texte lesen. Das muss nicht schlimm sein – wenn der Titel einer Nachricht das Wesentliche erzählt und sich die Leser:innen hinreichend informiert fühlen, hat der Titel seinen Zweck erfüllt. Doch Sie möchten natürlich so viel Interesse wecken, dass die Leser:innen mehr über das Thema wissen wollen und den ganzen Artikel lesen. Geben Sie sich daher Mühe und reservieren Sie vor der Abgabe des Artikels reichlich Zeit dafür, an den kleinen Texten zu feilen. Auch wenn es schnell gehen muss, weil Sie sehr aktuell arbeiten, sind 20 Minuten nicht verkehrt. Und wenn Ihre große Reportage erst am nächsten Tag veröffentlicht werden soll, haben Sie sicher eine Stunde oder zwei für die kleinen Texte übrig. In jedem Fall sollten Sie vermeiden, dass die Kolleg:innen Ihre Überschrift als langweilig kritisieren und Sie zur Antwort knurren: »Mir fällt aber nichts Besseres ein.«

Schauen wir uns an, um welche Textelemente es geht:

- Die **Überschrift** ist die Neonreklame für Ihren Artikel. Bei Nachrichten sagt sie, was geschehen ist, bei Meinungsbeiträgen deutet sie die Meinung an, die im Artikel vertreten wird. Bei erzählerischen Texten haben Sie größere Freiheiten, darauf gehe ich gleich ausführlicher ein. Im Print-Geschäft müssen Sie sich an Layout-Vorgaben halten. Dann geht eine perfekte Überschrift vielleicht nicht, weil sie zwei Buchstaben zu lang ist. Im Online-Geschäft müssen Sie hingegen darauf achten, dass die einschlägigen Begriffe enthalten sind, damit die Suchmaschinen den Artikel richtig einordnen.
- Die Überschrift wird oft durch eine **Dachzeile** oder eine **Unterzeile** ergänzt. Die Dachzeile gibt normalerweise das Themengebiet an. Dort steht dann »Börse« oder »Bundesliga«. Die Unterzeile kann die Titelzeile genauer erläutern. In Zeitungen und Zeitschriften wird das oft genutzt, auf Online-Portalen überlässt man diese Aufgabe meist dem Vorspann. In jedem Fall wird das Format von der Redaktion vorgegeben, da haben Sie keine Wahl.
- Mit dem **Vorspann** (oder **Teaser**) laden Sie Ihre Leser:innen zum Lesen ein. Hier nehmen Sie die Leser:innen an die Hand, nehmen gemeinsam Anlauf und stürzen sich in den Text. Oft müssen Sie sogar mehrere Teaser schreiben: Einer steht direkt über Ihrem Artikel, ein anderer auf der Startseite Ihres Web-Portals, ein dritter wird in den Sozialen Medien ausgespielt. Diese Varianten müssen vielleicht unterschiedlich lang sein, aber vor allem bieten sie Ihnen die Möglichkeit, sich genau auf die jeweilige Zielgruppe einzustellen. Für alle Varianten gilt: Der Vorspann ist nicht der erste Absatz Ihres Artikels. Ich rate Ihnen daher, den Vorspann erst zu schreiben, nachdem Sie Ihren Artikel fertiggestellt haben.

Das Paket mit Überschrift und Vorspann werde ich nun am Ende dieses Buchs ausführlich besprechen. Auch zur Frage, wie die visuellen Elemente beschriftet und mit dem Text verknüpft werden, werde ich einige Regeln und Empfehlungen erläutern. Ich werde mich dabei auf die Dinge konzentrieren, die sich auch über die Jahre nicht geändert haben und nach Redaktionsschluss dieses Buchs einige Zeit Bestand haben dürften. Andere Dinge werde ich auslassen: vor allem die Regeln, um Artikel in Suchmaschinen und Sozialen Medien gut zu platzieren. Diese Regeln sind für den Journalismus zwar wichtig, weil viele Leser:innen über Online-Suchen oder Empfehlungen in Sozialen Medien auf Nachrichten stoßen; die Homepage als zentrale Anlaufstelle für Nachrichtenhungrige hat an Bedeutung eingebüßt. Doch die Suchmaschinen und Sozialen Medien haben in der Vergangenheit ihre Algorithmen neu ausgerichtet und damit Journalist:innen gezwungen, ihre Praktiken zu ändern. Was ich Ihnen dazu erläutern könnte, würde schnell altern. Wenn Sie sich also für die spezielleren Regeln der Suchmaschinenoptimierung interessieren, halten Sie sich an aktuellere Ratgeber oder wenden Sie sich gleich an eine SEO-Expertin (die Abkürzung steht für die englische Bezeichnung: Search Engine Optimization, gemeint ist in Deutschland in erster Linie Google). Aber machen wir weiter mit der Liste der kleinen Texte.

- Jedes Bild erhält eine **Bildunterschrift** und einen **Alt-Text.** Bildunterschrift, im journalistischen Jargon »BU« genannt, und Alt-Text beschreiben beide das Bild, aber mit unterschiedlicher Zielsetzung. Dazu komme ich gleich. Wenn Sie eine Bildergalerie zu Ihrem Artikel stellen, sollten Sie sich die Mühe machen, jedes Bild individuell zu beschriften und nicht unter jedes Bild denselben belanglosen Satz zu schreiben: »Auf dem Oktoberfest floss das Bier wieder in Strömen.«

Zu den übrigen kleinen Textelementen möchte ich nur ein paar Anmerkungen machen:

- Mit **Zwischentiteln**, »Zwitis« genannt, können Sie einen längeren Text auflockern. Es sind keine Kapitelüberschriften, wie es bei einem wissenschaftlichen Text üblich wäre. Oft wird die Position von den Layouter:innen festgelegt; die Zwischentitel werden also nach gestalterischen Kriterien gesetzt und nicht nach inhaltlichen. Dahinter steckt die Idee, dass die Leser:innen Ihren Text erst einmal überfliegen, bevor sie ihn lesen. Die Zwischentitel stechen hervor und geben weitere Informationen über die Themen Ihres Artikels. Man sagt auch, die Zwischentitel gehören zu einer zweiten Leseebene, die Sie zusätzlich zum eigentlichen Artikel schaffen. Formulieren Sie also nicht bürokratisch (»Ein alter Streit« oder »Ein neuer Vorschlag«), sondern möglichst spannend (»Zwanzig Jahre Hassliebe« oder »Versuch einer Versöhnung«).
- Auch die **Infokästen** zählen zur zweiten Leseebene. Manchmal gliedern Journalist:innen lexikonartige Aspekte aus Ihrem Artikel in Infokästen aus. Wenn sie über ein Atomkraftwerk schreiben, steht im Infokasten vielleicht, wie Atomkraftwerke Strom erzeugen oder wie viele Atomkraftwerke es gibt. Doch machen Sie es nicht zu trocken, denn es kann sein, dass Ihre Leser:innen den Infokasten lesen, bevor sie mit dem Text beginnen. Ist der Infokasten zu langweilig, haben Ihre Leser:innen vielleicht kein Interesse mehr am Artikel. Grundsätzlich dürfen Sie in Infokästen knapper formulieren, auch Stichpunkte ohne vollständige Sätze sind möglich. Stellen Sie sicher, dass Sie keine Informationen aus dem Artikel als bekannt voraussetzen. Wenn Sie zum Beispiel eine Person im Infokasten zitieren, müssen Sie diese Person auch dort vorstellen.
- Mit **hervorgehobenen Zitaten** können Sie zusätzliche Leseanreize schaffen. Wählen Sie knackige und kurze Zitate aus,

die man verstehen kann, ohne Ihren Text gelesen zu haben. Nennen Sie nicht nur den Namen des Zitatgebers, sondern stellen Sie ihn oder sie auch vor. Schreiben Sie also nicht einfach »Lea Schuster«, sondern »Lea Schuster (16), Augenzeugin«.

- Die **Anmerkung** unter dem Text, oft in kursiver Schrift, haben wir in den vorangegangenen Kapiteln schon erwähnt: Hier können Angaben zu dem künstlerischen Werk stehen, das Sie besprochen haben, hier können Sie auch erläutern, dass Sie einen Fehler aus einer früheren Version des Artikels korrigiert haben. Oder Sie nutzen die Anmerkung, um etwas über Ihren persönlichen Bezug zum Thema oder eine Anekdote aus Ihrer Recherche zu erzählen, um den Leser:innen einen Einblick in Ihre Arbeit zu geben.

Einladende Titel und Teaser

Beginnen wir mit einem Quiz. Wenn Sie das Buch bis hierhin gelesen haben und daher die Beispielartikel kennen, die ich besprochen habe, dann sind Sie bereit teilzunehmen. Bitte raten Sie, zu welchen Artikeln diese Überschriften gehören: »Lohn der Hartnäckigkeit« – »Hoch hinaus« – »Geteilter Himmel«. Das wird Ihnen sicher nicht leichtfallen; diese Titel sagen Ihnen nicht gleich, worum es geht. Die Suchmaschinen können mit diesen Titeln daher wenig anfangen, doch das war den Autor:innen nicht so wichtig, denn die Überschriften sollten auf Papier gedruckt die Aufmerksamkeit des Publikums wecken: Der erste Titel steht über einem Leitartikel (zur Entdeckung der Gravitationswellen), der zweite über einem ganzseitigen Porträt (einer Frau, die Astronautin werden möchte) und der dritte über einem doppelseitigen Feature im Wochenendmagazin einer Zeitung (zur Luftqualität im geteilten Deutschland).

In der Zeitung sind kurze Titel Hingucker, und sie werden verständlich, weil man sie im Kontext sieht. Zum geteilten Himmel (übrigens eine Anspielung auf den Roman *Der geteilte Himmel* von Christa Wolf) ist zum Beispiel der Berliner Dom im Smog zu sehen, außerdem zeigen Grafiken: Zur Wendezeit war die Luftqualität in Ostdeutschland fast durchweg schlecht und in Westdeutschland verbreitet gut. Das »Hoch hinaus« steht wiederum über einem hochformatigen Bild, in dem die Protagonistin Lisa Haas klettert – also buchstäblich hoch hinaus will. Der Leitartikel ist hingegen gar nicht bebildert. Hier setzt das Layout Grenzen: Der Text erscheint einspaltig, und für die Überschrift stehen nur zwei Zeilen zur Verfügung. »Lohn der Hartnäckigkeit« füllt die beiden Zeilen fast vollständig aus.

Im Netz werden die Überschriften aber so gewählt, dass sie in knapper Form über den Text Auskunft geben und dazu die zentralen Begriffe nutzen, was sie online leichter auffindbar macht. »Politisch korrekt: der künstliche Diamant« fasst die Botschaft über künstliche Diamanten in wenigen Worten zusammen. Hier nutzt die Autorin den Doppelpunkt, um eine Neuigkeit anzukündigen. Bei »Gutachten: Auswahlverfahren für Datenschützer verstößt gegen DSGVO« zeigt der Doppelpunkt an, dass die These des Titels aus einem Gutachten stammt. Die Abkürzung »DSGVO« für die europäische Datenschutzgrundverordnung könnte für manche Zielgruppen unverständlich sein, aber hier ist sich die Autorin sicher, dass ihr Publikum sie versteht. Neben dieser Abkürzung nimmt sie auch die Schlagworte »Auswahlverfahren« und »Datenschützer« in den Titel – Begriffe, die das Thema des Artikels umreißen. Im nächsten Beispiel wird der Doppelpunkt genutzt, um eine Dachzeile zu simulieren, die das Layout nicht vorsieht: »Corona-Pandemie: Die häusliche Pflege wird immer noch vergessen!« Sie erinnern sich sicher an den wütenden Kommentar. Mit der Überschrift setzt die Autorin den Ton.

Beliebt sind Fragezeichen im Titel, doch davon möchte ich Ihnen abraten, weil es schon zu viele davon gibt. Journalist:innen sollten lieber Antworten geben, als Fragen aufzuwerfen, finde ich. Der Titel »Wird die häusliche Pflege angemessen gewürdigt?« wäre längst nicht so stark wie der Ausruf der Autorin. Und »Sind künstliche Diamanten politisch korrekt?« ist nicht ganz so spannend, weil sich die Leser:innen verwundert fragen werden: »Ja, vermutlich schon, was spricht denn dagegen?« Wenn Sie aus dem Titel sogar ein Rätsel machen, dürfen Sie nicht hoffen, dass die Leser:innen unbedingt die Lösung erfahren wollen. Sie gewinnen den Kampf um Aufmerksamkeit eher mit Aussagen, die sofort verständlich sind. Titeln Sie also lieber nicht »Wie hoch hinaus will Lisa Haas?«, denn die Rückfrage dürfte lauten: »Wer ist das, und warum sollte mich das interessieren?«

Eine Ausnahme sind jedoch Artikel, die sich tatsächlich um eine Frage drehen. Zum Beispiel der Artikel zur Stellungnahme des Ethikrats. Dort lautet der Titel: »Sollen Forscher die Gene des Menschen reparieren?« Die Analyse erläutert, warum die Frage wichtig geworden ist und die Gesellschaft eine Antwort darauf finden sollte.

Und dann gibt es seit einigen Jahren den Trend, die Frage nicht mehr als Frage zu formulieren, sondern als angedeutete Aussage: »was die Regisseurin als Nächstes plant« oder »wie die eingestürzte Brücke wieder aufgebaut werden soll«. Ich finde, diese Masche wird ebenfalls zu oft verwendet, und ich würde auch hier empfehlen, die Antwort zu formulieren.

Mit den Überschriften versuchen Sie den größtmöglichen Effekt zu erzielen, den der Artikel hergibt. Wenn Sie darüber hinausgehen, wird man Ihnen aber vorwerfen, übertrieben zu haben. Was halten Sie zum Beispiel von der Überschrift »Der Höllenplanet« für einen Artikel über den Planeten Merkur? Auf dem Merkur wird es nachts minus 170 Grad Celsius kalt, aber unter der Sonne, die groß und langsam über den

Himmel zieht, wird es über 400 Grad heiß. Das ist ziemlich lebensfeindlich, aber ist es die Hölle? Der Planet hat praktisch keine Atmosphäre, es gibt dort also keine Schwefeldämpfe – ganz anders als beim Planeten Venus, der den Titel »Höllenplanet« vielleicht eher verdient. Manche Leser:innen werden schon die Anspielung auf die Hölle reißerisch finden und fragen, ob es nicht auch sachlicher gehe. Ganz unrecht haben sie nicht, oder?

Wenn Sie bei Online-Artikeln absichtlich übertreiben, nennt man das »Clickbaiting«: Sie werfen einen starken Titel als Köder aus, damit die Nutzer:innen auf die Überschrift klicken. »Das große Geheimnis des Prominenten X« oder »Schockierende Fotos von Y« oder »Karriere-Aus bei Z?«. Dass die Artikel dann nicht halten, was die Titel versprechen, ist der Redaktion egal – das Ziel war ja nur, einen Klick an Land zu ziehen. Beteiligen Sie sich nicht daran, das frustriert bloß Ihr Publikum!

Vorsicht sollten Sie walten lassen, wenn Sie Infinitive oder Zitate verwenden. Der Titel »Die Tarife erhöhen« würde zum Beispiel offenlassen, ob das eine Aufforderung sein soll oder eine Feststellung – und wenn es eine Meinungsäußerung ist, ob sie von Ihnen stammt oder Ihrem Gesprächspartner. Schreiben Sie lieber »Die Tarife müssen rauf« für einen Kommentar oder »Gewerkschaft fordert höhere Tarife« für eine Nachricht. Bei Zitaten wiederum sollte offensichtlich sein, von wem sie stammen. Manche schreiben es direkt davor: »Bundestrainer: Sind fit für die WM«, andere nutzen dazu den Untertitel. In meinen Vorlesungen zeige ich als abschreckendes Beispiel einen Artikel mit der Überschrift »Die Zukunft ist weiblich«, die als Zitat in Anführungszeichen gefasst ist. Der Artikel ist mit einem Bild illustriert, das drei Männer zeigt. Hier erfährt man also nicht nur nicht, von wem das Zitat stammt, sondern auch nicht, wann es endlich so weit sein soll mit der weiblichen Zukunft.

Eine letzte Bemerkung zu den Überschriften: Auch wenn ich hier immer wieder schreibe, dass die Autorin oder der Autor die Überschrift so oder so formuliert habe, kann es natürlich sein, dass die Überschrift von den Redakteur:innen des Artikels stammt. Gerade bei Titel und Vorspann denken sich Redakteur:innen gerne selbst etwas aus und verwerfen die Vorschläge der Autor:innen. Doch journalistische Artikel sind immer Gemeinschaftsproduktionen oder sollten es zumindest sein, daher mache ich es mir einfach und meine, wenn ich von Autor:innen spreche, die redigierenden Redakteur:innen im Hintergrund immer mit.

Kommen wir zum **Vorspann**, mit dem Sie den Leser:innen Lust machen wollen auf Ihren Text. Beginnen wir mit einem Beispiel, in dem der Autor nur fünf Zeitungszeilen Platz bekam und sich kurzfassen musste:

> Sie liebten und sie hassten sich: »Spatz und Engel« erzählt an der Komödie im Marquardt hinreißend von der Liaison zwischen Edith Piaf und Marlene Dietrich.

Dieser Vorspann liefert alle Informationen, die Sie benötigen, um den Text zu erfassen. Sie erfahren, um welche Theaterinszenierung es geht und dass sie die komplizierte Beziehung von zwei Sängerinnen zum Thema hat. Dass sich Piaf und Dietrich liebten und hassten, erzeugt Spannung und kündigt Drama im Artikel an. Außerdem erfahren Sie, dass der Rezensent begeistert war – ein wichtiges Element im Vorspann eines Meinungsbeitrags. Wer mit dem Lesen hier schon aufhört, nimmt trotzdem etwas mit. Mehr kann man von fünf Zeilen nicht erwarten.

Ziehen Sie daraus aber nicht den Schluss, dass Sie im Vorspann alle W-Fragen beantworten müssen. Beschränken Sie sich auf die Informationen, die für das Verständnis nötig sind. Blicken wir dazu auf ein zweites Beispiel:

> Lisa Haas will ins All, seit sie denken kann. Sie ist eine von sechs Finalistinnen im Wettbewerb »Die Astronautin«. Aller Kritik am Wettbewerb zum Trotz findet sie: Wir haben genug gewartet! Es müssen mehr Frauen ins All.

Die Autorin setzt den Namen ihrer Protagonistin an den Anfang und macht damit deutlich, dass Lisa Haas im Vordergrund des Artikels stehen wird. Klare Sache, der Text ist ja auch ein Porträt. Die Autorin erläutert aber nicht, was Lisa Haas beruflich macht und dass sie Mutter von zwei Kindern ist, sondern stellt sie als Finalistin in einem Wettbewerb vor. Wer den Wettbewerb ausrichtet und wann das Finale sein wird, lässt sie ebenfalls offen, denn das hilft an dieser Stelle nicht weiter. In dem Artikel wird es darum gehen, dass sich Frauen in der Männerdomäne Raumfahrt ihre Chancen erkämpfen wollen. Die Leser:innen bekommen gerade genug Informationen, um folgen zu können. Überfrachten Sie Ihren Vorspann also nicht mit detaillierten Angaben, sondern wählen Sie mit Bedacht aus, was Sie benötigen, um mit diesen Informationen eine runde Geschichte zu erzählen.

An dem Vorspann gefällt mir auch, dass die ersten Wörter leicht zu erfassen sind und direkt in die Materie führen: Die Protagonistin will ins All. Im zweiten Satz präzisiert die Autorin, wie Lisa Haas ins All will. Vergleichen Sie den Vorspann einmal mit dieser Variante, die ich mir ausgedacht habe:

> Bisher sind alle Deutschen, die ins All geflogen sind, Männer. Der Wettbewerb »Die Astronautin« möchte das ändern. Lisa Haas ist eine der sechs Finalistinnen. Sie findet, dass mehr Frauen ins All fliegen sollten.

Auch dieser Vorspann erklärt, worum es geht. Trotzdem würde ich ihn zurückstellen und das Original nehmen, wenn ich die Wahl hätte. Denn die zweite Version braucht recht lange, um in die Gänge zu kommen. Die ersten neun Wörter sagen noch nichts aus und werden erst mit dem zehnten Wort bedeutsam. Außerdem enthält der Vorspann eine Wiederholung: Nicht nur wollen die Organisator:innen des Wettbewerbs Frauen ins All bringen, die Finalistin Lisa Haas findet das auch richtig. Hier wird ein Satz verschenkt, der keine neuen Erkenntnisse liefert.

Kehren wir zurück zum Original. Die zweite Hälfte ihres Vorspanns nutzt die Autorin, um noch zwei Argumente vorzubringen, warum sich die Lektüre lohnt: Zum einen geht es um ein wichtiges Thema, die Gleichberechtigung von Frauen, zum anderen ist der Wettbewerb umstritten. Der zweite Punkt wird zwar nur angedeutet (»aller Kritik [...] zum Trotz«) und nicht erläutert, doch ich könnte mir vorstellen, dass sich manche Leser:innen angesprochen fühlen und sich fragen: »Was ist denn an einem Wettbewerb auszusetzen, der Frauen ins All bringen will?« Wenn Sie sich erinnern: Die Botschaft des Artikels war, dass Frauen in der Raumfahrt nicht gezielt gefördert werden und daher eine Extra-Chance verdient haben, auch wenn sie nur klein ist. Diese Botschaft hatte die Autorin im Blick, als sie ihren Teaser formulierte. Die Leser:innen werden daher nicht enttäuscht sein, wenn sie den Artikel lesen: Der Vorspann hat sie gut auf das Thema vorbereitet – nicht zu viel versprochen, aber auch nicht zu wenig.

Vergleichen wir den Vorspann noch einmal mit einer anderen Variante:

> Lisa Haas will ins All, daher hat sie sich beim Wettbewerb »Die Astronautin« beworben und ist nun eine der sechs Finalistinnen. Doch selbst ein Sieg wird ihr nur wenig bringen: Das Preisgeld reicht nicht aus, um das Astronautentraining zu bezahlen, und ob die Raumfahrtagenturen sie in den Kader übernehmen, steht in den Sternen.

Dieser Vorspann ist für sich genommen in Ordnung, doch er würde nicht zum Artikel der Autorin passen. Er pickt die Kritik an dem Wettbewerb heraus und erweckt den Eindruck, als drehe sich der Artikel um diesen Punkt. Doch das tut er nicht. Es spricht zwar nichts dagegen, dass Sie im Vorspann einen Aspekt herausgreifen, den Sie besonders interessant finden, aber er sollte charakteristisch sein für den Text. Sie dürfen sich in Teaser und Text also auf einen Schwerpunkt beschränken, aber Sie sollten sich nicht für unterschiedliche Schwerpunkte entscheiden. Beispielsweise könnten Sie betonen, dass Lisa Haas eine kämpferische Frau ist – beim Klettern ebenso wie bei der Bewerbung als Astronautin. Dass im Porträt noch weitere Seiten von Lisa Haas vorgestellt werden, ist nicht so wichtig; Sie müssen den Text nicht zusammenfassen. Wichtig ist vielmehr, dass Sie ein Beispiel für den Vorspann ausgewählt haben, das typisch ist für die Protagonistin und das die Leser:innen daher nicht in die Irre führt.

Schauen wir uns noch einen letzten Vorspann an, diesmal geht es um einen Meinungsbeitrag:

> Der Deutsche Ethikrat hat mehrere Jahre an einer Stellungnahme zur Veränderung des menschlichen Erbguts gearbeitet. Er bewertet solche Eingriffe in die Keimbahn derzeit als zu risikoreich, will sie aber ethisch nicht grundsätzlich ausschließen. Durch diese Provokation kommt endlich Bewegung in eine Debatte, die in Deutschland eingeschlafen ist. Wie und in welchem Ausmaß wollen wir die Möglichkeiten der Genetik beim Menschen nutzen? Ein Kommentar.

Der Zusatz »Ein Kommentar« ist wichtig, weil das Layout dieses Online-Artikels keine Dachzeile und keine Rubrik für Kommentare bietet – daher musste der Autor auf andere Weise deutlich machen, dass es sich um einen Meinungsbeitrag handelt. Der eigentliche Vorspann schließt mit einer Frage ab, die dem Titel »Sollen Forscher die Gene des Menschen reparieren?« ähnelt. Der Autor formuliert die Frage aber so um, dass klar wird, dass nicht irgendwer die Entscheidung treffen soll, sondern die Gesellschaft, also auch die Leserinnen und Leser. Die Frage ein zweites Mal zu stellen, kann auch dadurch motiviert sein, dass der Titel nicht mehr zu sehen ist, wenn man herunterscrollt und den Vorspann liest, denn zwischen Titel und Vorspann prangt ein großformatiges Bild.

Nun aber zum Hauptteil dieses Vorspanns: Er balanciert, wie der Artikel auch, zwischen der Ruhe, die für die schwierige ethische Abwägung nötig ist, und dem Aufrütteln, damit sich Politik und Gesellschaft endlich mit dem Thema befassen. Der Vorspann schreit nicht »Alarm!«, und er hält zunächst fest, dass die gentechnischen Methoden vorerst verboten bleiben sollten, bevor er auf die Neuigkeit zu sprechen kommt. Aber er nutzt das Wort »Provokation« und formuliert einen Vorwurf (»Debatte eingeschlafen«). Mit dem Hinweis, dass der Ethikrat mehrere Jahre an der Stellungnahme gearbeitet hat, bietet der Vorspann ein zusätzliches Argument für den Artikel: Der Ethikrat hat sich Mühe gegeben, also wird das Ergebnis wohl durchdacht und bedenkenswert sein. In drei Sätzen werden also sowohl die wichtigsten Fakten als auch die These der Analyse präsentiert.

Bereichernde Bildunterschriften

In Online-Redaktionen kommt es immer wieder vor, dass eine Meldung publiziert werden soll, die nur wenige Informationen enthält. Nehmen wir an, einer der IT-Giganten kündigt an, die Daten seiner Nutzer:innen besser zu schützen als bisher. Der erste Satz der Meldung lautet: »Der IT-Gigant hat in seinem Firmenblog angekündigt, die Daten seiner Nutzer:innen künftig besser vor Hacker-Angriffen zu schützen.« Wie der neue Schutz funktioniert und warum er besser ist als der bisherige, ist schwer zu erklären. Außerdem ist das Feature noch nicht eingeführt und soll erst schrittweise ausgerollt werden – zunächst in den USA, in einigen Monaten vielleicht in Europa. Die Meldung ist daher nur kurz. Aber als Online-Redakteur:in müssen Sie für die Publikation drei Datenfelder im Redaktionssystem ausfüllen: Titel, Vorspann und Bildunterschrift. Wie verhindern Sie, dass Sie dort dreimal dasselbe eintragen, weil Sie sonst nichts über den Fall wissen?

Als Titel könnten Sie texten: »IT-Gigant verspricht besseren Datenschutz«. Für den Vorspann nutzen Sie eine Information aus dem zweiten oder dritten Absatz der Meldung: dass die Firma in den vergangenen Monaten mehrfach von Hackern angegriffen worden ist. Ihr Vorspann lautet daher:

> Nach mehreren Hacker-Angriffen reagiert der IT-Konzern und führt Schritt für Schritt ein neues Sicherheitssystem ein. Erst soll es in den USA getestet werden. Wann kommt es nach Deutschland?

Mit der Frage wollen Sie einen Leseanreiz schaffen, auch wenn Sie im Vorspann gleich die Antwort geben könnten: vermutlich in einigen Monaten. Interessanter wäre es, wenn Sie hier mit der Einschätzung von Expert:innen werben könnten, denken Sie sich – zum Beispiel so: »Eine deutsche Sicherheitsexpertin warnt vor zu hohen Erwartungen.« Aber wenn die Meldung diese Informationen nicht bietet und Sie keine Zeit für eine eigene Recherche haben, dann können Sie nichts machen und müssen mit dem vorliegenden Material arbeiten.

Kommen wir also zum Bild; online werden praktisch alle Artikel bebildert. Sie schauen in Ihr Bildarchiv und wählen zur Illustration des Artikels vielleicht eine Ansicht des Firmengebäudes. Oder Sie nehmen eine künstlerisch verfremdete Aufnahme des Firmenlogos. Beides ist zwar ein wenig langweilig, aber es würde inhaltlich passen. Dann stoßen Sie auf das Bild eines anonymen Hackers vor seinen Monitoren. Das wäre auch eine Möglichkeit, allerdings müssten Sie dann die Überschrift ändern. Denn wenn im Titel der Name des IT-Konzerns steht und im Bild ein Hacker zu sehen ist, bringen das Ihre Leser:innen nicht sofort zusammen. Man nennt solche unpassenden Kombinationen **»Text-Bild-Scheren«**. Sie führen nachweislich dazu, dass die Lesequote für Ihren Artikel in den Keller rauscht.

Die drei Bilder, die Sie in Erwägung gezogen haben, werden **Symbolfotos** genannt – im Unterschied zu den dokumentarischen Bildern, die zum Beispiel den Firmenchef bei der Vorstellung des neuen Features zeigen. Bei vielen Themen aus Politik, Wirtschaft und Wissenschaft sind Sie auf Symbolfotos angewiesen: Steuererhöhungen, Bilanzfälschung oder Depression bei Kindern lassen sich nicht so einfach dokumentarisch abbilden. Wenn Sie Zeit und Geld zur Verfügung haben, können Sie mit Fotograf:innen oder Grafiker:innen sehr schöne Lösungen entwickeln, doch im tagesaktuellen Geschäft klappt das oft nicht. Was schreiben Sie also unter das Symbolfoto?

Bildunterschriften sollen erklären, was auf dem Bild zu sehen ist. Sie nennen zum Beispiel die Namen der Menschen, die zu sehen sind. Wenn es wichtig ist, erläutern sie, wo das Bild aufgenommen wurde. Und sie lenken den Blick der Leser:innen auf das Wesentliche: Auf diesem Bild einer Überwachungskamera schlägt eine Person eine andere, auf dieser Nahaufnahme sind Risse im Sockel des Fernsehturms zu sehen, und dieser nur drei Zentimeter große Frosch wurde jüngst im Regenwald Brasiliens entdeckt. Aber Ihr Bild zeigt ein modernes Bürogebäude mit dem Logo der Firma. Sie möchten nicht schreiben: »Dies ist der Eingang der Firmenzentrale …«

Ein schlechter Ausweg besteht darin, unter dem Bild die These des Artikels zu wiederholen: »Neues aus dem Firmenblog des IT-Konzerns: Er will nun die Daten seiner Nutzer:innen besser schützen.« Denn dann liest Ihr Publikum diese Aussagen viermal hintereinander: im Titel, im Vorspann, in der Bildunterschrift und im ersten Satz der Meldung. Ebenso schlecht wäre es, Spekulationen anzustellen: »In der Firmenzentrale rumort es seit Monaten …« Dafür wissen Sie viel zu wenig. Vielleicht ist das Gebäude auf dem Bild nur ein Weiterbildungszentrum des Konzerns, und die Büros des Vorstands sind woanders untergebracht?

Eine bessere Idee ist, in der Bildunterschrift inhaltlich passende Zusatzinformationen zu liefern, zum Beispiel diese:

> Rund 1,4 Milliarden Menschen nutzen die Dienste des IT-Konzerns. Jeder Vierte war von den Hacker-Angriffen der vergangenen Monate betroffen.

Sollten Sie diese Information aus einem anderen Medienbericht entnommen haben, dann würde ich diese Information (mit Quellenangabe) auch in den Artikel schreiben. Die Aussage beschreibt zwar nicht das Bild, aber es sind ja auch schwierige Bedingungen für Sie als Redakteur:in. Daher wäre ich hier bereit, die goldene Regel der Bildbeschreibung – beschreiben, was auf dem Bild zu sehen ist – nicht ganz so streng auszulegen. Achten Sie aber darauf, dass Sie nicht tatsächlich »des IT-Konzerns« schreiben, wie ich es hier mache, weil ich keinen Konzern beim Namen nennen möchte. Ihre Leser:innen sollten die Botschaft verstehen, auch wenn Sie nur die Bildunterschrift lesen. Eine journalistische Grundregel besagt, dass jedes Textelement für sich genommen verständlich sein müsse. Nennen Sie also den Namen der Firma.

Den Bildern, also auch den Symbolbildern, kommt im Journalismus eine besondere Bedeutung zu, denn sie sind oft das Erste, das die Leser:innen vom Artikel wahrnehmen. Mit einer schlechten Bildunterschrift verlieren Sie gleich die ersten Leserinnen und Leser. Es lohnt sich also, nicht die erstbeste Variante zu nehmen. Schauen wir uns zum Beispiel die Bildunterschrift auf Seite 12 an. Hier habe ich nicht nur erklärt, dass es sich um den Newsroom der Deutschen Presse-agentur in ihrer Berliner Zentrale handelt. Ich hatte das Gefühl, dass ich aus der BU mehr machen kann. Seit einem Besuch weiß ich, dass der Geräuschpegel in dem großen Raum überraschend gedämpft ist. Daher habe ich diese Information hinzugefügt und darauf geachtet, dass viele Redakteur:innen auf dem Bild zu sehen sind.

Auch **Infografiken** sollten meiner Ansicht nach eine BU erhalten. Eine gute Infografik hat zwar einen eigenen Titel, eine Legende und eine Quellenangabe – bietet also von sich aus alle Informationen, die man braucht, um die Zahlen zu interpretieren. Der Titel einer Infografik muss sich nicht darauf beschränken, das Thema anzugeben. Er kann, wie bei einer Meldung, eine Botschaft formulieren. Statt »Austritte aus der katholischen und evangelischen Kirche seit 1991« steht dort vielleicht »Der katholischen und der evangelischen Kirche laufen seit Jahren die Mitglieder davon«. Zusätzlich finde ich Lesebeispiele in einer BU immer hilfreich: Wie groß ist der Schwund, wie viele sind noch in der Kirche? Und hat sich der Trend in den vergangenen Jahren verändert? Mit einem konkreten Beispiel in der Bildunterschrift können Sie Ihren Leser:innen den Umgang mit der Grafik erleichtern. Oder Sie helfen auf andere Weise bei der Interpretation, wie auf Seite 15, wo ich die gegenläufigen Entwicklungen von Print- und Online-Abonnements ins Verhältnis setze: »Die Zeitung elektronisch zu lesen, wird für Kund:innen immer attraktiver. Doch die steigenden Abozahlen der E-Paper machen die Verluste im Printgeschäft nicht wett. Die meisten Zeitungen verlieren Jahr für Jahr ein paar Prozent ihrer gedruckten Auflage.«

Eine letzte Empfehlung zu den Bildern: Formulieren Sie auch einen **Alt-Text**. Dieser Text wird angezeigt, wenn der Browser das Bild nicht laden kann, und Lesegeräte nutzen diese Informationen, um blinden Menschen den Artikel vorzulesen. Ein Alt-Text trägt also dazu bei, das Internet barriereärmer zu machen. Außerdem honoriert Google Texte mit einer besseren Platzierung im Ranking der Suchergebnisse. Im Alt-Text müssen Sie nicht erwähnen, dass es sich um ein Foto handelt, aber Sie könnten Besonderheiten der Aufnahme erwähnen: Ist es ein Luftbild, ein Screenshot oder eine Schwarz-Weiß-Aufnahme? Vor allem sollten Sie jemandem das Bild beschreiben, der es nicht sieht – und damit kehren wir zu der ersten BU-Variante von vorhin zurück, die langweilig erscheinen mag, aber hier passen würde: »Mitarbeiter:innen des IT-Konzerns diskutieren vor dem Eingang der Firmenzentrale in …«

Häppchen für Social Media

Ich bin am Ende meines Manuskripts angelangt und frage mich nun, was ich in den Sozialen Medien posten kann, wenn das Buch erscheint. Als Erstes kommt mir in den Sinn, dass ich ein Foto davon veröffentlichen könnte, wie ich in einigen Monaten das Paket mit meinen Belegexemplaren öffne. Dazu könnte ich schreiben: »Endlich ist es da, ab Montag auch für Euch im Buchhandel: meine Einführung in das journalistische Schreiben. #Journalismus (Link zum Reclam-Shop)« Das ist persönlich und es zeigt ein wenig Emotion, daher wählen viele Autor:innen diesen Weg, um auf ihre neuen Bücher aufmerksam zu machen. Ich könnte mir noch überlegen, eine Aufforderung hinzuzufügen, einen Call to Action: »Schaut doch mal im Buchladen nach meinem Buch!« Vielen ist das zu plump, und es fällt ihnen auch schwer, sich selbst zu loben, obwohl man im

Kampf um Aufmerksamkeit nicht zu viele Vorbehalte haben darf. Aber es gibt zum Glück Alternativen.

Marketing in eigener Sache ist für Journalist:innen einer der wichtigsten Gründe, um in Sozialen Medien aktiv zu sein. Sie nutzen die Netzwerke auch zur Recherche und werden dort manchmal zu neuen Geschichten inspiriert. Aber über die eigenen Kanäle oder die der Redaktion auf einen neuen Artikel aufmerksam zu machen, gehört ebenfalls zu den Aufgaben der Autorinnen und Autoren. Daher möchte ich Ihnen zum Abschluss dieses Buchs einige Anregungen mitgeben, wie Sie Ihre Artikel in den Sozialen Medien verkaufen können, so dass es für Ihre Follower interessant wird. Ich nehme wieder dieses Buch als Beispiel:

- **Making-of**: Ich könnte meinen Followern erläutern, wie das Buch entstanden ist. Beispielsweise so: »Nach mehreren Einführungsseminaren an der @hdm.stuttgart habe ich einmal aufgeschrieben, wie ich mit angehenden Journalist:innen das Texten übe.« Ein kurzes Making-of könnte auch das Interesse an den Artikeln wecken, die Sie über Social Media verbreiten. Zeigen Sie zum Beispiel ein Foto von sich bei der Recherche. Erläutern Sie im Bildtext, wo Sie waren, und geben Sie einen kurzen Eindruck davon, wie es dort war. Vielleicht durften Sie im Amazonas-Regenwald auf einen Turm steigen, von dem aus gemessen wird, wie der Wald als grüne Lunge arbeitet. Dazu schreiben Sie: »Auf den 50 Meter hohen Turm kommt man nur über Leitern. Nichts für Menschen mit Höhenangst. Oben hat man eine grandiose Aussicht über die Kronen der Baumriesen, aber in der prallen Sonne habe ich es nur ein paar Minuten ausgehalten.«
- **Motivation**: Ich könnte meinen Followern erläutern, was mir an diesem Buch wichtig ist. Es gibt schon einige Einführungen in den Journalismus – was habe ich anders ge-

macht? Ich könnte schreiben: »Ich erkläre nicht nur die hehren Ideale des #Qualitätsjournalismus, sondern diskutiere an alltäglichen Beispielen, wie gute Texte zustande kommen.« In diesem Geist könnten Sie erläutern, was Sie zu Ihrer Geschichte motiviert hat oder was Sie am meisten überrascht hat. Vielleicht waren Sie im Kontrollzentrum einer Raumfahrtagentur dabei, als eine Sonde auf einem fernen Mond landete. Und Sie beschreiben das erste Bild, das die Sonde von dieser unbekannten Welt zurücksendet: »Auf den ersten Blick sieht es aus wie eine Geröllwüste auf der Erde. Doch der Eindruck täuscht, denn dort liegen keine Steine, sondern Brocken aus gefrorenem Methan.«

- **Netzwerken**: Ich habe im Making-of-Beispiel schon die Hochschule verlinkt, an der ich unterrichte. Ebenso könnte ich die Kolleginnen und Kollegen taggen, die mich mit ihren Beispielartikeln beim Schreiben des Buchs unterstützt haben. Sie werden in diesem Buch zitiert und sind vielleicht interessiert, diese Tatsache bekannt zu machen. In ähnlicher Weise könnten Sie die Expert:innen namentlich aufzählen, die Sie für Ihren Artikel gesprochen haben.
- **Statement**: Statt die Expert:innen bloß zu nennen, könnten Sie sie mit einem Zitat in Szene setzen. Das Zitat muss nicht die Botschaft Ihres Artikels widerspiegeln, es muss nur dazu passen – und es sollte kurz, verständlich und anregend sein. Sicher hat Ihre Redaktion schon ein Template entworfen, das Sie nutzen können. Sie benötigen dann bloß ein Porträtfoto, und vielleicht muss dieses Foto auch bestimmte Bedingungen erfüllen (zum Beispiel: Person schaut nach rechts, und rechts neben dem Kopf ist Platz für das Zitat). Vielleicht schreiben Sie über die Kompensation von CO_2-Emissionen, die manchmal abfällig als »Ablasshandel« bezeichnet wird. Ob Ihre Expertin dafür oder dagegen ist, ist gar nicht entscheidend. Aber ein Argument

der Art »Mit dem Geld der Kund:innen werden oft fragwürdige Maßnahmen finanziert« könnte ein Anreiz sein, mehr über die Position zu erfahren – oder das Statement zu teilen oder zu kommentieren.

- **Fun Fact**: Eine Variante zum Statement ist ein Fun Fact aus Ihrem Beitrag. Auch überraschende Zahlen lassen sich gut teilen oder in neue Social-Media-Posts einbetten. Vielleicht haben Sie den unterirdischen Teilchenbeschleuniger LHC in der Nähe von Genf besucht und erfahren, mit welcher Energie die Teilchen dort beschleunigt werden. Im Ruhezustand wiegen die Teilchen praktisch nichts, aber wenn sie fast mit Lichtgeschwindigkeit auf ein Hindernis stoßen, dann ist das so, als pralle ein ICE-Zug mit 150 Stundenkilometern darauf.

In manchen Sozialen Medien wird es aber nicht gerne gesehen, wenn Sie immer nur Werbung in eigener Sache machen. Für Ihr Publikum werden Sie interessanter, wenn Sie sich auch sonst am Geschehen beteiligen – also mitdiskutieren. Sie können Ihre Timeline im Auge behalten und einsteigen, wenn sich ein Thema anbietet, zu dem Sie recherchiert und über das Sie geschrieben haben. Wenn meine Follower das nächste Mal über Qualität im Journalismus diskutieren (oder darüber, dass sie die Qualität im Journalismus vermissen), könnte ich meine Meinung einbringen und Vorschläge machen. Ich würde mich so als jemand präsentieren, dem diese Themen wichtig sind – und vielleicht würden Menschen irgendwann von sich aus an mich denken, wenn sie über Qualitäts-Journalismus diskutieren. Dann wäre ich eine Marke geworden.

Doch das erfordert viel Zeit und kann Sie auch emotional beanspruchen, weil der Austausch nicht immer freundlich ist und weil er sich nicht an die üblichen Arbeitszeiten hält. Immer wieder beobachte ich, dass sich professionelle Nutzer:innen in Sozialen Medien eine Auszeit nehmen, weil sie sonst nicht richtig abschalten können. Ich kann mir daher vorstellen, dass sich unser Umgang mit den Sozialen Medien in den kommenden Jahren verändern und das wiederum Auswirkungen auf den Journalismus haben wird. Der Medienwandel ist vermutlich noch nicht zu Ende. Bleiben Sie also aufmerksam, analysieren Sie die Trends und finden Sie gute Antworten darauf. Ich hoffe, dass Ihnen die Überlegungen aus diesem Buch dabei helfen werden.

Literaturempfehlungen

Zur Einleitung

Wie lernt man gutes Deutsch? Hier können Sie auf eine Reihe Autoren vertrauen, die sich mit Essays und Glossen zum guten Deutsch und zum journalistischen Stil einen Namen gemacht haben: Eike Christian Hirsch, Wolf Schneider, Bastian Sick oder Ruprecht Skasa-Weiß.

Welche aktuellen Themen werden im Journalismus diskutiert? Zu empfehlen sind die folgenden Medien, die über den Journalismus berichten:

- Columbia Journalism Review (www.cjr.org)
- European Journalism Observatory (www.de.ejo-online.eu)
- Horizont (www.horizont.net)
- Journalist (www.journalist.de)
- Kress (www.kress.de)
- Medium Magazin (www.mediummagazin.de)
- Newsroom (www.newsroom.de)
- Nieman Lab (www.niemanlab.org)
- Turi2 (www.turi2.de)
- Übermedien (www.uebermedien.de)

Eine anspruchsvolle, aber sehr gute Diskussion der journalistischen Tugenden und Qualitätskriterien bietet das englischsprachige Buch *The Elements of Journalism. What Newspeople Should Know and the Public Should Expect* von Bill Kovach und Tom Rosenstiel (4. Auflage, New York 2021).

Vom Datenschutz bis zur Künstlichen Intelligenz: Das Buch *Digitale Ethik. Leben in vernetzten Welten* meiner Kolleg:innen Petra Grimm, Tobias Keber und Oliver Zöllner (Stuttgart 2019) führt in die komplexen ethischen Fragen rund um die neuen digitalen Medien ein.

Zum Kapitel »Berichten«

Tipps zum Gendern finden Sie auf der Website: https://www.genderleicht.de des Journalistinnenbunds.

In Deutschland bietet vor allem das Bonn Institute Informationen und Fortbildungen zum Konstruktiven Journalismus an: https://www.bonn-institute.org.

Der 2017 verstorbene schwedische Arzt und Statistiker Hans Rosling wird von Vertreter:innen des Konstruktiven Journalismus als Vorbild gesehen: Er hat dafür gekämpft, mit Zahlen ein ausgewogenes Bild der Welt zu zeichnen. Bekannt ist sein postum erschienenes Buch *Factfulness* (Frankfurt a. M. 2019). Videos, Wissenstests und weitere Informationen finden Sie auf seiner Website: https://www.gapminder.org.

Journalist:innen arbeiten gerne mit Zahlen, und in den vergangenen Jahren sind aus Datenanalysen spannende Geschichten entstanden. Das Buch *Statistik für Journalist:innen* von Julia Lück-Benz (München 2022) erläutert nicht nur mathematische Grundbegriffe wie Mittelwert und Median, sondern führt auch durch alle Stadien eines datenjournalistischen Projekts.

Zum Kapitel »Erzählen«

Der Journalismusforscher Jay Rosen betreibt den bekannten Blog Pressthink.org. In diesem Interview mit sich selbst erläutert er das Konzept des »view from nowhere«: https://pressthink.org/2010/11/the-view-from-nowhere-questions-and-answers.

Zur Autorisierung von Interviews gibt es in der Medienbranche unterschiedliche Ansichten. Der Deutsche Journalistenverband (DJV) äußert sich hier: https://www.djv.de/fileadmin/user_upload/Der_DJV/DJV_Infobrosch%C3%BCren/DJV_Wissen_16_Interviewautorisierung_JVBB.pdf.

Und hier die Perspektive der Gegenseite, vom Bundesverband deutscher Pressesprecher: https://bdkom.de/sites/default/files/bdp_position_autorisierung.pdf.

Zum Kapitel »Kommentieren«

Preisgekrönte journalistische Artikel finden Sie auf den Seiten des Reporter:innen-Preises (https://www.reporter-forum.de), des Theodor-Wolff-Preises (https://www.bdzv.de/awards/theodor-wolff-preis) oder des Stern-Preises (https://sternpreis.stern.de). Eine Übersicht aller Preise für Journalist:innen finden Sie hier: https://journalistenpreise.de.

Als Einstieg in die Fachdebatte zur politischen Kommunikation eignet sich das Buch *Commander-in-Tweet. Donald Trump und die deformierte Präsidentschaft* (Wiesbaden 2020), in dem mein Kollege Klaus Kamps analysiert, wie sich die politische Kommunikation in den USA in den vergangenen Jahren verändert hat.

Zum Schluss

Die kleinen Texte bespricht Markus Reiter in seinem Buch *Überschrift, Vorspann, Bildunterschrift* (Köln 2009) an vielen Beispielen.

Der Oberauer-Verlag gibt in der Reihe *Journalisten-Werkstatt* regelmäßig kleine Hefte mit praktischen Tipps zu allen journalistischen Formaten und Tätigkeiten heraus, die sich gut lesen und umsetzen lassen: https://shop.oberauer.com/werkstatt/journalisten-werkstatt.

Um Artikel für das Ranking der Suchmaschinen zu optimieren, hat Google selbst einen Leitfaden erstellt: https://developers.google.com/search/docs/fundamentals/seo-starter-guide?hl=de. Er umfasst die technischen Aspekte der Websites, auf die Journalist:innen üblicherweise wenig Einfluss haben, aber er bespricht auch die inhaltlichen Fragen der Textgestaltung. Darüber hinaus gibt es zahlreiche Fachleute, die weitere Beratung zu diesem Thema anbieten.

Literaturhinweise

Zur Einleitung

Betsch, Cornelia [u. a.]: COSMO – Covid-19 Snapshot Monitoring. https://projekte.uni-erfurt.de/cosmo2020/web

Newman, Nic [u. a.]: Reuters Institute Digital News Report 2023. https://reutersinstitute.politics.ox.ac.uk/digital-news-report/2023 (Dossier zu Deutschland: S. 76 f.).

Zum Kapitel »Berichten«

Bromme, Rainer: Informiertes Vertrauen. Eine psychologische Perspektive auf Vertrauen in der Wissenschaft. In: Michael Jungert [u. a.] (Hrsg.): Wissenschaftsreflexion. Interdisziplinäre Perspektiven zwischen Philosophie und Praxis. Paderborn 2020. S. 105–134.

Galtung, Johan / Holmboe Ruge, Mari: The Structure of Foreign News. The Presentation of the Congo, Cuba and Cyprus Crises in Four Norwegian Newspapers. In: Journal of Peace Research 2 (1965) S. 64–91.

Harcup, Tony / O'Neill, Deirdre: What is News? News Values Revisited (Again). In: Journalism Studies 18 (2017) S. 1470–1488. https://www.tandfonline.com/doi/full/10.1080/1461670X.2016.1150193

Netzwerk Klimajournalismus: Offener Brief an die Intendanten, Geschäftsführer und Chefredaktionen von ARD, ZDF, PRO7/SAT1, RTL und NTV. Moderation der Trielle zum Thema Klima. 14. 10. 2021. https://klimajournalismus.de/offener-brief-ard-zdf-pro7-sat1-rtl-ntv/

Newman, Nic [u. a.]: Reuters Institute Digital News Report 2022. https://reutersinstitute.politics.ox.ac.uk/digital-news-report/2022 (Vermeidung von Nachrichten: S. 13–15).

Sumner, Petroc [u. a.]: The Association Between Exaggeration in Health Related Science News and Academic Press Releases. Retrospective Observational Study. In: British Medical Journal (2014). https://www.bmj.com/content/349/bmj.g7015.full

Sußebach, Henning: Hoffmanns Blick auf die Welt. In: Die Zeit, 30.11.2006. https://archiv.reporter-forum.de/fileadmin/pdf/Egon-Erwin-Kisch-Preis/Hoffmanns_Blick_auf_die_Welt.pdf.

Wurmb-Seibel, Ronja von: Wie wir die Welt sehen. Was negative Nachrichten mit unserem Denken machen und wie wir uns davon befreien. München 2022.

Zum Kapitel »Erzählen«

Fehrle, Brigitte / Höges, Clemens / Weigel, Stefan: Der Fall Relotius. Abschlussbericht der Aufklärungskommission. In: Spiegel.de, 24. 5. 2019. https://www.spiegel.de/kultur/gesellschaft/fall-claas-relotius-abschlussbericht-der-aufklaerungskommission-a-1269110.html

Kühn, Alexander: Ich will nicht Teil einer Kampagne sein. In: Der Spiegel, 26. 5. 2020. https://www.spiegel.de/wissenschaft/medizin/bild-artikel-ueber-den-virologen-drosten-ich-will-nicht-teil-einer-kampagne-sein-a-a849dfa2-9222-43c7-9321-0a8bdee3bb4a

Nolan, Rachel: Behind the Cover Story. Nathaniel Rich on New Orleans's Changing Landscape. In: The 6th Floor. The New York Times, 26. 3. 2012. https://archive.nytimes.com/6thfloor.blogs.nytimes.com/2012/03/26/behind-the-cover-story-nathaniel-rich-on-new-orleanss-changing-landscape

Piatov, Filip: Drosten-Studie über ansteckende Kinder grob falsch. Wie lange weiß der Star-Virologe schon davon? In: Bild, 25. 5. 2020. https://www.bild.de/politik/inland/politik-inland/fragwuerdige-methoden-drosten-studie-ueber-ansteckende-kinder-grob-falsch-70862170.bild.html

Pressekodex »Ethische Standards für den Journalismus« des Deutschen Presserats. https://www.presserat.de/pressekodex.html

Rich, Nathaniel: Die zweite Schöpfung. Wie der Mensch die Natur für immer verändert. Berlin 2022.

Ripley, Amanda: Complicating the Narratives. In: The Whole Story, 11. 1. 2019. https://thewholestory.solutionsjournalism.org/complicating-the-narratives-b91ea06ddf63

– High Conflict. Why We Get Trapped and How We Get Out. New York 2021.

Zum Kapitel »Kommentieren«

Ausstellung des Bauzauns im Haus der Geschichte Baden-Württemberg: https://www.hdgbw.de/ausstellungen/ausstellungsarchiv/bauzaun-stuttgart-21/y

Bäuerlein, Theresa: Völlig überschätzt: die starke Meinung. In: Krautreporter.de, 12. 10. 2021. https://krautreporter.de/4099-vollig-uberschatzt-die-starke-meinung
Beispiele für preisgekrönte Essays (und andere Texte): https://www.reporter-forum.de/ oder https://www.bdzv.de/awards/theodor-wolff-preis/preistraeger-preisverleihung
Bogner, Alexander: Die Epistemisierung des Politischen. Wie die Macht des Wissens die Demokratie gefährdet. Stuttgart 2021.
Coleman, Peter T.: The Way Out. How to Overcome Toxic Polarization. New York 2021.
Kugler, Katharina G. / Coleman, Peter T.: Get Complicated. The Effects of Complexity on Conversations over Potentially Intractable Moral Conflicts. In: Negotiation and Conflict Management Research (2020).
Maurer, Michael: Die Zeitung muss Stellung beziehen. In: Stuttgarter Zeitung, 1. 9. 2010. https://www.stuttgarter-zeitung.de/inhalt.stuttgart-21-die-zeitung-muss-stellung-beziehen.5a0faf77-146e-4e7c-be2f-fef7a5028ecb.html
Niggemeier, Stefan: Worüber man in Deutschland auch nicht mehr frei reden darf: Juden. Und Hitler. In: Übermedien.de, 30. 7. 2021. https://uebermedien.de/62355/worueber-man-in-deutschland-auch-nicht-mehr-frei-reden-darf-juden-und-hitler
Petersen, Thomas: Die Mehrheit fühlt sich gegängelt. In: Frankfurter Allgemeine Zeitung, 17. 6. 2021. https://www.ifd-allensbach.de/fileadmin/kurzberichte_dokumentationen/FAZ_Juni2021_Meinungsfreiheit.pdf
Uhr zum CO_2-Budget: https://www.mcc-berlin.net/forschung/co2-budget.html

Die besprochenen Artikel (in der Reihenfolge der Nennung im Text)

Stiller, Ricarda: Politisch korrekt: der künstliche Diamant. In: Stuttgarter Zeitung, 21. 6. 2015. https://www.stuttgarter-zeitung.de/inhalt.edelsteine-politisch-korrekt-der-kuenstliche-diamant.8ed9b0c4-1877-48c9-b5f3-4e31e05410e7.html
Schulzki-Haddouti, Christiane: Gutachten: Auswahlverfahren für Datenschützer verstößt gegen DSGVO. In: Heise.de, 3. 12. 2021. https://www.heise.de/news/Intransparente-Auswahl-von-

Datenschutzbehoerdenleitungen-verstoesst-gegen-DSGVO-6283293.html
Frey, Carina: Darf der Staat regeln, wie wir uns ernähren? In: RiffReporter.de, 20. 10. 2021. https://www.riffreporter.de/de/gesellschaft/staat-regeln-gesunde-ernaehrung
Klüting, Rainer: Eine Vermutung, die zur Prophezeiung wurde. In: Stuttgarter Zeitung, 19. 4. 2015. https://www.stuttgarter-zeitung.de/inhalt.informationstechnologie-eine-vermutung-die-zur-prophezeiung-wurde.21b1d00d-32bb-4163-b5d6–37bef91ff2b5.html
Berg, Lilo: Geteilter Himmel. In: Berliner Zeitung, 23./24. 11. 2019. https://lilobergmedia.de/wp-content/uploads/2019/12/2019_BLZ_Luft_23–11.pdf
Berg, Lilo: Kampfzone Deutsch. In: Der Tagesspiegel, 3. 1. 2022. https://plus.tagesspiegel.de/wissen/was-wird-aus-unserer-sprache-kampfzone-deutsch-346399.html
Berg, Lilo: Auf den Spuren der ersten Amerikaner. In: Frankfurter Allgemeine Zeitung, 2. 5. 2018. https://www.faz.net/aktuell/wissen/archaeologie-altertum/weltkulturerbe-auf-den-spuren-der-ersten-amerikaner-15624830.html
Kurlemann, Rainer: Achsbruch in Agadir. In: VDInachrichten, 19. 11. 2021. https://www.ingenieur.de/wp-content/uploads/2021/11/VDInachrichten_46_2021_9asu7er1.pdf
Wolfangel, Eva: Hoch hinaus. In: Stuttgarter Zeitung, 18. 4. 2017. https://www.stuttgarter-zeitung.de/inhalt.lisa-haas-will-astronautin-werden-fliegt-eine-nuertingerin-bald-ins-all.5accf66e-877b-4354-b88d-2f7a9cf2720a.html
Frey, Carina: Pflegende Angehörige werden vergessen. In: RiffReporter.de, 17. 12. 2021. https://www.riffreporter.de/de/gesellschaft/pflege-zu-hause-corona-pandemie
Klüting, Rainer: Lohn der Hartnäckigkeit. In: Stuttgarter Zeitung, 13. 2. 2016.
Kurlemann, Rainer: Sollen Forscher die Gene des Menschen reparieren? In: RiffReporter.de, 20. 5. 2019. https://www.riffreporter.de/de/gesellschaft/ethikrat-genschere-keimbahn-designerbaby
Schleider, Tim: Marlene und die Piaf: Sie liebten und sie hassten sich. In: Stuttgarter Zeitung, 30. 1. 2022. https://www.stuttgarter-zeitung.de/inhalt.premiere-in-stuttgart-marlene-und-die-piaf-sie-liebten-und-sie-hassten-sich.ab0e6633-cfcb-4fbd-bb40–7beb710e2152.html

Abbildungsnachweis

S. 12: © Michael Kappeler / dpa
S. 32: Titelseite der *Stuttgarter Zeitung* vom 19. 6. 2009
S. 33: Titelseite der *Stuttgarter Zeitung* vom 20. 6. 2009
S. 80: © DER SPIEGEL
S. 114: © Alexander Mäder
S. 129: © IMAGO / Political-Moments
S. 152: © Stacy Walsh Rosenstock / Alamy Stock Foto
S. 171: © imageBROKER.com GmbH & Co. KG / Alamy Stock Foto
S. 189: © IMAGO / aal.photo
S. 212: © picture alliance / dpa / dpa-Zentralbild / Jens Kalaene

Glossar

Alt-Texte, kurz für: Alternative Texte, beschreiben Bilder für sehbehinderte Menschen und für alle, bei denen das Bild nicht geladen werden kann. Die Texte helfen außerdem Suchmaschinen, den Bildinhalt zu verstehen, und geben daher Pluspunkte im Ranking der Suchergebnisse. Formulieren Sie also zusätzlich zur →Bildunterschrift immer einen Alt-Text. Im Unterschied zur Bildunterschrift sollten Sie hier wirklich nur das Bild beschreiben, auch wenn es langweilig wirkt. Zum Beispiel so: »Zwei Frauen sitzen auf einer Decke am Strand und betrachten den Sonnenuntergang.«

Analysen sind tiefergehende Artikel, in denen Sie einer aktuellen Frage systematisch nachgehen, zum Beispiel: wie könnte die Landesregierung die Krise lösen? und welche Möglichkeiten zur privaten Vorsorge sind sinnvoll? Typischerweise gehen Sie verschiedene Handlungsoptionen durch und tragen zusammen, was man darüber weiß und wie die Expert:innen sie jeweils einschätzen. Sie dürfen die Bewertungen auch selbst vornehmen, sollten dann Ihren Artikel aber klar als →Meinungsbeitrag kennzeichnen.

Anmerkungen unter →Rezensionen enthalten typischerweise Angaben zum besprochenen Werk. Anmerkungen können aber auch anders genutzt werden, beispielsweise um einen Einblick in die →Recherche zu geben. Dann erscheint neben einem kleinen Porträt des Autors oder der Autorin ein kurzes persönliches Statement zum Thema des Artikels.

Aufmacher ist die aus Sicht der Redaktion wichtigste →Meldung einer Zeitung, deren →Überschrift in der größten Schrift erscheint. Der wichtigste Artikel auf einer Zeitungsseite wird »Seitenaufmacher« genannt.

Ausspielkanäle werden die Medien genannt, auf denen eine →Redaktion ihre Artikel sowie Bild-, Audio- und Videodateien veröffentlicht. Eine Nachrichtenredaktion betreibt typischerweise eine Website, eine Zeitung und verschiedene Social-Media-Kanäle. Das →crossmediale Aufbereiten der Artikel geschieht normalerweise in einem →Newsroom.

Autorisierung von →Zitaten oder ganzen →Interviews ist eine übliche, aber auch umstrittene Praxis. Der →Pressekodex verlangt nur, dass Journalist:innen das Gesagte richtig wiedergeben, doch oft vereinbaren Journalist:innen mit ihren Gesprächspartner:innen etwas anderes. So rechnen die Gesprächspartner:innen in der Regel damit, dass sie ein →Wortlaut-Interview vor der Veröffentlichung lesen und korrigieren dürfen. Üblich ist auch, dass die wörtlichen Zitate ausdrücklich abgesprochen werden.

Berichte sind die großen Schwestern der →Meldungen. Sie informieren nicht nur sachlich über ein wichtiges Ereignis, sondern bieten weitere Informationen: Zum Beispiel fassen sie die Vorgeschichte des Ereignisses zusammen oder erläutern das Für und Wider einer Auseinandersetzung. Wie bei einer Meldung beginnen Berichte mit der Botschaft und den Antworten auf die →W-Fragen, allerdings haben Sie mehr Freiheiten, Ihr Publikum in das Thema einzuführen. Wenn der Bericht mit einer Anekdote einsteigt, wird er zu einem →Feature. Im Unterschied zum strengen Aufbau einer Meldung ist bei einem Bericht wichtig, dass die Leser:innen gut durch das Thema geführt werden.

Bildunterschriften, auch BUs genannt, stehen normalerweise unter oder neben dem Bild. Sie sollen das Bild beschreiben und einordnen, gehen aber über den reinen Bildinhalt eines →Alt-Texts hinaus. Benennen Sie also nicht nur die Personen, Gebäude, Geräte oder Landschaften, die zu sehen sind, sondern erläutern Sie auch den Kontext. Zu einem Bild, das eine Autoschlange an einer Schranke zeigt, könnten Sie beispielsweise schreiben: »Am Grenzübergang XY dauert die Einreise wegen der verschärften Bedingungen länger als sonst. Die Autos stauen sich über mehr als zehn Kilometer.« →Symbolfotos stellen eine besondere Herausforderung dar, weil hier der Bildinhalt banal erscheint.

Blattkritik, auch Heft- oder Sendungskritik, ist eine regelmäßige kritische Bewertung des eigenen Produkts. In vielen Zeitungsredaktionen ist sie Teil der morgendlichen →Redaktionskonferenz: Jeden Tag bespricht eine Redakteurin oder ein Redakteur die aktuelle Ausgabe.

Blogs sind digitale Sammlungen von →Kolumnen, typischerweise persönlich gehalten und einem Themengebiet gewidmet. Die ersten Blogs wurden Ende der 1990er Jahre unabhängig von etablierten Medienhäusern ins Leben gerufen. Blogger:innen arbeiten oft allein oder zumindest ohne Unterstützung einer →Redaktion. Manche sehen sich als Journalist:innen oder Konkurrent:innen zu etablierten Redaktionen, andere nicht. In jedem Fall bereichern Blogs das mediale Angebot.

Boulevard-Journalismus ist zunächst eine Bezeichnung für Zeitungen, die sich jeden Tag aufs Neue am Kiosk verkaufen müssen. Gemeint ist aber meist jede Form von Journalismus, die auf leicht zugängliche Themen, emotionale Ansprache und reißerische Überschriften setzt – also auf →Soft News.

Chronistenpflicht ist ein veralteter Begriff, der die journalistische Arbeit auch als Dokumentation wichtiger gesellschaftlicher Vorgänge begreift. Dann vermeldet eine Zeitung beispielsweise die Eröffnung eines Stadtfests, obwohl bei der Eröffnung nichts Berichtenswertes geschehen ist.

Churnalism ist ein abwertender Begriff, der die journalistische Praxis kritisiert, →Meldungen aus kaum redigierten →Pressemitteilungen zu erstellen. Der Begriff geht auf das englische Verb »to churn« zurück, mit dem stark routiniertes Arbeiten bezeichnet wird. Beim Churnalism kann man sich fragen, welche Leistung der Journalismus überhaupt noch erbringt, wenn er sich die Themen und Inhalte vorgeben lässt.

Clickbaiting ist ein abwertender Begriff, der die journalistische Praxis kritisiert, in der Überschrift zu viel zu versprechen, um Leser:innen zum Klicken anzuregen. Der Begriff enthält das englische Wort »bait« für »Köder«.

Crossmedialität ist der Normalfall in der journalistischen Arbeit geworden: Die →Redaktion spielt ihre Artikel sowie Bild-, Audio- und Videodateien nicht über einen →Ausspielkanal aus, sondern über mehrere. Der Online-Artikel erscheint dann auch in einer gedruckten Zeitung, und einzelne Elemente daraus werden in den Sozialen Medien verbreitet. Mit der Crossmedialität beschreibt man also das Vertriebskonzept. Wenn man im Unterschied dazu beschreiben will, wie etwa ein Online-Artikel mit einem eingebetteten Video aufgewertet wird, kann man diese Publikationsform als **multimedial** bezeichnen. Und wenn man wiederum beschreiben will, wie Veröffentlichungen auf unterschiedlichen Kanälen zu einem Produkt verknüpft werden (etwa die Talkshow mit dem anschließenden →Faktencheck auf der Website), kann man das **transmedialen** Journalismus nennen.

Dachzeilen stehen über der →Überschrift und schränken meist das Themengebiet ein: Bundesliga, Wirtschaft oder Migration. Manche Journalist:innen nutzen die Dachzeile als Teil der Überschrift, etwa so: »Dachzeile: Will kein Sündenbock sein / Überschrift: Verbandschef Müller weist Kritik zurück«.

Essays sind ausführliche und ausgeruhte →Meinungsbeiträge, die ein wichtiges Thema von allen Seiten behandeln. Sie bauen oft auf persönlichen Erfahrungen auf. Neben der →Reportage gehören Essays zu den anspruchsvollen journalistischen Formaten.

Exklusivität einer →Meldung ehrt eine →Redaktion: Sie hat etwas herausgefunden, was sonst niemand wusste. Andere Redaktionen müssen die Nachricht nun zitieren und dabei offenlegen, aus welchem Konkurrenzmedium sie die Informationen haben. Ob das Publikum die Exklusivität so sehr schätzt wie Journalist:innen, ist eine andere Frage. Im Journalismus gab es früher das Bonmot: »Die exklusivsten Nachrichten sind falsche Nachrichten.« Heute sprechen alle von →Fake News, und manchmal macht auch eine falsche Information aus dubioser →Quelle die Runde.

Fake News ist eine abwertende Bezeichnung von →Meldungen, die man verbreitet für irreführend oder falsch hält. Manche Politiker:innen nutzen »Fake News« als Kampfbegriff und unterstellen Journalist:innen, dass sie absichtlich irreführend oder falsch informieren. Deshalb lohnt es sich, zwischen Fehlern, wie sie jedem unterlaufen können und die mit einer →Korrektur richtiggestellt werden, und absichtlicher Desinformation zu unterscheiden. Gegen Desinformation sollen unter anderem →Faktenchecks helfen.

Faktenchecks überprüfen Sachaussagen, die in einer politischen Diskussion entscheidend sein können. In einem Faktencheck stellen Sie erst die Aussage vor, die Sie prüfen möchten, und erläutern, in welchem Kontext sie gefallen ist. Sie prüfen dann sowohl die Belege, die zur Begründung der Aussage genannt worden sind, als auch weitere mögliche Belege. Journalist:innen freut es natürlich, wenn sie eine Aussage widerlegen können, doch auch eine Bestätigung kann für das Publikum interessant sein. Sie werden oft feststellen, dass die Aussage absichtlich vage gehalten ist, um eine direkte Widerlegung zu erschweren. In anderen Fällen enthält die Aussage ein Körnchen Wahrheit, führt das Publikum aber dennoch in die Irre. Das macht Faktenchecks oft kompliziert, aber diese journalistische Arbeit ist dennoch wertvoll, um die politischen Akteur:innen zur Wahrhaftigkeit zu mahnen.

False Balance beschreibt ein unangemessenes Verständnis journalistischer **Objektivität**, nach dem Journalist:innen immer beiden Seiten gleiches Gewicht in ihren Artikeln einräumen. Denn damit können sie zweifelhaften Ansichten eine übertriebene Bedeutung zuschreiben. Vor allem in der Berichterstattung über den Klimawandel gilt es heute als schlechte Praxis, der skeptischen Position, es gebe keinen vom Menschen verursachten Temperaturanstieg, mehr als nur eine Randnotiz zuzugestehen. Mit der Kritik an der »falschen Ausgewogenheit« ist die Kritik am →»He said / she said«-Journalismus verwandt.

Features sind →Berichte, die mit erzählerischen Elementen angereichert werden. Manchmal beginnen sie bloß mit einer Anekdote, um dann in einen sachlichen Bericht zu münden. In anderen Fällen wechseln sich sachliche Passagen mit persönlichen Schilderungen ab. Die Flexibilität des Features macht es im Journalismus populär. Der Grenzfall einer durcherzählten Geschichte ist die →Reportage.

Gatekeeping bezeichnet die Funktion des Journalismus, die wichtigsten →Nachrichten auszuwählen: Weil viele Redaktionen ähnlich auswählen, geraten bestimmte Ereignisse in den Fokus der öffentlichen Aufmerksamkeit – und viele andere Ereignisse nicht. Der Journalismus hat damit die Rolle eines Torwächters für den öffentlichen Raum. Mit Suchmaschinen, Sozialen Medien und →Blogs ist diese Macht der journalistischen Gatekeeper deutlich geschwunden, denn andere Akteure setzen ebenfalls Themen und kontrollieren die Verbreitung der Nachrichten. Manche Journalist:innen sehen sich aber weiterhin in der Pflicht, für die demokratische Debatte die wichtigsten Nachrichten auszuwählen, um der Öffentlichkeit in einer komplexen Welt Orientierung zu bieten.

Glossen sind kurze und bissige →Meinungsbeiträge, die typischerweise einen gesellschaftlichen Trend oder einen persönlichen Fehltritt aufs Korn nehmen.

Hard News umfassen wichtige politische, wirtschaftliche und kulturelle Ereignisse, die differenziert und sachlich erläutert werden. Dazu zählen etwa →Meldungen und →Berichte über Gesetzesvorhaben der Regierung, Bilanzen von Unternehmen oder Gedenktage. Es gibt aber viele Mischformen von Hard News und ihrem Gegenstück, den →Soft News.

Hausschreibung fasst die Schreibregeln zusammen, die eine Redaktion für sich festgelegt hat. Damit ist nicht nur die Rechtschreibung in Zweifelsfällen gemeint. Zum Beispiel heißt es in vielen Redaktionen »mehr als 1000 Euro« statt »über 1000 Euro«, und »vergangenen Freitag« statt »letzten Freitag«.

»He said / she said«-Journalismus beschreibt ein unangemessenes Verständnis journalistischer **Objektivität**, nach dem Journalist:innen alle möglichen Meinungen einholen, ohne sie einzuordnen. Denn wenn Journalist:innen ihre professionelle Distanz mit einem Desinteresse am Thema verwechseln, können irreführende und falsche Aussagen unwidersprochen in Umlauf kommen. Mit dieser Kritik am bloßen »Mikrofon-Halten« ist die Kritik an der →False Balance verwandt.

Hintergrundgespräche sind ausführliche →Interviews, die nicht in erster Linie zur Veröffentlichung gedacht sind. Hier erhoffen sich Journalist:innen von ihren Gesprächspartner:innen ehrlichere Antworten und genauere Begründungen, weil sie *off the record* miteinander reden. Die Gesprächspartner:innen können solche Gespräche nutzen, um den Journalist:innen ihre Position näherzubringen.

Infografiken sind Schaubilder, die einen journalistischen Text ergänzen. Wie eine →Meldung haben sie eine Botschaft, die oft in der →Überschrift oder der →Bildunterschrift der Grafik formuliert wird. Die Grafik zeigt zum Beispiel einen ansteigenden oder abfallenden Trend oder den Unterschied zwischen zwei gesellschaftlichen Gruppen.

Interviews sind eine wichtige →Recherchemethode von Journalist:innen. Sie stellen Politiker:innen, Künstler:innen oder Forscher:innen Fragen, um ein wichtiges Thema besser zu verstehen. Manchmal geht es im Interview darum, die Fakten klarzustellen, häufiger aber darum, die bereits bekannten Fakten einzuordnen. Einzelne Aussagen aus den Interviews können Sie in Ihrem Artikel wörtlich oder in indirekter Rede →zitieren. Eine besondere Form ist das →Wortlaut-Interview, für das oft eine besondere →Autorisierung verabredet wird.

Investigativer Journalismus ist eine Variante des Journalismus, die sich dem Aufdecken von Skandalen widmet und damit →exklusive Nachrichten produziert. Oft beginnt die Arbeit mit einem Tipp, und immer erfordert sie eine hartnäckige →Recherche, um den Sachverhalt zu rekonstruieren.

Kolumnen sind regelmäßig erscheinende Artikel bestimmter Autor:innen, die dort ein aktuelles Thema persönlich diskutieren. Die Autor:innen sind sehr frei darin, ihre Texte zu gestalten, und entwickeln meist einen unverwechselbaren Stil.

Kommentare sind →Meinungsbeiträge, in denen Sie zu einem aktuellen Thema Stellung beziehen. Typischerweise bauen Kommentare auf einer →Meldung oder einem →Bericht auf, doch sie sollten den Anlass dennoch kurz erwähnen.

Konstruktiver Journalismus ist eine junge Bewegung, die den Journalismus in der Pflicht sieht, die demokratische Debatte stärker zu unterstützen als zuletzt. Sie setzt darauf, nicht nur über Katastrophen, Konflikte und Skandale zu berichten, sondern auch über neue Ideen, Fortschritte und Einigungen. Manche Journalist:innen sehen in diesem Bestreben eine naive Schönfärberei oder einen unzulässigen Einsatz für die gute Sache, doch so muss man den Konstruktiven Journalismus nicht betrachten. Er will den Leser:innen das Weltgeschehen vielmehr so erläutern, dass sie es wirklich verstehen. Denn das gelingt nicht immer: Wenn Journalist:innen zum Beispiel eine energiepolitische Debatte auf die Frage zuspitzen, ob man für oder gegen Klimaschutz sei, dann stellen sie die Debatte nicht angemessen dar.

Konversionsrate bezeichnet den Anteil von Leser:innen, die sich zu einer weiteren Aktion motivieren lassen. So kann die Konversionsrate zum Beispiel den Anteil der Leser:innen beschreiben, die sich nach dem Besuch der Website zum Abschluss eines Abonnements entscheiden.

Korrektur ist eine →Anmerkung unter einem Artikel, in dem eine nachträgliche Richtigstellung nachvollziehbar erläutert wird.

Leitartikel ist der wichtigste →Kommentar einer Zeitung oder eines Magazins.

Listicle ist ein Format, in dem ein Thema in Form eines Rankings aufbereitet wird. Beispiel: »Zehn Gründe, warum der Minister zurücktreten sollte«.

Medienwandel bezeichnet die Veränderungen in der Medienbranche der vergangenen rund zwei Jahrzehnte und umfasst damit ganz unterschiedliche Entwicklungen: das Schwinden der →Gatekeeper-Rolle, technische Innovationen wie das Smartphone, wirtschaftliche Veränderungen wie der Rückgang des Anzeigengeschäfts sowie neue Erwartungen des Publikums wie der Austausch mit Journalist:innen auf Augenhöhe.

Meinungsbeiträge geben den Leser:innen eine schlüssige Argumentation zu einer drängenden politischen oder moralischen Frage (→Kommentar oder →Essay), oder sie bewerten eine Vorstellung in Form einer →Rezension. Als Autor:in dürfen Sie mit dem Holzhammer arbeiten oder dem Skalpell, sie dürfen polemisieren oder differenzieren. Nur unentschlossen sollten Sie in Ihren Meinungsbeiträgen nicht sein. Ihr Ziel ist nicht unbedingt, die Leser:innen zu überzeugen, aber Sie wollen sie in jedem Fall zum Nachdenken anregen.

Meldungen sind das Kerngeschäft des Journalismus. Sie berichten in knapper Form über wichtige oder interessante und in jedem Fall aktuelle Ereignisse. Die Botschaft steht üblicherweise im ersten Satz: »Firma bankrott« oder »Brücke eingestürzt«. Noch im ersten Absatz werden die →W-Fragen beantwortet, die das Ereignis definieren. Im zweiten und dritten Absatz können dann weitere Informationen zum Ereignis präsentiert werden, die das Verständnis erweitern, aber im Grunde könnte die Meldung auch nach dem ersten Absatz enden, ohne die Leser:innen verwirrt zurückzulassen. Wenn man will, kann man den Inhalt einer Meldung als →Nachricht bezeichnen und sie dadurch von ihrer textlichen Form abgrenzen (zwei unterschiedliche Meldungen könnten dann dieselbe Nachricht vermitteln), aber in diesem Buch verwende ich beide Begriffe synonym.

Metadaten sind Zusatzinformationen zu einem digital veröffentlichten Beitrag. Zum Teil werden sie veröffentlicht: Autor:in und Datum. Zum Teil helfen sie dem Redaktionssystem (dem Content Management System, kurz: CMS), die Beiträge richtig zu publizieren: Schlagworte und Verkaufspreis. Zu den Metadaten gehören auch verschiedene Varianten von →Überschrift und →Vorspann für die verschiedenen →Ausspielkanäle.

Nachricht ist in diesem Buch ein Synonym für →Meldungen.

Nachrichtenagenturen liefern →Meldungen, oft multimedial. Sie helfen →Redaktionen, den Überblick über das Weltgeschehen zu behalten und ihrem Publikum ein umfassendes Nachrichtenangebot zu machen, auch wenn sie nur ein kleines Team an Reporter:innen haben.

Nachrichtenfaktoren (oder Nachrichtenwerte) sind Eigenschaften von Ereignissen, die aus ihnen eine →Meldung machen. Die Chance, dass →Redaktionen ein Ereignis aufgreifen, steigt zum Beispiel, wenn das Ereignis negativ ist, wenn es in der Nähe spielt oder wenn prominente Menschen beteiligt sind. Die Nachrichtenfaktoren sollen Journalist:innen einige Kriterien an die Hand geben, mit denen sie aus der Vielzahl der Ereignisse diejenigen auswählen können, über die ihre Leser:innen informiert werden möchten – weil sie für die Öffentlichkeit wichtig oder interessant sind.

Newsroom ist die Zentrale einer →Redaktion. Hier überwachen Redakteur:innen das Nachrichtengeschehen, →redigieren Texte der Reporter:innen und freiberuflichen Autor:innen und bereiten sie für das →crossmediale Publizieren in verschiedenen →Ausspielkanälen auf.

Porträts stellen Menschen vor, die etwas Besonderes getan oder erlebt haben. In den Texten mischen sich trockene Informationen (etwa zur Ausbildung, Herkunft und dem Beruf der Person) mit möglichst vielen lebendig geschriebenen Szenen, die man selbst beobachtet hat oder sich zumindest hat erzählen lassen.

Pressekodex – eine Sammlung ethischer Leitsätze des **Deutschen Presserats** für Journalist:innen. Er legt zum Beispiel Grenzen für die verdeckte →Recherche und zum Schutz von Persönlichkeitsrechten fest, außerdem enthält er Regelungen für →Interviews.

Pressekonferenz, kurz: PK – eine etwa einstündige Veranstaltung für Journalist:innen, auf der ihnen eine Einrichtung ihre Sicht der Dinge erläutert und Fragen zulässt. Typische Anlässe sind die Veröffentlichung von Studien und Stellungnahmen sowie die Bekanntgabe politischer oder wirtschaftlicher Einigungen. Zu jeder PK wird auch eine →Pressemitteilung veröffentlicht.

Pressemitteilung, kurz: PM – eine schriftliche Information für Journalist:innen – als Themenanregung gedacht. Üblicherweise sind Pressemitteilungen wie eine →Meldung geschrieben, um es Journalist:innen zu erleichtern, daraus eine Meldung zu machen. Der →Pressekodex untersagt jedoch, dass Journalist:innen Pressemitteilungen als eigene Artikel ausgeben. Und die Praxis, Pressemitteilungen nur leicht umzuschreiben, wird als →Churnalism kritisiert.

Pro & Contra sind zwei →Kommentare zum selben Thema, die unterschiedliche Positionen entwickeln und nebeneinander veröffentlicht werden. Wenn die Redaktion in einer Frage gespalten ist, weil gute Argumente für beide Seiten sprechen, ist das eine Möglichkeit, um die Leser:innen an der Debatte teilhaben zu lassen.

Quellen sind das Fundament der →Recherche und werden üblicherweise in →Meldungen, →Berichten und anderen journalistischen Formaten so vorgestellt, dass sie überprüfbar sind. Direkte und indirekte →Zitate werden namentlich genannten Personen zugeschrieben, wichtige Fakten stammen aus öffentlich zugänglichen Dokumenten. Je wichtiger oder umstrittener eine Behauptung, umso genauer sollte ihre Quelle vorgestellt werden. Nur in seltenen Fällen verzichtet eine Redaktion darauf, einen Namen zu nennen. Wenn sie ein nicht öffentlich zugängliches Dokument zugespielt bekommen hat, kann sie daraus eine →exklusive Meldung erstellen.

Recherche kommt vor dem Schreiben. Journalist:innen recherchieren, indem sie ein Ereignis selbst beobachten (beispielsweise ein Fußballspiel oder eine Bundestagsdebatte), indem sie →Interviews führen, Dokumente studieren (darunter auch →Pressemitteilungen) oder Daten analysieren. Wer nichts recherchiert, muss sich damit begnügen, das vorliegende Material zu verdichten: beispielsweise zwei →Meldungen von →Nachrichtenagenturen zu einem Artikel zusammenzufügen. Diese journalistische Arbeit wird oft in →Newsrooms verrichtet.

Redaktionen organisieren die journalistische Arbeit. Sie wählen Themen für die Berichterstattung aus und →redigieren die Beiträge. Sie orientieren sich an ausdrücklichen oder ungeschriebenen Regeln und sorgen dadurch idealerweise für ein gleichbleibendes Maß an Qualität. Gute Redaktionen reagieren nicht nur auf Anregungen wie →Pressemitteilungen, sondern betreiben aktiv →Recherche: Sie klären die Fakten, setzen relevante Themen auf die Tagesordnung, schauen den Mächtigen auf die Finger und haken nach, wenn sich niemand um die Probleme kümmert.

Redaktionskonferenzen sind Runden, in denen sich Journalist:innen über ihre Arbeit austauschen und den Themenplan besprechen, der anschließend im →Newsroom umgesetzt wird. Dazu gehört meist eine →Blattkritik. In vielen Redaktionen sind die Konferenzen offen – auch junge Kolleg:innen dürfen zuhören und mitdiskutieren.

Redigieren ist eine zentrale Aufgabe von →Redaktionen. Es umfasst mehr als das Korrigieren von Rechtschreib- und Grammatikfehlern. Wer einen Artikel redigiert, prüft auch, ob der Artikel logisch aufgebaut und verständlich ist, ob er die naheliegenden Fragen beantwortet und ob er die Idee des jeweiligen journalistischen Formats gut umsetzt. Kollegial ist es, wenn die Autor:innen die redigierten Texte vor der Veröffentlichung noch einmal lesen dürfen, doch das schaffen viele Redaktionen nicht.

Reichweite ist ein anderes Wort für die Zahl der Menschen, die einen Artikel lesen. Viele Redaktionen versuchen, ihre Reichweite zu steigern, weil sie sich dadurch höhere Anzeigenerlöse und auch mehr zahlende Abonnent:innen versprechen. Diese Strategie wird zuweilen kritisiert, wenn sie zu mehr →Boulevard-Journalismus und zu mehr →Clickbaiting führt.

Reportagen sind durcherzählte Geschichten: Sie haben als Reporter:in etwas erlebt und lassen Ihr Publikum daran teilhaben. Ihre Protagonist:innen sind in starken Szenen zu sehen – beim Lesen entstehen die Bilder im Kopf. Falls Sie nur einzelne erzählerische Elemente haben, dann peilen Sie ein →Feature an.

Rezensionen besprechen Konzerte, Musikalben, Theateraufführungen, Bücher, Filme, Serien usw. für das Publikum und geben eine Empfehlung, ob es sich lohnt. In ähnlicher Weise lassen sich Produkte und Dienstleistungen testen. Rezensionen gehören also zu den →Meinungsbeiträgen. Besprochen werden kann alles: vom Musikvideo bis zum Motorrad, vom Fair-Trade-Label bis zur Fernreise. Die Bewertungskriterien erläutern Sie in Ihrem Text. Um Ihr Urteil nachvollziehbar zu begründen, müssen Sie den Gegenstand der Rezension zumindest in Teilen beschreiben – also Ihre Eindrücke aus dem Restaurant oder beim Spielen des Computerspiels schildern. Bei Kinofilmen, Serien, Romanen usw. müssen Sie leider etwas von der Geschichte spoilern.

Soft News gelten als Gegenstück zu den →Hard News und widmen sich dem Seichten, Dramatischen und Persönlichen. Dazu zählen etwa →Meldungen und →Berichte über Verbrechen, das Privatleben der Stars oder gewöhnliche Menschen, die überraschend zu Helden werden. Es gibt aber viele Mischformen mit Hard News.

Symbolfotos sind Notlösungen, die häufig benötigt werden, weil es zu einem Thema kein dokumentarisches Foto gibt.

Bildungsthemen werden oft mit einer Schülerin an einer Tafel illustriert, Gesundheitsthemen mit einem verstohlenen Blick in ein Besprechungszimmer. Auch Symbolfotos erhalten eine →Bildunterschrift, die oft mit zusätzlichen Informationen angereichert wird, weil die Beschreibung des Fotos zu banal wäre. Viele Journalist:innen schreiben ausdrücklich hinzu, dass es sich um ein Symbolfoto handelt. Dann ist klar, dass die Bildunterschrift »Jedes vierte Kind in der vierten Klasse kann nicht lesen« nicht unbedingt das Mädchen meint, das auf dem Bild zu sehen ist.

Teaser ist ein Synonym für den →Vorspann eines Artikels.

Text-Bild-Schere wird der Zustand genannt, wenn die →Überschrift nicht zum Titelbild passt. Ein Beispiel wäre der Präsident eines Landes, der grimmig in die Kamera guckt, zur Überschrift, dass seine Herausforderin die Wahl gewonnen hat. Die Leser:innen bringen den Namen der Herausforderin und das Foto des Amtsinhabers nicht sofort zusammen. In solchen Fällen sinkt das Interesse am Artikel deutlich.

Überschriften sind neben dem Bild meist das Erste, das Ihre Leser:innen vom Artikel wahrnehmen. Wenn sie das Publikum nicht packen, zieht es weiter. Bei →Meldungen und →Berichten fasst der Titel die Botschaft knackig zusammen: »Bahn stellt am Mittwoch den Fernverkehr ein« oder »Deutsche Museen geben geraubte Kunstschätze zurück«. Bei →Meinungsbeiträgen gibt er einen Eindruck von der These, die im Artikel vertreten wird: »Dieser Bahnstreik ist einer zu viel« oder »Besser eine späte Rückgabe als gar keine«. Bei anderen Formaten sind mehr Freiheiten in der Formulierung erlaubt, allerdings funktionieren rätselhafte Überschriften generell schlechter, als man zunächst denkt.

Vorspann, auch →Teaser genannt, ist ein kurzer Text von zwei bis vier Sätzen unterhalb der →Überschrift, der die Leser:innen in den Artikel locken soll. Eine beliebte Methode ist, Fragen aufzuwerfen, die der Artikel beantworten wird: »Ist die Prominente XY schwanger? Eine Freundin packt aus.« Doch warum eine Frage aufwerfen, wenn man die Antwort kennt? Manche Journalist:innen wollen im Vorspann noch nicht alles verraten und halten sich aus diesem Grund bedeckt. Doch wenn Sie in Ihrem Artikel wirklich etwas über die Schwangerschaft zu erzählen haben, werden Ihre Leser:innen den Artikel auch lesen wollen, wenn Sie im Vorspann schon das Wichtigste andeuten. Eine große Enttäuschung wäre es hingegen, wenn die Prominente gar nicht schwanger ist und die Frage bloß ein Trick war, um eine Neuigkeit in Aussicht zu stellen, die es dann doch nicht gibt.

Web Analytics ist ein Oberbegriff für Daten, die bei der Nutzung von Nachrichtenportalen und anderen digitalen Angeboten gesammelt werden. Als Journalist:in verfolgen Sie, wie oft Ihre Artikel angeklickt werden (→Reichweite), über welche Links die Leser:innen zu Ihnen kommen, wie viel Zeit sie mit Ihrem Beitrag verbringen und wie oft sie Ihren Artikel kommentieren oder weiterleiten. Diese Statistiken geben Ihnen wichtige Rückmeldungen zur Qualität Ihres Artikels, doch sie bieten kein umfassendes Bild. Ob sich das Publikum gut informiert fühlt und ob es Ihnen vertraut, lässt sich aus den Daten zum Beispiel nicht ohne Weiteres ablesen.

W-Fragen werden zu Beginn jeder →Meldung und jedes →Berichts beantwortet. Nehmen wir einen Verkehrsunfall als Anlass der Berichterstattung: In diesem Fall müssen Sie Ihren Leser:innen erläutern, wann und wo der Unfall stattgefunden hat, außerdem wer verletzt worden ist und – sofern man das schon weiß – wer ihn wie verursacht hat. Mit den Antworten auf die W-Fragen haben Sie das Ereignis, das den Kern der Meldung bildet, vollständig umrissen. Im weiteren Verlauf des Textes können Sie dann auf die Folgen des Unfalls eingehen: Wurde zum Beispiel die Autobahn gesperrt, wurden Verletzte mit dem Hubschrauber ins Krankenhaus geflogen, haben Gaffer die Rettungskräfte behindert?

Wortlaut-Interviews sind im Frage-Antwort-Stil gehalten. Nach einer kurzen Einleitung, in der das Thema und die Person vorgestellt werden, geben diese Texte wenige Minuten eines →Interviews wieder, das vermutlich viel länger war. Die wörtlichen Antworten sind sinnvoll, wenn Sie Ihr Gegenüber und ihre oder seine Ansichten genauer kennenlernen möchten: Sie oder er bekommt zum Beispiel die Gelegenheit zu erläutern, warum der neue Plan der Familienministerin nicht genügend Kita-Plätze schaffen wird oder warum der Schiedsrichter richtig gehandelt hat, als er das Spiel abbrach. Wenn Sie sich hingegen erläutern lassen möchten, wie eine Wärmepumpe funktioniert oder welche Urlaubsländer in dieser Saison beliebt sind, wählen Sie besser ein anderes journalistisches Format: beispielsweise eine →Infografik oder ein →Listicle. Im Interview sollten Sie mit Ihren Fragen nicht nur die Stichworte liefern, sondern nachhaken, wenn Sie den Eindruck haben, Ihr Gegenüber speist Sie mit halbgaren Antworten ab. Und auch wenn es unhöflich sein mag, sollten Sie die heiklen Punkte ansprechen – sonst verweigern Sie Ihrem Gegenüber die Möglichkeit, dazu Stellung zu nehmen.

Zitate stammen aus →Interviews, öffentlichen Veranstaltungen oder Dokumenten und können wörtlich übernommen oder mit eigenen Worten zusammengefasst werden. Die →Quelle gehört immer dazu und darf nur weggelassen werden, wenn aus den vorangegangenen Sätzen hervorgeht, dass weiterhin dieselbe Quelle zitiert wird. Wörtliche Zitate eignen sich zum Beispiel, wenn sie einprägsam sind oder wenn es auf den genauen Wortlaut ankommt. Indirekte Zitate geben Ihnen als Journalist:in die Freiheit, die Aussage sprachlich besser auf den Punkt zu bringen. Allerdings stehen Sie dann dafür gerade, dass Ihre Zusammenfassung die ursprüngliche Aussage nicht verdreht.

Zwischentitel lockern einen langen Text auf. Sie müssen nicht den folgenden Abschnitt zusammenfassen. Vielmehr sollen sie, wenn die Leser:innen den Text überfliegen, zusätzliche Anreize zum Lesen geben.

Register